价值投资
之
长线牛股

产志君◎著

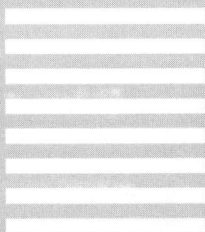

中国铁道出版社有限公司
CHINA RAILWAY PUBLISHING HOUSE CO., LTD.

U0649469

内 容 简 介

本书系统地介绍了牛股的基本面和技术面分析，同时对公司的财务和内在价值进行了较深入剖析。目的在于使读者能够通过阅读，融合这些内容，形成一个真正属于自己的比较成熟的投资体系，能够在将来的投资中很好地运用。从基本面内容出发，就是为了能够寻找到未来两三年值得投资的处于上行周期、业绩释放的公司；通过技术面内容，看资金进驻这只股票的程度和运行的趋势。在上升趋势当中，寻找出一个中期买点，继续享受主升浪。

本书的读者对象是，对基本面和技术面感兴趣，但苦于找不到适合学习的基础书籍的投资人。本书最大的特色就是基本面和技术面结合，同时辅以大量的实际案例。对公司质地、行业周期、股价趋势、技术形态和买点进行探讨，基本上解决了大家对一只股票大部分细节性的了解和理解需求，使投资更有立体感。

图书在版编目（CIP）数据

价值投资之长线牛股 / 产志君著 . —北京：中国铁道出版社
有限公司，2022.3
ISBN 978-7-113-28547-0

I. ①价… II. ①产… III. ①股票投资-研究 IV. ①F830.91

中国版本图书馆 CIP 数据核字（2021）第 232442 号

书　　名：价值投资之长线牛股
　　　　　JIAZHI TOUZI ZHI CHANGXIAN NIUGU
作　　者：产志君

责任编辑：张亚慧　　　编辑部电话：(010) 51873035　　　邮箱：lampard@vip.163.com
编辑助理：张　明
封面设计：宿　萌
责任校对：安海燕
责任印制：赵星辰

出版发行：中国铁道出版社有限公司（100054，北京市西城区右安门西街 8 号）
印　　刷：北京铭成印刷有限公司
版　　次：2022 年 3 月第 1 版　2022 年 3 月第 1 次印刷
开　　本：700 mm×1 000 mm 1/16　印张：23　字数：284 千
书　　号：ISBN 978-7-113-28547-0
定　　价：88.00 元

版权所有　侵权必究

凡购买铁道版图书，如有印制质量问题，请与本社读者服务部联系调换。电话：(010) 51873174
打击盗版举报电话：(010) 63549461

前　言

每一个投资者的投资生涯中，始终要面对一个问题：如何在股市里稳定盈利？答案就是构建出适合自己的投资体系。这需要我们寻找不同的投资元素，整合形成一个闭环的投资系统。首先必须清楚，将这些元素组合起来的系统，要能够稳定盈利；然后将这些投资元素认认真真琢磨透，做到极致；最后就是不断实践，将理论和实践完美结合。

在大多数领域要想成功必须掌握头部内容，将这件事做到极致。但是在投资这个领域，很多人就松懈了。投资股票跟其他行业一样，只有下足功夫，认准最核心的盈利体系，才能成为行业顶级高手。虽然说在股票市场里，选择和方向很重要，可是做出正确的选择和选对正确的方向也是实力的体现。

本书的目的其实很简单，就是介绍我所熟知的投资内容，和大家更好地进行探讨交流，让大家早日成为股票市场里的高手。

股票分析的过程就像拼图游戏，碎片化的信息只有充分整合后，才能得出一个清晰的结论。本书针对的是致力于在股票市场里长期盈利的价值投资者。基本面和技术面结合，意在股票基本面的上行周期和技术面的上升趋势中，寻找到一个中期买点。

例如沪电股份，在2019年2月的时候，提前于市场上90%的股票，出现一年新高。通过技术面的分析，这只股票早就有应予以重点关注的苗头。判断的第一标准就是沪电股份开始了上升趋势，并且是提前于大部分股票进入上升趋势。

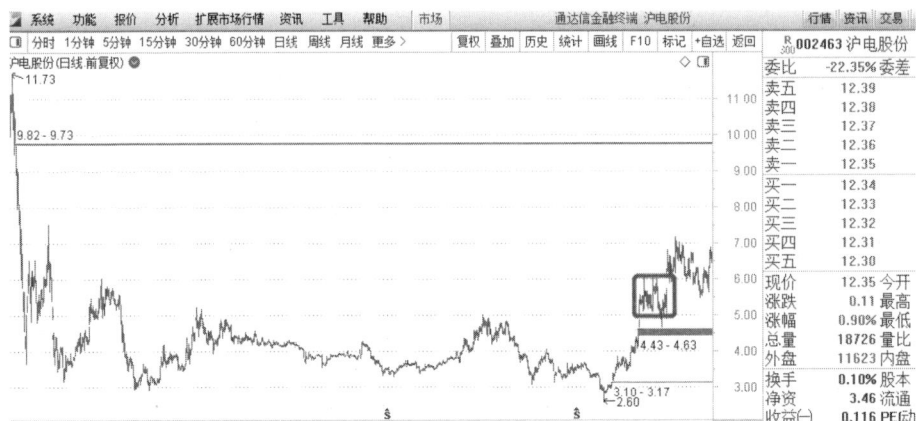

接下来就要分析沪电股份的基本面，确定沪电股份的上升趋势是因公司质地上行导致的。

首先是分析沪电股份所处的行业，看行业是否在彼时处于上行周期。沪电股份的主业PCB（印刷电路板）因为环保和人力成本的原因，进行了产业转移。从2019年初开始，这个行业就是分析师推荐的重点。沪电股份的下游行业是通信和汽车。2019年是5G建设的第一个高峰期，对整个5G产业链来说都是巨大的机会。同时在汽车智能化趋势下，传统汽车高端产品预期稳定，新能源车智能化发展空间大。PCB的业务快速地发展。

其次是个股的核心逻辑。沪电股份在2013—2015年由于昆山新厂搬迁，业绩大幅下滑。到了2018年，黄石新厂的产能释放，良品率上升，刚好赶上这一轮行业景气周期。

这就确定了沪电股份的投资逻辑：产业转移+新产能释放+行业高景气。最后就是寻找买点，找一个合适的机会介入这只股票的主升浪。

本书致力于对股票进行基本面和技术面分析，通过这些信息的整合，形成股票当前交易的有力支撑。通过这些年的观察，我清楚地知道很多A股里面的顶尖高手，在基本面和技术面上的造诣是很高的。本书的结构也是针对基本面和技术面重要内容展开，希望大家在读过本书后，能够提升自己。

本书的主要内容如下：

一、公司基本面分析

主要内容是通过对供需关系变化的推演，来确定公司的业绩走势。最值得关注的情况，就是供需关系在朝着有利于业绩释放的方向发展。这样的公司一定要注意，如果供需缺口越来越大，那就更有利了。

仔细复盘A股，对行业未来高速增长的需求就是公司业绩增长的摇篮。需求高速增长，公司的产能不断地扩张，带动业绩屡创新高。所以，知道未来几年哪个行业将高速增长，是投资者寻找牛股的关键。

在一段比较短的时间内，可以是需求的快速增长导致公司业绩的增长，也可以是行业内其他公司供给端的急剧萎缩带给公司的实质性利好。总之，短期看重的是供需关系的严重失衡，长期看重的是需求不断高速增长。

接下来就是通过实践，来对基本面的理论进行补充。通过阅读研报，阅读文章，通过关键字来判断行业的供需关系和公司的业绩释放周期。通过对公司的护城河分析，确定公司在行业中的地位。对估值进行分析，判断股价还有多少盈利空间。

二、技术面分析

技术分析的依据则是趋势、K线走势、成交量等表面数据，用这些数据预判资金未来大概率的博弈方向。首先，我们要确定的就是股票已经走入上升趋势，而且继续走上升趋势的可能性非常大。接下来，就需要判断股票走主升浪的可能性，最容易走主升浪的地方就是第三浪。

技术面上最经典的就是强势股杯柄图和波浪理论，结合这两套理论，更能让我们确定所选的股票是处于第三浪的强势股，图形符合杯柄图形态。

三、辨析价值

公司的财务分析，也是股票投资的重要内容之一。通过对财务指标的各环节对比和联系，结合公司的业务，判断出未来公司的业绩走向。通过自由现金流DCF折现模型，结合公司的业务，判断出公司未来业绩的爆发点在哪里。

股票市场是一个进来容易，赚钱特别难的市场。原因是大部分人没有掌握股市赚钱的核心要义：稳定的投资体系。这需要通过不断学习和不断迭代来获得。

复盘过去的牛股,不断总结,我相信大家会有巨大的收获。

本书最大的希望:通过对知识的分享,让读者在记住的同时,能有更高深的思考模式。进而能够不断进步和迭代,成为这个行业中的佼佼者,走在时代前列。虽然建立思考模式短期没有效果,但是长期会让你变得越来越优秀。

认清楚股市里面能提升收益的高价值知识,然后持续学习进步,这才是高手。在巴菲特最受追捧的几年里,投资者往往会被他办公室里的一张美国棒球手的海报吸引。海报中的棒球手正准备挥棒,旁边是一个由很多个棒球排列组成的长方形矩阵,每个棒球上都有一个数字。这是对巴菲特投资理念影响极大的一个棒球名人堂选手,他只做正确的事情,以保持击打的准确率。

"要成为一个优秀的击球手,你必须等待一个好球。如果我总是去击打理想区域以外的球,那我根本不可能入选棒球名人堂。"

股市里不是什么都要会的,专注于合适自己的风格,不断迭代进步,才是最重要的。

作　者

2021年12月

| 目 录 |

第 1 章

十倍股诞生的土壤

———————————◦————————————

　　我们都希望成为基本面投资的高手，可是高手也是从小白开始的。如果要从什么都不懂开始学基本面，那该学些什么呢？自然要学这行最有价值、最基础的，也是能让你马上拉开差距的知识，这才是成为投资高手的修炼过程。这章我们首先从一个公式开始，让这个公式带领我们成为基本面的高手。

这个公式很简单：

市值=收入×净利率×市盈率

这是基本面投资最核心的内容，进一步我们可以这样看：

Δ市值=Δ收入×Δ净利率×Δ市盈率（Δ表示增减变化）

从第二个公式中可以看到，影响公司市值的因素主要有三个：收入、净利率和市盈率。这三个因素对市值都是有很大影响的。但是，里面哪个才是至关重要，值得我们重点研究的呢？

研究的目的是能够看清楚，甚至能掌控重要渠道因素的未来发展方向，这样才能确定市值的变化方向。不能是我们研究半天，这个因素对市值的影响不重要，甚至根本无法掌控其未来的走向。

首先我们看看市盈率，因为市盈率的变化跟市场有很大的关系。从这一点上讲，市盈率就不是我们研究的重点，因为市盈率不是自主变化的。而且跟公司的关系并不是非常紧密，公司的经营也跟市盈率没一点关系，没有哪个公司的日常经营计划里会提及要把市盈率这个指标提升上去。只不过市盈率可以让我们了解到比较低的股价，后面的章节会详细介绍此内容。

既然是基本面分析，自然跟公司经营这块有非常大的关系。从而我们可以确定，收入和净利率是基本面分析的重要内容。接下来这一部分我们从收入和净利率着手，来梳理清楚寻找十倍股的思路。

净利率很容易梳理清楚：公司的经营活动和投资活动在一年之内多数不是赚钱就是亏钱，不赚不亏也可以，但总归是有的。所以说，一家公司如果经营活动和投资活动不稳定，那么净利率波动就会非常大。我们要寻找的是增长稳定的公司，净利率在不断提升。而不是一年变好，一年又变坏，在这样的波动下，我们无法识别其未来的走向。这都是需要经济学知识和经验来判断的，分析起来比较复杂，后面的章节会讲，这一章主要看收入是如何产生和变化的。

1.1　影响收入的关键性因素

基本面分析的重点并不是财务指标的好坏，财务只是反映公司经营的一个直接证据。基本面分析是对公司未来的财务指标进行一个大体上的预测，最重要的预判财务指标就是收入。为什么说收入非常重要呢？因为收入是公司获取利润、获取现金流的重要来源。有了收入，并且收入增长非常高，自然这家公司是有前途的，一家没有收入的公司何谈有价值呢？那么一家公司如何获得收入？答案就是让公司的产品满足市场的需求，满足需求越多，那么相应卖出去的就越多，自然收入就会越高。

刚开始学习基本面时，我们只看公司发布的财务报告中有多少收入，从来就没想过公司为什么会有那么多收入。可能更多的是，只看到了过去的收入和利润，也分析了过去获得收入的来源。可是做基本面分析，更重要的是对公司未来收入的考察。关注的重点是：未来两三年收入的趋势将如何演变？是一直上升，还是会处于下降状态？

考察收入在未来的变动，最终绕不开供需之间的关系，即产品的供需关系。如果只有需求，没有公司产能供给，那么不会产生收入。如果有需求，但只有少部分供给，虽然这部分的供给马上就能实现，可是公司的收入就没办法增长。我们可以试着逆向推理一下，大市值的公司对应的一定是收入非常庞大，一家股价上涨几十倍的公司，起决定性作用的绝对是收入不断增长。

供需关系的演变才是决定收入变动的根本原因,更深一步说需求才是决定收入变动的主要因素。炒股炒的是预期,更多的时候这个预期就是产品的供需关系。只要把产品未来的供需关系变动掌握好,投资起来就不再那么困难了。

1.2 供需关系的演变

供需关系的演变如果有利于未来收入的增长,那么这样的演变就是我们想要的。如果供需关系的演变会抑制公司收入的增长,那么这样的供需关系就要被排除掉。公司产生的收入其实就是当前供给能力的释放(简单地说就是公司过去开发了多少产能),决定供给的是需求端的变化。如果我们能对未来行业需求和公司供给作出一个清晰的判断,这家公司的股票值不值得买就很明晰了。

举一个极端的例子:假设有一家上市公司去年的收入为0,一件商品都没卖出去,公司很可能濒临破产了。突然之间客户给了一个100亿元的大订单,反映到资本市场,可能公司的股价会拉十个以上的涨停板。原来公司有产能(供给能力),但是却没有客户下订单,就没有收入的产生。现在一切都逆转了,客户的订单(需求)非常多,公司的产能开到最大都无法满足。后面几年公司的收入肯定是非常好,公司能生产多少产品就能有多少收入。这个过程中,供需关系的演变是供大于求变成供不应求,自然后面两三年会产生巨大的收入增幅。

想要了解一个公司,如果不从供需上面着手研究,就很难搞清楚公司后期业绩会如何演变(基本面分析更多的是确定演变的过程)。其实,供给能力很容易知道,最大的供给能力就是整个公司或整个行业的最大产能。但是寻找需求就比较难了,因为需求变化实在太快,也很难用一个数字定量。有些需求是短暂的,短时间就出现巨量的增长，然后几个月后就会消失（特定时期的口罩和温度计）。有些需求是长期的，是日常生活中需要的，于是就有了刚需的概念。考察供需关系，更多的是考察需求的变动。需求增长的公司和行业，投资机会是不会差的。

既然供需关系的转变这么重要，我们就有必要认真分析一下，到底供需关系如何演变才能使公司的收入增长呢？供需关系的状态主要分为三种：供大于求，供求平衡，供不应求。但这是一定时期内的状态，如果一直维持某一种状态，肯定不会有收入的变化。所以只有供需关系发生变化，收入才会出现上升或下降，实际也不是固定于一种关系。

所以说，供需关系的演变是考察收入的重点和源头。依据供需关系进行投资，更多的是关注未来的供需关系变化。这也就意味着当前的供需关系并不是非常重要，未来一段时间内供需关系的变化，才是投资要考虑的情况。具体来说这样的变化有以下六种：

（1）严重的供大于求→轻微的供大于求（一般趋势）；

（2）轻微的供大于求→轻微的供不应求（好趋势）；

（3）轻微的供不应求→严重的供不应求（好趋势）；

（4）严重的供不应求→轻微的供不应求（一般趋势）；

（5）轻微的供不应求→轻微的供大于求（坏趋势）；

（6）轻微的供大于求→严重的供大于求（坏趋势）。

1.2.1　严重的供大于求→轻微的供大于求

供大于求的基本意思是需求萎靡，公司的供给能力足够。也就是公司的产能利用率不足，有心生产，却无力销售。典型的现象就是公司的生产线没有完全开启，产能利用率低于100%（有些公司可能产能是无限的，像软件公司的一款软件直接安装，不需要生产）。产能利用率不足的直接后果就是公司的业绩不行。如果产能利用率在100%时，公司的净利润能达到30亿元。当公司的产能利用率在50%时，很可能公司的净利润可能只有10亿元左右。其他50%的产能不仅浪费在那里，当前没有给公司带来收入，同时还要费用去维护保养，自然净利润会低。

如果说当前的供大于求是很严重的，意味着可能公司的10条生产线，只开动了两条进行生产，其他的八条都处于闲置状态。公司的产能利用率非常低，也没有办法产生更多的利润，净资产收益率可能徘徊在3%附近。甚至公司刚刚处于浮盈状态，也有可能出现一点亏损。也就是说严重的供大于求，意味着公司是没有办法产生很高的利润的。

造成当前严重供大于求状态的，主要是需求的锐减，这是最关键的。供给端其实就是整个公司或者整个行业的产能情况，一般情况下只会闲置，不会因为没有需求而被破坏。这样的供需关系可能对于投资来说是最差的，因为客户的需求不增长，公司的业绩很难出现增长，甚至可能出现业绩的进一步下降。

如果在公司总产能（总供给）不变的情况下，从很严重的供大于求状态转化成轻微的供大于求状态，如果只考虑需求变动的影响意味着公司的产能开始扩大，产能利用率开始提升。产能利用率的提升会带动收入的增长，提升越快，收入增长就越多。

严重供大于求的状态下（假设产能利用率在20%），公司的业绩可能是负的。当供大于求的关系缓和，变成轻微时（产能利用率在70%），那么公司的业绩开始释放，净资产收益率达到9%。这个时候公司的生产线开启，利润在上升，自然股价上涨的可能性就大了。

2020年一季，受到冲击最大的行业就是餐饮、旅游、电影等。其中，在机场经营的免税店龙头中国中免也经历了不小的冲击。免税店的主要收入来自人们旅游的时候到免税店购物，但是在那段时间，根本就没办法去旅游。旅游这块的需求消失了，直接导致中国中免2020年一季度业绩大幅度下滑。

中国中免发布一季报，营业收入76.36亿元，同比下降44.23%；亏损1.2亿元，同比下滑105.21%。公司表示，受疫情影响，公司免税商店客源同比大幅下降，部分免税商店先后闭店或调整营业时间，从而对公司正常的经营造成较大影响。

到了二季度，中国中免收入116亿元，二季度赚了10亿元，把一季度的亏损弥补过来了。一季度的时候由于旅游业的暴跌，造成购买免税品的需求锐减，出现严重的供大于求态势。二季度当疫情趋缓，旅游业开始恢复，这使得供需关系朝着供需平衡的方向发展。中国中免的业绩自然就开始恢复了，加上政策鼓励消费，二季度业绩恢复加快了很多。

不过这个状态反映到股价上就非常难判别。当出现严重的供大于求的时候，也就是行业利空非常多的时候，利好即使找到都不会在股价上反映，总之股价就是跌（中国中免事例属于超短期的供需关系大变化，不属于长期演变过程）。此时经营周期的底部一定是股价的底部，这两者完全一致。这个时候经营业绩非常不好，表面估值也是非常高的，让人没办法看这家公司。大众对待这只股票和公司的基本面，都认可为"垃圾"状态。股价在这个阶段是不会涨的，随着大盘的波动而波动。

严重的供大于求到轻微的供大于求这个状态，首先是不容易被发现的。即使在公司的业绩上出现了这种情况，整个行业还是处于悲观的情绪中。可能产能利用率从10%到30%的过程中，市场还是比较悲观，因为掌握的信息不足以令投资者对公司未来的业绩乐观起来。但很可能的是，股价已在"跌跌不休"当中开始从底部走出。

这个时候的投资可以称为风险投资，因为虽然说产能利用率上来了，可是后期行业需求能不能逆转还是一个问号。这个时候博的就是未来行业开始变好，公司收入不断增长。如果行业需求还是那样，后期回到原来的样子，自然这笔投资是失败的。

1.2.2　轻微的供大于求→轻微的供不应求

这种供需关系的变化大部分情况下其实是不明显的，变化并不是很大。就像在两座山中间的峡谷缓冲地带，从峡谷最底部上去，到刚踏上一座山的山脚。需要的能量并不会太多，这些"能量"对应就是公司业绩的增长。我们希望这只是一个过渡的关系演变，而不是供需关系的戛然而止。最乐观的可能是下面这种情况：

轻微的供大于求下，公司的产能利用率达到了70%，但是在一两年内公司的产能利用率会提升到100%，甚至超过100%。这个时候，公司的生产线几乎全部开动，收入开始缓慢增长。如果产能利用率是70%的时候，公司的净资产收益率达到7%。那么达到100%产能利用率时，净资产收益率可能达到12%。

关于市值的公式有很多，市值=收入×净利率×估值这个公式也可以写成，市值=净资产收益率×净资产×估值。

如果供需关系向供不应求的方向转变，净资产收益率提升。如果估值没有太大的波动（净资产规模大，变动的幅度不大），那么市值的增长是必然的。

在这个时候，市场关于公司的利好开始增多，信息面和基本面是一个不断展开的过程。当然如果确定未来将是持续性的供不应求，那么收入在未来还会持续增长。净资产收益率上可能会从12%进入到17%～20%的状态，这是公司利润增长起步的阶段。

这种供需关系的演变并不会使公司的业绩出现高速增长,公司业绩很可能呈现一个稳增长的态势。要担心的是,供需关系会不会继续朝着更严重的供不应求状态发展。如果此时的行业增长乏力或者供需关系进一步变坏,公司的业绩就会出现增长乏力的状态。这要求投资者对供需关系的考察不能仅限于短期,还要考虑中长期的变化。

1.2.3   轻微的供不应求→严重的供不应求

在轻微的供不应求阶段,公司的产能利用率开始提升,业绩也已经释放了很多,整个财务指标慢慢变好。不过客户的需求依然在不断增长,可能后期会是巨大的需求,公司现在的产能没办法满足这些增长的需求。可能会在生产上出现三班倒的现象,机器可能不会停止,24小时不休息。不断发布招工信息,工人的加班也处于常态化。到了这个程度,自然公司的产能利用率会高达150%以上。接下来公司应对严重供不应求状态的方法就是建立起新的工厂,释放出新的产能。

严重的供不应求会产生两种典型的现象:第一就是公司的产能利用率超过100%,甚至能达到200%。这个很好理解,毕竟需求旺盛,需公司产能全开来满足。让人忽略的是第二种现象,新产能的释放和建设。原有的产能已经充分释放,甚至超负荷释放。这个时候市场依然处于供不应求状态,只要新产能释放出来,公司的业绩也会出现大幅增长。虽然说产能利用率有所下降(新产能刚开始还达不到完全开启),但是整体上产能提升了,公司的收入就上了一个台阶。

2020年口罩的需求出现了爆发式的增长。开始的时候,口罩根本就不能满足全国的需求,缺口可以说是巨大的,生产口罩的上市公司业绩自然表现不俗。净利润增幅最高的是欣龙控股,公司一季度净利润为0.6亿元,同比增长15.45倍。延江股份一季度净利润为0.39亿元,同比增长3.45倍。

也许这个状态的演变是最值得关注的，也是股价短期大涨最直接的原因。不仅仅是销量大涨，而且价格也同时上涨，享受到的是量价齐升的业绩暴增成果。这个阶段市场对公司的短期经营状况是绝对的看好，公司一个接一个的利好催生股价的大涨。

当然，这里只是分析股价，类似的事情不希望也不应该再次发生。

1.2.4　严重的供不应求→轻微的供不应求

这个阶段公司的产能利用率从非常高的状态（如150%），下滑到100%，甚至90%。主要有两种情况：一种是公司的新产能开启了，满足了市场的需求；另一种是市场的需求开始下降了，供给同时下降，业绩不像以前那样高速地增长。

先看公司新增产能满足市场需求，此时供不应求的状态虽然存在，但从产能变化来看已经开始缓解了。随着公司新产能释放，供给能力逐渐加强。如果严重供不应求的时候需求是1亿件产品，供给端只能提供2 000万件。加大新产能投放后，假设需求端不变，供给端增加7 000万件，变成9 000万件的供给。供需关系改善了，公司的业绩也有了质的飞跃。

这是供给端增加使供需关系转变。由于新产能的开启，此时公司的盈利能力进一步加强，公司的业绩会再上一个台阶，各种财务指标变得越来越好。

另一方面，市场需求不会持续的高增长，增速肯定会下滑。需求从原来每年复合增长30%，下降到每年复合增长只有15%，甚至开始下滑。如果公司的运营没有及时跟上，业绩可能是怎么上来的就怎么下去。

就以生产酒精为例，曾经有一段时间出现了严重的供不应求状态。这个时候，厂家的供给能力根本没法反应过来，所以只能靠原来的产能满产满销。假设有一家A公司这段时间内因为一些原因，无法对自己的市场及产能相应进行扩张。一旦需求回归平常,那么A公司的业绩也会回归之前的态势。前期公司的产能利用率超过100%,慢慢出现产能利用率下降,回归到没有爆发时的样子。

不过这种状态对于普通投资者来说是不容易察觉的,只有公司才知道产能利用率的下降,一般投资者很难及时知道。公司这块也是比较谨慎的。现在的产能利用率下降是不是意味着未来还会持续下降,这个就很难说。加上这个时候行业还是欣欣向荣的,市场很难从一个看似不是太坏的消息中,得出供需关系完全逆转的结论。这样的供需关系的演变是一个业绩变坏的开端,不过此时公司的收入和业绩仍非常不错,是值得投资的。

1.2.5　轻微的供不应求→轻微的供大于求

这样的供需关系演变不是特别明显,也不是我们想要寻找的演变方向。这种变化下,不管是需求的下降还是供给的增加,对业绩的影响都不会太明显,是供需关系六种演变过程中比较弱的。

业绩的变化始于供需关系变化,如果业绩能在短时间内高速增长,那供需关系也会是突变的。而这样的供需关系演变,让投资者感受不到业绩高增长的可能。更加悲观的是供需关系可能沿着不利的方向发展,这是特别需要警惕的。

供需关系是收入的源头,巨大的供需差带来业绩高增长的可能。轻微的供需关系变化力度非常小,不足以让公司的业绩有质的突破。那种业绩低速增长的公司,很难成为一个好的投资标的。

1.2.6　轻微的供大于求→严重的供大于求

这是供需关系演变了,本身出现供大于求就意味着经营环境不理想,没想到这仅仅是开始。后面随着需求减少,各公司的产能出现大量闲置,无法赚钱,造成严重的供大于求。

没办法赚钱倒是其次，能否在行业中生存下来才是考验。在严重的供大于求态势下，全行业面临的是各公司之间的相互竞争。落后的直接被淘汰，留下的等待下一轮供需关系的复苏，吃下行业的绝大部分市场份额。

作为清洁能源的一个重要组成部分，光伏这个行业的发展就出现过严重的供大于求情况。2013年上半年，国内光伏行业的产能是40GW，实际需求量仅为11.5GW。从表面数据上看，2013年的光伏行业是产能过剩造成的严重供大于求，可是实际上产能过剩只是相对的。主要是我国的光伏产业需求与发展速度不一致导致的。总体上，光伏产业的成本居高不下，导致上网电价很高，高的上网电价导致市场需求非常弱。加上光伏行业当时处于刚刚发展阶段，没有规模化成本无法降低。

身处光伏产业链的天龙光电，主营光伏设备，2012年度及2013年度连续两年亏损。2012年扣非净利润为−5.12亿元，2013年扣非净利润为−1.53亿元。主要受行业下游需求持续低迷影响，光伏行业上游设备类上市公司业绩普遍大幅下滑，天龙光电也深受其害，受光伏行业需求萎缩及产能过剩的影响，加之光伏企业间竞争加大，光伏产品出现持续跌价，这些因素导致天龙光电销售锐减，公司经营状况变差。

介绍完这六种供需关系的演变，我们清楚了哪些供需关系的演变对公司业绩的释放是有利的，哪些供需关系的演变不利于释放出公司的业绩。值得一提的是，供需关系需要限定在一段时间内，不能用短期的供需关系来对长期的投资进行指导。

如果仔细复盘A股当中的长牛股，可以清楚知道，行业未来高速增长的需求就是公司业绩增长的摇篮。需求高速增长，公司产能不断扩张，带动业绩屡创新高。所以寻找到未来几年哪个行业将高速增长，是投资者寻找牛股的关键。

值得一提的是，我们要重点寻找的是供需关系朝着供不应求的方向发展的趋势，这个趋势在一段时间内发生的概率非常大。在强度上是供给和需求的剪刀差大，特别是供给收缩、需求扩张这样的供不应求关系。不管是产业高景气度上行还是公司竞争实力突出，这个趋势在短期内是无法改变的。找到这样的高确定性投资机会，这才是投资成功的关键。

1.3　产品生命周期

通过这六种供需关系的转变，我们可以看到供给是随着需求变化的。需求增多就会反映到公司产能的增长上，需求减少公司产能自然而然就会出现闲置。这种供给的变化会反映到公司的销量上（产能增多销量就会上去）。需求的变化是公司业绩最关键的驱动因素，需求的变化过程可以用产品生命周期来解释。

产品生命周期理论由美国大学教授雷蒙德·弗农在1966年首次提出，用来解释产品的市场寿命，即一种产品随着需求的变化，在收入端和利润端的整个变化过程。主要分为投入期、成长期、成熟期和衰退期4个阶段。供需关系的重点在于对需求变化的认识，但是需求只能预测，不能完全确定是多少。供给是跟着需求变动的，我们通过公司销量的变动来间接探知一下需求的变动，图1-1展示了产品生命周期下销量和利润的变化关系。

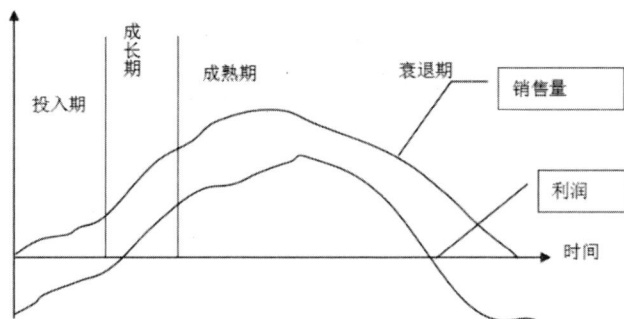

图1-1 产品生命周期下销量和利润的变化曲线

投入期的产品处于价值被发现的过程。经过前期的产品处于没人要的尴尬境地，这个阶段产品需求开始慢慢增长，公司供给慢慢适应。表现出来的是公司的产能充足，完全能够应对需求增长速度。经过很好的营销宣传和客户发掘，销售量在不断增长。或者是新产品刚出来，需求刚刚被刺激起来，需要公司去开拓市场，寻找潜在的需求。在投入期后期随着产品需求不断被发掘，公司的供给开始出现短缺，进入成长期。

在成长期，公司的收入在快速地增长，同时产品受益于规模化生产，单位成本降低。加上此时产品已经大面积铺开，同期费用同比增速减缓，这时公司盈利开始迅速增长。这个阶段收入增速很快，利润也开始释放。

成熟期的产品收入达到高峰，利润也随之达到顶峰。产品被大多数的潜在顾客接受，很难再在原有客户层面上扩张，需要通过别的渠道进行扩张。此时的收入和利润一直在缓慢增加，增长率是在慢慢地降低。同时大量的替代品充斥着市场，产品的竞争力开始下降，到了成熟期末尾时，收入和利润开始下降。

处于衰退期的产品，随着市场新产品的出现和产业升级，其竞争力慢慢减弱，直至没落。消费者消费习惯的改变或产品跟不上技术创新，使得收入和利润在成熟期达到顶峰之后迅速下降。这个阶段行业内的公司经营非常惨淡，不仅是赚不到钱,还有可能被兼并。

在这些生命周期当中,其实是通过公司的供给端来反映供需关系的演变。需要的演变模式是第1～3种,这样的供需变化才能促使公司业绩增长。担心的是第4～6种供需关系,它们是第1～3种的反面发展。如果股价已经反映了当前状态,那么供需关系朝着供大于求的状态发展,可能公司未来业绩的增长就非常难。需要强大的竞争力,需要良好的布局,需要……我们需要的是一眼就能看到的业绩增长,而不是给公司的业绩增长找各种各样的理由。

供不应求的状态是公司业绩增长最关键的驱动因素,没有需求,即使公司的产品非常好,价格非常便宜,也卖不出去。供大于求不能让公司有高的业绩增速,长期反映到股价上就不太好,不建议在这样的供需关系中寻找牛股。

1.4　供给端的变化

前面的六种供需关系的演变,主要立足于需求的变化,供给端则默认为不会出现巨大改变。供给端的变化也能催生出大牛股,只不过难遇到。接下来我们看看供给端的变化是怎样影响供需关系的。我们假定需求的变动在一段时间内是很稳定的,供给端影响供需关系主要有两种方式:供给的突然增多和突然减少。

供给端突然增多最大的可能是前期需求的爆发或者是产业政策的扶持。看到一个非常繁荣的行业,很多人肯定想在这个行业赚钱,财富效应导致有大量的人涌入。社会对这个行业的投资就会快速变得多起来,这个时候如果进入行业的门槛非常低,势必会出现大规模建厂。甚至在产业政策的带动下,全国各地都开始建厂,行业的竞争者短时间内增加特别快。

　　这个时候需求和供给出现了大逆转，需求在以前增长是非常高的，可凡事都是有限度的，需求不可能一直高速增长。可能在各地兴建公司的时候，需求增长速度降低了，甚至停滞了。在供给端，前期有限的供给是跟不上需求的大爆发的，各公司自然赚得盆满钵满。现在由于大量新的公司加入，全国的供给能力得到了一次全新的大扩张。供需关系从以前的供不应求变成了现在严重的供大于求，这个时候行业内的公司开始厮杀，打价格战，将那些弱小的公司挤出去。这样的竞争会导致行业变得越来越差，经营环境无法让公司的业绩持续增长。

　　供给端收缩能够很好地改善供需关系，如果力度很大，也是牛股诞生的摇篮。在需求保持不变，供给端大幅收缩时，产品的供需关系演变成严重的供不应求状态。产品的价格会在短时间内大涨，而成本几乎不变，需要的销售等各种费用也不会大涨。涨价那部分直接转化成利润，公司利润开始大增。

　　建新股份就是一个典型的供给端收缩后出现短期业绩暴增的例子。2005年，我国化学纤维总产量为1 629万吨，至2016年已达到4 944万吨，年复合增长率达到10.62%；化学纤维布产量也由2005年的110亿米增长至2014年的187.96亿米，增长70.87%。从这个数据可以看出，化学纤维布的需求是稳步增长的。

　　虽然需求一直在低速增长，但供给端仍出现了产能过剩。2013年以来，涤纶行业的产能利用率仅在82%左右，上游PTA行业产能利用率也在2013年以后跌落到70%以下。到了2016年涤纶与原材料价差跌到了历史低谷，POY预取向丝的价差徘徊在1 000元/吨以下，而行业企业的平均加工成本在1 000元/吨以上。行业的低价差压缩了企业利润，大多数高成本的切片纺产能被迫退出市场。2014—2016年行业整体退出的产能规模分别为128万吨、70万吨、40万吨，如图1-2所示。

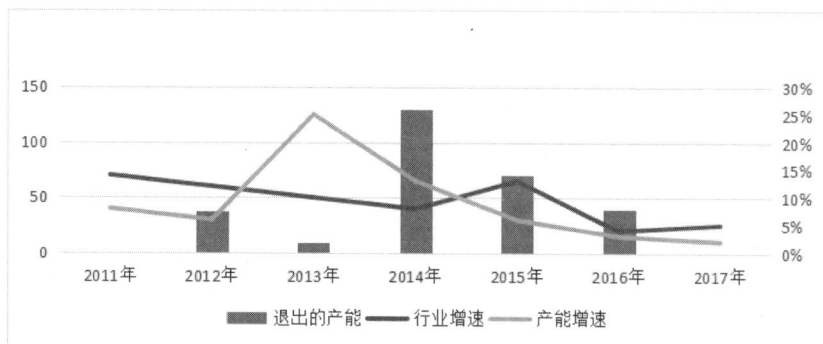

图1-2　涤纶产能与行业增长情况

建新股份主营产品为间氨基苯酚、间羟基和ODB-2，上述三项产品收入占公司总营收的74.95%。在环保趋严的长期趋势下，随着行业其他的小产能彻底关停，同时建新股份的国内竞争对手康爱特、富康、珂玫琳也相继关停或减产，公司2017年以来基本保持了满负荷生产。在下游热敏纸业需求旺盛和价格提升的带动下，ODB-2的需求稳步提升。在这样的供需关系下，建新股份的业绩迎来了爆发式增长。

2017年涤纶供需关系处于严重的供不应求状态，导致相关产品价格大涨。间氨基苯酚的市场价从2017年均价的7.6万元/吨上涨到2018年4月20万元/吨以上，OBD-2的市场价更是从2017年均价的11.3万元/吨暴涨到一季度的35万元/吨以上。

2017年建新股份实现营收5.36亿元，同比增长61.8%，其中间氨基苯酚、间羟基和OBD-2的营收占比分别为28.5%、25.4%和21.1%，归属母公司股东净利润8 707.6万元，同比增长282.7%。2018年一季度公司营收2.74亿元，同比增长176.1%，归属母公司股东净利润1.14亿元，同比增长2 233.25%。

通过对建新股份的复盘，我们清楚地知道建新股份在2018年业绩大幅增长的供需逻辑。这对我们以后寻找牛股有一定的指导意义：

(1)需求端稳定低速增长；

(2)产能经过前3年的淘汰，供给端严重收缩；

(3)环保趋严长期趋势下，竞争对手出现停产，建新股份产能满负荷；

(4)产品价格开始大涨，成本费用变化不大。

1.5 行业供需类型

从前面的分析中我们知道了，公司要想有高速增长的业绩，最好市场出现严重的供不应求状态。需求不断增长，或者供给端不断收缩。在供需关系当中，起决定性作用的是需求（供给端变化虽然重要，但是只能发生在一些特殊情况下）。可是真正分析需求的时候，有些公司（行业）的需求很容易找到；有些公司（行业）的需求就显得模模糊糊，让人不敢确定。那么我们来看看，到底什么是需求？每个公司（行业）的需求是不是都一样呢？

从常识来看，不同的行业有着不同的需求。像消费和医药行业，行业需求是不断增长的，而且是稳定增长。石油、金属这些原材料行业，行业需求是复杂的，容易大起大落。科技行业因为某个事件引起的需求变化，可能是巨变，例如新科技的发展促使4G手机在短期内普及，疫病导致的口罩公司订单没办法满足。接下来，我们一一探讨这些典型行业需求的特征。

1.5.1 消费和医药股的供需关系

这样的行业供需关系其实很容易察觉的，特点在于每年的需求波动幅度不大，稳定增长或下降。受经济周期的影响较小，其产品往往是生活必需品或不得不用的产品。正因为这样的产品特性，使得很多产品都具备一次性消费特征，很难重复使用。公众对它们的产品需求相对稳定，这些特征使得行业的需求增长很稳定，不会大起大落。

对这种需求的分析可能就很模糊，模糊的地方在于很难感知具体的需求是多少，对于个人投资者来说是非常难。确定的地方在于需求稳增长是真实存在的，投资者不需要花费过多的时间来验证，甚至可以默认。这种类型的需求诞生了好多长牛股，例如贵州茅台、海天味业、五粮液等。

投资一次性消费品的股票，是投资中最简单的。一次性消费品的属性就决定了公司的产品每年都会有需求，只要掌握好产品的渠道，每年都扩张，自然会呈现稳增长的态势。因为一次性消费品的需求是恒定的，老客户每年都会用上。只要每年有新的客户，那么公司的业绩增长很稳定。

同时在产品上也可以下功夫，不管是增加产品品类还是聚焦单一产品，配合好的渠道和经营策略，也能够让业绩保持稳定增长。这样的公司的股价很容易走成白马股走势，业绩可以连续多年实现平稳增长。

消费和医药行业的业绩增长最核心驱动要素有两类：产品驱动和渠道驱动，特别是消费行业。接下来以消费和医药为例，来介绍这两种驱动业绩的核心要素。

1. 产品驱动

产品驱动分为多产品驱动和大单品驱动，产品驱动特别适用于消费和医药行业，在医药行业尤其突出。医药公司研发出一款新药非常不容易，如果是重磅创新药研制成功，那么这款新药带给公司的业绩提升是非常大的。可能公司原来的药贡献的利润只有1个亿，新药未来两年就能给公司带来1个亿的利润。这样的发展既属于大单品驱动，也属于多产品驱动。

对于多产品驱动的公司，要想公司的业绩持续增长，并非可以随便开发新产品。在新产品和老产品的承接上需要有以下特征：

（1）新产品的市场空间很广阔，发展前景非常好，而且非常广；

（2）新产品的研发已经形成了一道道非常强大的护城河，对手很难超越；

（3）产品的创造具有一定的轨迹，不能凭空出现；

（4）原产品能够给公司提供稳定的现金流，或者公司的融资能力很强。

公司要研发新产品，大致是因为公司所处的行业在一定阶段是有天花板的。假设行业的市场是10亿元，公司的市场占有率已经达到了80%。后期即使还能抢占市场份额，也是花费很大的力气，得到的收益却很少，这就有点得不偿失。正确的做法就是开发新的产品，用新的产品在一个新的市场竞争，获取更多的收益。

这样的产品驱动针对的是原产品市场份额非常高，未来发展很可能遭遇瓶颈的公司。再努力发展原产品，公司的业绩也提升不到哪里去。可是乱开发新产品也是不行的，公司本着的就是花小钱赚大利的原则。

研发的产品自然属于公司所熟悉的行业，产品的市场前景也应是广阔的。最好研发出来的产品在技术、品牌或者渠道上能超越竞争对手，让对手根本没办法模仿。不能随随便便找一个新产品项目进行研发，不仅仅要考虑成功之后带来的业绩，也要跟公司现有的资源结合。后面的章节会详细研究这样的产品驱动。

对于原来的产品还具有广阔发展空间的公司，自然就是要采用聚焦的大单品驱动方式。正所谓钱要花在刀刃上，把公司所有的精力和资源放在一个产品上，做精做强，自然也能获得业绩的增长。主要在两种不同类型的产品上下功夫：

对于同质化非常严重的行业，想把产品做大做强，就是要规模化生产，提升市场占有率。通过规模化，降低产品单位成本。在市场上以比较低的价格抢占市场份额，进而再一次降低产品单位成本，进入这样的循环当中。当产品单位成本降低到极限时，公司的市场份额已经很大了。这也是一种优势，通过销量、品质和价格来击垮对手。

还有一种就是差异化严重的产品，这样的产品在市场中个性突出，属于独一份。很容易在市场上占据很高的市场份额，不过增长空间有限，不能超限度供给，比如茅台、片仔癀等。这些产品通过自身的个性化特征，形成了强大的护城河，公司可以将自身的战略目标和资源聚焦到这些大单品上。在渠道上下足功夫，将产品投入到那些有需求但没办法购买的市场里，或者直接在别人的市场里抢占份额。

2. 渠道驱动

A股大部分消费龙头都是渠道经营的高手，尤其是以格力、海天为代表的众公司。中国的市场太大，只要渠道做大做强，公司基本上能在这个行业很好地活下去。对于产品而言，选择了正确的渠道，增长的速度就比同行快得多。

洽洽食品成立于2001年，与其同时成立的公司是来伊份。到了2016年两者的规模虽然都达到了33亿元左右，但由于渠道不同，使得两者在费用和净利润上出现很大的差别。来伊份的毛利率高达45.70%，高于洽洽食品15个百分点。主要是因为来伊份的直营店占比很大，2015年线下直营渠道对营收的贡献度高达88.5%。直营店经营模式没有经销商及第三方平台，不需要利益共享，所以毛利率很高。

但直营店最大的弊端就是费用支出很大。2016年来伊份的销售费用率高达

30.4%，最大的支出就是销售人员的工资和门店租金。洽洽食品在当年的销售费用率只要13%，不到来伊份的一半。加上其他费用支出，来伊份2016年的净利率只有4%，洽洽食品则有10.2%。

紧接着2017年来伊份的净利率开始严重下滑，洽洽食品的波动则没有那么明显。从来伊份和洽洽食品的发展来看，选择不同的线下渠道经营，并没拉开两者的规模差距。但两个渠道上的盈利能力却不一样，商超渠道的盈利能力比直营店要强要稳定。

作为一家零售企业，要想持续维持业绩增长，就渠道而言，要么继续做大原有渠道，要么拓展其他的渠道。在来伊份上市前后，正值三只松鼠等电商零食开始爆发的阶段。2012年三只松鼠成立，仅用4年时间在营收上就超越了以商超渠道经营十来年的洽洽食品。因为电商渠道可以马上接触全国消费者，商超渠道需要一步步地接触全国消费者。

电商发展的速度是直营店、加盟店和商超没法超越的。依靠着电商平台巨大的流量，同时做好广告营销，三只松鼠实现了爆发增长。2014年三只松鼠营收9.24亿元，2015年翻倍，2016年又实现翻倍。

1.5.2　周期股的供需关系

股市里面的周期股，例如钢铁、有色金属、煤炭和猪肉等，也是很不错的投资品种。只不过相对于消费和医药股来说，投资周期股要更注重把握业绩的节奏。周期股一旦业绩爆发，那股价上涨的弹性非常大。投资周期股一定要把握经济周期，经济周期对公司业绩的影响非常巨大。一旦判断出错，会面临大亏，判断正确则会大赚。

一旦周期股的产品供需关系出现逆转，必然会导致产品的销量或价格大幅度涨跌。更理想的情况是，产品既能在销量上出现大幅度增长，又能在价格上大涨，形成量价齐升的最佳局面，进一步提升公司的业绩。所以投资周期股，必须紧盯着产品的供需关系和价格走势，价格的影响是表面的，深层次的投资逻辑是产品供需的变化。

2016年到2018年，华友钴业这只周期股就实现了两年6倍左右的涨幅。这就是抓住周期股业绩释放节奏后的回报。华友钴业主要从事金属钴的生产与销售，钴的价格和销量对华友钴业的业绩影响是非常大的。

从2016年开始电解钴的价格开始上涨，从2016年的最低点20万元/吨一直涨到2018年最高点70万元/吨，涨幅巨大，可以说是价格暴涨。钴价的暴涨自然引起华友钴业的业绩高增长，扣非净利润从2016年的0.7亿元，到2018年的14.53亿元，可以说业绩增长了20倍。有了业绩上的保障，股价涨起来是顺理成章的事情。

接下来我们寻找一下股价和产品价格之间的关系。电解钴的价格从2016年7月份开始大幅上涨，到了2018年7月份结束整个上涨势头。电解钴具体的价格走势如图1-3所示。

资料来源：百川资讯，中原证券

图1-3　电解钴2016—2018年价格曲线

华友钴业的股价则是在2016年3月份开始上涨，到2018年3月份结束此轮上涨，如图1-4所示。如果产品价格持续上涨是供需关系影响的，那么周期股股价的上涨跟产品价格上涨的时间基本上是重合的。

图1-4　华友钴业2016—2018年股价走势图

既然周期股的股价大部分情况下与产品价格是正向关系，而产品的价格受供需的影响是非常大的。那么研究周期股产品的需求和供给就非常必要，甚至是首要的。没有供需变化的刺激，周期股根本就没办法有一个像样的上涨。

需求端的变化需要通过观察行业上下游数据的变动，国际关系、国内政策和突发事件等的影响，找到驱动公司业绩增长的关键性因素。相对于稳定增长的消费和医药行业，周期性行业更讲究需求的突变。如果能确定需求在大幅改善，接下来就要分清楚这种改善到底是短期扩大还是长期增长，这对持股周期的投资者有着重要的指导作用。

1. 需求驱动因素和持续性

一件产品要有需求，除了行业自身正常的发展趋势外，国际关系、国内政策和突发事件很容易导致大量需求的产生。这三者可以是独立的，也可以同时出现。就力度而言，政策引起的供需关系持续性是最强的，突发事件可能是最弱的。

2. 国际关系、国内政策

这方面引起的周期股供需关系的变化是很容易察觉的，是一个比较明确的机会。想要抓住这样的机会，难度不是很大。政策的持续性会比较强，带来的行业增长空间是非常大的。这也是一个难得的机会，做周期股一定要留意政策方面的信息。

就拿电解钴在2016年的上涨为例，早在电解钴价格上涨之前，相关部门就出台很多利好的政策，在上涨过程中也是频频有政策支持，主要的政策文件如下：

2016年3月1日，《关于促进绿色消费的指导意见》，强调加快建设电动车充电设施、电动汽车专用停车位建设，当年更新公务车中新能源汽车比例达30%。

2016年5月24日，工信部发布的《道路机动车辆生产企业及产品公告》（第285批）中，披露的新能源车型总计103款，而搭载三元锂电池的车型数量为71款，占比69%。

2016年6月，《关于电动汽车用电价格政策有关问题的通知》，加大对电动汽车充电补贴，降低车主负担，推广新能源汽车。

从这些利好的政策来看，新能源汽车的需求不断增长，刺激锂电池的需求大幅度增长。从新闻当中我们也能找到很多的信息，对政策的实施进行验证。在2016年上半年，新能源汽车销量同比增长达到135%，这是个明显的信号。有了政策的发布和实施，那么锂电池的重要材料——钴，必然价格会持续上涨。

既然明确了钴的价格会涨，那么接下来就去找相关的受益公司。相关的上市公司是华友钴业和寒锐钴业，随后就得分析清楚相关上市公司的业绩弹性，进行相关标的的选择。

3. 行业自身发展趋势

任何公司的壮大都离不开行业的发展,周期股更是如此,周期性行业的波动相对于消费和医药行业来说非常剧烈。有时候行业需求极度萎缩,全部公司出现严重亏损。一旦需求上来了,头部公司赚的都是暴利。造成这种剧烈波动的原因是周期股的产品太过同质化,每家的产品差别不大,形成了没完没了的竞争,供需关系变动频率太高。

在行业欣欣向荣、产品价格大涨的时候,各公司开始扩大产能,业绩呈现高速增长。随着产能的大增,需求达到顶峰,供需关系开始逆转。当整个行业出现亏损时,各公司开始缩小产能,躲过行业寒冬。这样周而复始地出现,机会就存在于这样的波动当中。

知道周期性行业的波动规律是投资周期股的第一要务,接下来就需要找周期性行业里受益最大的公司。并不是所有的公司在行业景气的时候都会上涨,只有龙头才会业绩大增。我们要寻找的就是具有市场竞争力的龙头公司,研究公司的战略经营方向、产能扩张情况。当周期反转时,龙头公司的业绩增速和经营方向,最能代表行业的发展方向。

牧原股份一直是生猪养殖行业的龙头公司,行业里有一个说法:"等牧原都亏损了,那猪价也就到底部了。"行业连续亏损的时间能达到半年,而牧原持续亏损的时间顶多三个月。牧原比其他公司经营好的原因就在于成本控制,牧原是这个行业里单位成本最低的。在2014—2018年的猪周期里,行业的平均成本是13.5元/公斤,牧原股份的单位成本则是最低的11.2元/公斤。所以,当牧原股份连续出现亏损的时候,行业里的其他公司已经巨亏了。

当行业里面大多数公司出现大幅亏损的时候，此时行业里的产能会大幅缩减。因为产能如果不缩减，卖一头猪就亏更多钱，还不如不养猪。随着产能逐步减少，供需关系开始达到一个新的状态，从供需平衡到供不应求。此时，猪周期的底部开始来临，慢慢开始变好。

4. 突发事件影响

突发事件对于任何行业都会造成供需关系的变化，并不仅仅是周期性行业。大部分的突发事件能够造成行业短期供需关系的改变，带来一波短期行情。如果突发事件比较严重地改变了行业供需关系，政策能及时弥补，那是一个短周期行情。如果突发事件很严重地改变了行业供需关系，得靠行业自身发展进行调节，这样的周期持续相对较长。

2019年3月21日下午，江苏天嘉宜化工发生爆炸。该公司的产品主要是苯二胺（间苯二胺、邻苯二胺及对苯二胺），其中间苯二胺（染料中间体）产能1.75万吨，是行业内仅次于浙江龙盛的第二大核心生产工厂。这次的爆炸直接把这些产能完全摧毁了，此次事件在短期和长期内必然导致苯二胺的供给出现严重困难。

天嘉宜此次事故造成近20%的产能缺口，产能缺口势必导致涨价。截至2019年4月4日，短短十来天，间苯二胺价格已由爆炸前约4.5万元/吨上涨至15万元/吨，涨幅超过200%。此时能依靠的，无疑就是行业内龙头浙江龙盛。

5. 供需类型和强度

投资所需要的供需关系肯定是未来行业供不应求，而不是供大于求的状态，在周期股里这点特别需要注意。供不应求分为三个细分类型，每个类型的强度是不一样的，对我们投资周期股有很好的指导作用。

（1）需求增多，供给减少——供需喇叭口；

（2）供给平衡，需求上升——需求驱动；

（3）需求平衡，供给减少——供给收缩。

这三种类型的供不应求关系，第一种强度是最大的。需求和供给直接出现背离，在后期供需关系达到平衡之前，相关的公司业绩必然高增长。第二种和第三种各有特点，需求驱动的供不应求胜在持续性，供给收缩的供不应求胜在爆发性。周期强度越大，对周期股业绩的盈利预期就越高。

我们希望的是周期股业绩爆发能力强，持续的时间也非常长，这样才能获取更多的投资收益。周期的强度与持续性结合，演化成以下几种周期股投资组合，如表1-1所示。

表1-1 周期股的影响因素叠加

周期驱动因素	供需类型	周期强度
政策驱动	供需喇叭口	政策驱动的持续性比较强，能加快供需关系的演变，在行业空间和发展进程上明显占有很大优势。政策的驱动至少在需求或供给一端是很明确的，加上有很好的持续性。受益的公司业绩能持续 1～3 年，有些行业能持续 5 年
	需求驱动	
	供给收缩	
行业自身发展	供需喇叭口	周期行业自身发展导致供不应求，持续时间是很长的。如果行业的发展空间非常大，那可以说是一个非常好的周期行业标的
	需求驱动	
	供给收缩	
突发事件	供需喇叭口	突发事件导致的供需关系改变来得快去得也快，除非是严重到对整个行业造成毁灭性打击。如果加上政策的修补，基本上突发事件导致的周期股机会存在是非常短暂的
	需求驱动	
	供给收缩	

周期的强度和驱动因素叠加得越多，会给周期股带来更多的业绩爆发机会，持续性也会增强。2018—2019年的猪瘟，导致猪周期遭遇突变，供需关系一下子朝着严重供不应求发展。原因在于非洲猪瘟导致猪的供应量急剧减少，而需求并没有太大变化，属于突发事件导致的供给收缩。这次突发事件的影响对行业可以说非常大，造成了长期的供需不平衡状态。

此时，没有立即见效的办法去弥补这样大的缺口，想恢复生猪存栏量需要很长时间。在这次突发事件之前，环保治理和清理违规猪场，也造成了生猪供应量的减少。没有这次非洲猪瘟事件，相信猪的供应端也是处于收缩状态。我们就梳理一下这次非洲猪瘟给猪周期带来的巨大影响：

（1）猪瘟前，环保的严格和生态健康导致一些散养户出清，让猪的供应量减少了。到非洲猪瘟横行，鼓励部分复产，效果不大。

（2）中国猪肉产量占全世界一半，加上猪的补栏是长期行为，这就导致了一时没办法弥补这样的供不应求，只能在有限空间内进行调控。

在这样的投资逻辑下，猪价的上涨成为必然，猪的供应量恢复速度慢。大型养猪场由于管理严格，能够控制好猪瘟，同时还能扩大生产规模。后期猪的销量上来了，猪肉价格也大涨，成就了量价齐升的局面。公司的业绩自然就大幅度地上涨了，而且是业绩暴涨。

1.5.3　科技股的供需关系

消费和医药行业与周期性行业的产品很难被淘汰，这些产品有着很强的基础需求。一旦公司的产品能够长久存在，自然能够长期进行投资。但是科技类的公司就不一样了，产品很容易被时代淘汰。就像电视机，以前的黑白电视机现在根本看不到，只能怀念，当前的电视机在经受高频率的技术更新。所以说，科技类的公司很难适用经典的价值投资理论，进行长期投资。一旦产品跟不上行业的前列，公司会亏到破产，长期投资只能以失败告终。

科技公司面临的竞争是非常激烈的，要么开发出来的产品技术领先，把行业内的绝大部分市场份额通通吃掉；要么被复制、被超越，一步步失去原有的市场份额。科技股投资的难度在于技术创新的持续性，有些公司确实能在一轮科技创新中抢占先机，可是持续站在市场前沿非常难。

这就导致了科技类公司的投资只能顺应趋势，而不能像消费和医药行业那样进行长期价值投资。要想很好地认识科技股，就需要对科技股的供需进行分类，主要有创新驱动和需求驱动两类。

1. 创新驱动型

对创新驱动更通俗地解读，就是新技术革命。一个从无到有的新领域诞生，这个新领域可能会独立发展，也有可能会替代原来已经存在的行业。就像电灯泡的发明抢占了煤油灯的市场，汽车的发明导致马车的衰落。这就导致了被取代的行业并不是做得不好，而是《三体》里说的"我消灭你，与你无关"。新的科技技术诞生就是要老行业的"命"，而且老行业毫无招架之功。

最难的就是，判断新科技能否带来一个新的行业。新的科技如果能被广泛应用，那么这个行业趋势就起来了。这样的变革对那些传统行业的打击是巨大的，如果自己的技术不能应用于新诞生的行业，很可能被新行业降维打击。

乔布斯说"苹果重新定义了手机"，自从苹果手机出现后，智能手机的时代来临了。以前的功能机只能打电话，智能手机可以在线做很广泛的事情，改变了人们对手机的传统认知。这样的科技股属于科技创新驱动型，一个全新的行业兴起。

创新驱动型的科技产品或是改变原有行业，或是再造一个新行业。创新驱动的产品都是新产品，会经历一个从无到有的过程。一旦新产品是下一代的革命性技术，自然会获取很大的市场份额，公司的收入每年呈几何级数增长。

2. 需求驱动型

并不是所有的科技创新都能产生一个新的行业，更多只是在原有基础上升级。就拿智能手机来说，苹果开启了智能手机时代。当苹果手机的市场占有率很高的时候，推出来的新品只是将性能变得更好，在已经有的存量上更新换代，没办法进一步改变这个行业。需求驱动的产品，基本上是一个人有我优的竞争态势。

经过公司第一代、第二代产品的市场渗透，客户对产品的需求达到了阶段性的饱和状态。这个时候客户对产品产生升级的需求。科技行业的产品更新换代非常频繁，比消费和医药行业升级更快。一旦有公司产品更新太落后，会被市场直接淘汰。

曾经的网宿科技，在2010年到2017年都是创业板白马股的典型代表，可是自从2016年下半年开始一直"跌跌不休"，持续了好些时间。公司的业绩在2016年出现历史新高后，很长时间没有恢复。

这其中的原因主要是大型互联网公司从2010年开始在全国范围内布置相关业务，对网宿科技的产品CDN产生了巨大的需求。不过这些公司对CDN业务是很擅长的，只因为自身的发展实在太快了，自己公司的CDN业务无法满足巨量的需求。此时就需要向网宿科技这样专门经营CDN业务的公司进行采购，这是网宿科技业绩和股价大涨的原因。2014年股价涨至141元，CDN市场由网宿和蓝汛两家垄断了近80%的份额。

面对网宿科技这样的高增长，电信运营商和云计算厂商瞄向了CDN业务。2015年阿里云发起CDN降价行动，腾讯云等厂商随后跟进。随着全国光纤宽带的普及，流量成本开始大幅度下降，原来的需求就减少了。再加上内部资源建设开始过剩，大型互联网公司的CDN业务开始与网宿科技竞争。

到了2016年下半年，网宿科技的CDN业务受到云计算厂商的冲击，激烈竞争下价格调整，导致净利润增速放缓。2016年净利润增幅下降至50.14%，蓝汛全年则毛亏损几百万元。

科技股要说的内容很多，也是非常难投资的。个人对科技股研究不足，希望后期能更多地呈现科技股的投资特征。

1.6 一门好生意

了解了供需关系的演变过程，如果清楚一家公司的供给和需求在朝着有利的方向发展，我们就有了对公司未来业绩增长的展望。接下来我们就需要考虑这些问题：公司能不能高效"吃下"这些业绩？能不能第一时间吃到？

这就需要考察公司的业务，也就是常说的生意。这门生意是不是能很好地赚钱？也就是公司经营的是不是一门好生意？好生意的标准是什么？

（1）能够持续赚钱；

（2）赚到的是真金白银；

（3）正处于发展的黄金时期。

一家公司能够持续在高速发展的行业里赚钱，而且拿到的是实实在在的现金，而不是一堆白条的"利润"，这样的公司肯定做的是一门好生意。相反，公司处于一个衰落的行业，马上就要倒闭，卖出去的产品收不到钱，这样的生意根本没人敢做，也就不能称作是一门好生意。

1.6.1 持续赚钱

讨论公司经营的是否是一门好生意，肯定说的是长期状态。如果一家公司的业务经营不了两年，那讨论是不是好生意就没有意义了。

同样是赚钱，哪些公司是持续赚钱，哪些公司是短时赚钱呢？有些时候一家公司的业务非常火爆，可是过了几年之后业绩回到原点，这肯定不是好的生意。长久稳定赚钱才是经营一门好生意的基础。

公司的生意能不能持续赚钱，最重要的是行业特性。有些行业竞争环境非常差，更新周期非常短，公司想在这个行业里好好生存都难，更谈不上持续赚钱。

像元器件和半导体行业，更新周期非常短。没几年就会诞生新技术或者产品升级，这使公司的压力非常大。必须更新生产线，产品技术要处于行业前沿。简单地说，就是行业的领头公司，家里要有很多钱支持技术创新。这些特征就决定了公司的发展是短期爆发式的，掌握了新技术，有了新生产线，自然获得了所有的订单。如果在这轮竞争中失败，不仅没有好的订单，公司连以前的生产线都开不了，生产出来的老产品全没人要。

有些公司依靠有强大品牌的消费品和刚需的医药，成为人们羡慕的能持久赚钱的公司。这些公司产品简单，靠着消费者的基本需求，存续期长达20年以上。外部环境不管发生多大变化，都很难改变这样的基本需求，除非产品自身出现问题。我们看看能持续赚钱的行业到底有什么样的特征。

1. 产品受周期波动影响小

与基础需求（吃喝拉撒等）相关的行业很难受到周期波动的影响，只要不发生经济大萧条，可以认为这些行业的需求是稳步增长的。所以，产品如果受周期波动影响大，可能有几年大赚，有几年大亏，这样的公司并不符合持续赚钱的标准。

受周期波动影响小的行业最为典型的就是消费和医药行业，除此之外还有银行、公共服务、保险等。我们也可以从A股的市值排行里找到答案。截至2019年底，除银行外，市值前50名的公司主要在保险、白酒、食品、医药和白色家电领域。这些行业的特点就是波动性比较小，满足的是人们的基础需求。

2. 产品具有差异化

产品的价格需公司可控，也就是说，持续赚钱的产品至少在价格上，能够由公司自己去定价。这就要求公司的产品跟竞争对手有一定的差距，全部相同免不了会出现很强的竞争。

3. 产品更新频率低

产品要想稳定赚钱，不仅仅在赚钱方面稳定，还得在花钱方面省。最怕的就是行业的变迁导致产品的更新速度非常快，产品若不随之升级就会被竞争下来。如果产品更新的频率非常快，需求处于升级的状态中，公司要想持续赚钱就必须投入大量的钱建设新的生产线，投入大量的钱去做研发。

以黑色家电为例，电视机的更新频率是非常快的，刚开始的时候是黑白的，之后是彩色，到现在是4K超清等，以后还会有更多新技术应用于这个基础需求。如果产品要想持续赚钱，就得不断投入，不断更新生产线。

而白色家电的空调，基础技术变化不大，只是在外观、省电等其他方面进行更新。这使得白色家电公司能够持续赚钱，投入比例降低。长期下来，白色家电的市值比黑色家电稳定太多了，而且处于一直上涨状态。

1.6.2 实实在在的现金

设想一个经营场景：公司的产品被客户买去了，可是客户拿到这件产品的时候，给了公司一张白条。这种情况我相信任何公司都很难接受，好好的做生意怎么收回来一堆白条呢！公司希望的是卖出去的产品及时收回钱，来维持公司的日常运营。现在一堆白条摆在那里，这可不能给公司的生产带来帮助。

如果公司在经营环节无法积累充足的现金，很容易影响公司的赚钱效率。本来每天生产线的运营现金是1 000万元，由于没有足够的现金，必然会导致生产线开工率不足。

要想赚到实实在在的现金，必须从收入端和成本端考虑。缺失一头，现金就会出现流失。还是一句话，多想想"开源节流"。

1. 收入端：赚得多，回来得快

现金要想在经营活动中获取，大多数情况下要依靠公司的销售过程。即卖出去的货款能够收得回来，高效率回收货款最好。同时要想赚更多的钱，那就必须指望公司有更多的收入。如果公司的收入一年不如一年，那回收的现金基数就少了。货款收回的速度非常慢，影响公司的现金回收效率。

要想公司的收入增长，肯定是要产品卖得出去，卖得价格高，或者各产品百花齐放。以上三点分别对应的是产品的销量、产品价格和产品种类，只有在这三个方面发力，收入才能增长。我们不仅仅需要现金及时地收回，还要现金变得越来越多，这就需要公司拥有持续赚钱的能力。

如何能高效收回现金呢？我们知道如果卖出去的产品不能及时收到钱，那肯定会收到另外一种东西——白条，也就是客户的欠款。在财务上以"应收账款"来记录白条的多少，客户的白条越多，那么应收账款的余额就越大。

或者产品非常畅销，客户要想买到必须提前支付货款。这是最高效回收现金的方式，在财务上以"预收账款"来记录客户提前支付的货款。

要想高效率回收现金，就不能有太多的白条，所以考察公司的预收账款和应收账款的规模很重要。我们来看看这两个科目代表的意义：

应收账款：表示公司在销售过程中被购买客户所占用的资金。

预收账款：是指公司向购货方预收的购货定金或部分货款，未来以货物或劳务来偿付。

预收账款最好大于应收账款"应收账款/收入"指标数值越小越好;"预收账款/收入"指标数值越大越好,越大表明公司回收现金的能力越强。

2. 成本端: 花得少, 付出得迟

我们知道一家公司的产品想要销售出去,就必须跟供应商和客户打交道,同时还看自己的生产存储能力。在供应商那里买原材料,在客户那里将产品卖出去,同时自己的库存流动非常顺畅。

要想花得少,就要在成本和费用上下功夫,在财务指标上的体现是毛利率的提升和费用率的下降。例如,公司产生1元钱的收入,原本要花5毛钱的成本和费用,通过"节流"将公司的成本和费用降低到了0.4元。

花得少是一方面,付出得迟也是利好于现金的。本来是今天要把一笔钱付给供应商,如果迟5天付,那么在接下来的5天里,可能会用得上这笔现金,加快公司的现金周转。提前和延后支付现金在财务上的表现是"预付账款"和"应付账款"。

预付账款: 购货方预先支付一部分货款给供应方而发生的一项债权。

应付账款: 是公司应支付但尚未支付的货款和工程款等。

应付账款大于预付账款。"应付账款/成本"指标数值越大越好;"预付账款/成本"指标数值越小越好,前一个指标大和后一个指标小都表明有更多的现金留存在公司里,迟一点再流出。

存货/成本,数值常年保持在低水平,说明产品库存流动顺畅,产能利用率高,产品卖得很畅销。

表1-2　格力电器相关指标分析

科目	时 间						平均值
	2012 年	2013 年	2014 年	2015 年	2016 年	2017 年	
应付账款（亿元）	226.65	274.34	267.85	247.94	295.41	345.53	
预付账款（亿元）	17.40	14.99	15.91	8.48	18.15	37.18	
存货（亿元）	172.35	131.23	85.99	94.74	90.25	165.68	
营业成本（亿元）	732.03	803.86	880.22	660.17	728.86	995.63	
预付账款 / 成本	2.00%	2.00%	2.00%	1.00%	2.00%	4.00%	2.17%
应付账款 / 成本	31.00%	34.00%	30.00%	38.00%	41.00%	35.00%	34.83%
存货 / 成本	23.54%	16.32%	9.77%	14.35%	12.38%	16.64%	15.50%
预收账款（亿元）	226.65	274.34	267.85	247.94	295.41	345.53	
应收账款（亿元）	17.4	14.99	15.91	8.48	18.15	37.18	
营业收入（亿元）	732.03	803.86	880.22	660.17	728.86	995.63	
预收账款 / 收入	30.96%	34.13%	30.43%	37.56%	40.53%	34.70%	34.72%
应收账款 / 收入	2.38%	1.86%	1.81%	1.28%	2.49%	3.73%	2.26%

对格力电器一些年份的指标进行分析，如表1-2所示，在回收现金这块格力电器的效率是非常高的，"预收账款/收入"的平均值是34.72%，"应收账款/收入"的平均值是2.26%，意味着每创造一元钱的收入，有约0.35元的预收账款和约0.02元的应收账款，提前回收的现金非常多，白条非常少。同时，公司的收入大体呈增长态势，显示出良好的赚钱能力。既能赚钱，又能大幅回收现金，格力电器的赚钱能力那是实实在在的。

在控制现金支出一端，格力电器做得也非常不错。"应付账款/成本"的平均值是34.83%，"预付账款/成本"的平均值是2.17%，意味着公司每一元的成本，有约0.35元的应付账款，这些是欠供应商的材料款。加上约0.02元的预付账款，提前支出的现金非常少，在现金支出端做到了极致。

1.6.3　处于发展的黄金期

持续赚钱和获得实实在在的现金，只能说明公司的经营优质。在此基础上，我们希望公司接下来几年的发展是快速的，而不是那种毫无生气的增长。最好公司是处于一个发展的黄金期，那么处于黄金发展期的公司有什么特征呢？

1. 行业成长期

市场的需求是旺盛的，总体上供需关系处于供不应求的状态，最好行业的发展前途是广阔的，对应的产品生命周期是成长期。相对好的供需情况就是需求越来越大，分享这些需求的公司越来越少。

刚步入黄金期，市场需求远没有充分发掘，潜力是巨大的。公司的业绩是一个从无到有的过程，增长弹性非常大。这个时期，行业内的供给跟不上市场的需求增长，行业间的竞争压力不大。

这样的格局很像一个刚开始工作的年轻人，未来的潜力很大，至少有成为行业龙头的可能性。可是不确定性也很大，都知道后期竞争的残酷。这个时候，资本市场可能会对公司的展望偏乐观，会出现很高的估值溢价。

到了黄金期结束的时候，行业的需求饱和了，或者增速很慢了。市场需求开发充分，客户会倾向于少数公司的产品。行业里的公司开始进行厮杀，护城河宽的公司有更大的能力拓展新客户和提升市场占有率。最后，公司间的竞争格局开始稳定，剩下的产品固化在客户心中成为明星产品，其他的产品可能就被淘汰了。胜者为王，留下来的公司成为行业的领先者，成为后期的大白马和蓝筹股。

2. 公司发展战略

公司想要成为最后的胜利者，不仅需要行业的帮助，更需要自己的努力。抢占市场必须调动公司的大部分资源，与其他公司进行激烈竞争才可以达到。所以，在战略和扩张上，公司走的路必须对。

从刚开始的产品定位到建立推广渠道，不断进行创新或模仿。不管是差异化竞争还是同质化竞争，重要的是公司要抓住行业发展的本质，守正出奇。采用产品驱动或渠道驱动策略，来加强产品的竞争力。

第 2 章

业绩增长的关键字和逻辑

通过前面的叙述，我们清楚了只要产品的供需关系朝着好的方向发展，那么公司的业绩增长是有保障的。可是这又给我们出了一道难题：在具体的操作过程中，我们怎么才能知道这个公司产品的供需关系呢？通过查询搜索什么内容才能把握公司的业绩增长呢？如果空有理论，没办法落到实践上，到最后可能会成为一个什么都会但是炒股就是不行的股民。这样的人我相信在你身边有很多，就是因为他们只在理论上下功夫，缺少实践。所以，我们要打破这样的尴尬局面，做一个勤奋的投资者。

既然供需的理论弄清楚了，那么这章我们就重点来解决如何在具体的投资中寻找业绩在未来能够增长的股票。哪些关键词能促使业绩增长？怎么寻找？为什么这样找？具体有以下几点：

（1）大订单；

（2）持续涨价；

（3）业绩高增长；

（4）新产能释放；

（5）业绩反转（拐点）；

（6）库存周期；

（7）高景气行业；

（8）其他。

2.1 大 订 单

这是公司业绩增长最"暴力"的方式，客户直接给了一个大订单，一旦执行下去，公司未来业绩的增长是绝对的。根据收入=产品销量×产品价格，产品销量是影响收入很重要的一个因素。大订单意味着公司后期销量的提升。既然产品销量后期会有大幅提升，在产品价格不会太下降的情况下，公司收入的增长是我们可以预见的。

2019年11月29日，常州亚玛顿股份有限公司发布了一则公告，公告的内容是签订日常经营重大销售合同。预估合同总金额约15亿元人民币（含税），约占常州亚玛顿股份有限公司2018年度经审计营业收入的98.02%，如图2-1所示。

重要内容提示：

●合同类型及金额：长单销售合同，合同销售量合计 6,028 万平方米，双方按月议价；预估合同总金额约 15 亿元人民币（含税），约占常州亚玛顿股份有限公司（以下简称"公司"或"卖方"）2018 年度经审计营业收入的 98.02%，本测算不构成价格或业绩承诺。

●合同生效条件：本合同自双方授权代表签字并盖章且卖方收到买方的预付款之日起生效。

●合同履行期限：自 2020 年 1 月 1 日起至 2021 年 12 月 31 日。

●对上市公司当期业绩的影响：本长单销售合同履行期为 2020 年至 2021 年，对公司 2019 年度业绩无直接影响。本合同的签订有利于公司≤2.0mm 超薄物理钢化镀膜玻璃产品的市场推广，提升公司超薄物理钢化镀膜玻璃产品的品牌影响力及核心竞争力，同时将会对公司未来的经营业绩产生积极的影响。

图2-1　常州亚玛顿股份有限公司公告

在这则公告里，亚玛顿签订的大订单不影响2019年的业绩，不过这个订单的总金额非常大。合同履行期限是2020年到2021年，意味着未来两年亚玛顿的业绩增长是非常有保证的。资本市场自然不会吝啬，短期内给予了两倍的上涨，如图2-2所示。

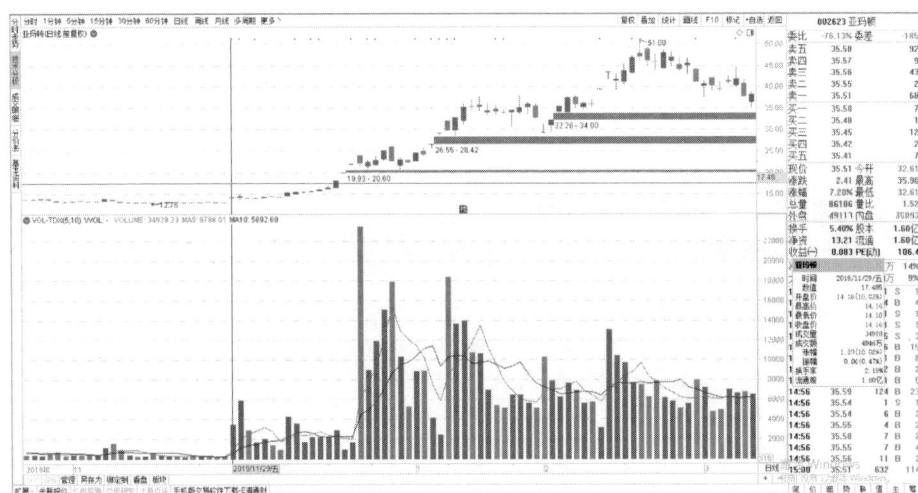

图2-2　亚玛顿发布签订重大订单后的股价表现

能签下大订单的基本上都是产业链中上游或者工业型公司，最典型的特点就是客户比较集中,前五大客户销售额有可能占比达到60%以上。产品销售的对象就下游那么几家,业务量一次非常大,所以业务会涉及订单合同。签订的金额相对来说就很大,对公司未来业绩的刺激自然就很强。一旦合同公告发布到市场上,对股价的刺激作用是最强的。

既然知道大订单对公司未来业绩的贡献度是非常大的,对股价的影响也是很"暴力"的,那该如何去找呢?

1. 上市公司的公告

从亚玛顿的案例中,我们知道了从上市公司发布的公告中是可以找到大订单类型的公司的。既然知道了途径,自然在这一块寻找起来就非常方便。我们可以通过巨潮网,在对话框中输入"订单""合同"等关于订单获得的关键词。具体如图2-3所示。

图2-3　利用巨潮网等网站寻找大订单的公告

这种方式能够帮助投资者直接找到有大订单的公司,找到合同金额占公司收入非常高的公司,甚至可以找到占比超过100%的大订单合同。拥有大订单意味着公司未来一旦执行这样的订单,那么业绩的增长是必然的。

不过需要投资者仔细去斟酌,有效率地去寻找。有些订单公告没有什么实质性的内容,只是一个标准类的合同范本。在实质性大订单的公告已经发出,对股价刺激很大的情况下,投资者就要仔细辨别股价是不是已经充分反映了这个利好，甚至是已经反映过头了。不能等股价涨太多了再追进去，那样会导致虽然看到了业绩未来增长的投资依据，却在交易上出现亏损的情况出现。

2. 券商研报

这个是最有效也是非常方便的寻找有大订单公司的方法。券商研报既然能对公司的订单进行评论，说明它们对订单的认可度还是比较高的。如果是一般性的订单，并不会大写特写。它们都会着重研究公司订单的转化能力，预期能够有很好的业绩释放才发布研报。当然有些研报可能对订单过于看重，一些小额订单也会大说特说。这个时候，投资者要考虑订单和股价之间的关系，得出合理的交易依据。

通常找券商研报的软件不多，网站比较多。这里我推荐的是东方财富的choice软件，在研究报告里面搜索"订单"这类关键词即可，如图2-4所示。

标题检索 ▼	订单		证券	请输入证券		机构	请输入机构		作者	请输入作者		在全部研报中 ∨	搜索	重置
研报类型	公司研究	▼	行业	请选择行业	▼	页数	页数不限	▼	日期	输入起始日期	至	输入结束日期		

研报搜索结果

🖨 导出Excel　　C 刷新　　每页 50 ▼ 条

序号	日期 ⇕	报告类型	相关品种	标题
1	2020-04-30	年报点评	汇川技术(300124.SZ)	一季度订单旺盛，并表贝斯特增厚公司业绩
2	2020-04-30	年报点评	三花智控(002050.SZ)	点评报告：业绩略超预期，新能源汽车在手订单丰富
3	2020-04-30	年报点评	晶盛机电(300316.SZ)	在手订单饱满，期待光伏+半导体双轮驱动
4	2020-04-30	季报点评	帝欧家居(002798.SZ)	Q1毛利率显著提升，看好后续工程订单加速转化
5	2020-04-30	季报点评	药明康德(603259.SH)	药明康德2019一季报点评：新增客户和订单依然强劲，CDMO"晶斗效应"弹性大
6	2020-04-30	季报点评	海鸥住工(002084.SZ)	Q1在手订单充足，整装卫浴业务有望加速释放
7	2020-04-30	季报点评	交控科技(688015.SH)	业绩大幅转盈，规模效应显现，订单高增步入收获期
8	2020-04-30	年报点评	华天科技(002185.SZ)	2019年报及20Q1点评：一季度业绩大增，在手订单饱满
9	2020-04-29	年报点评	银轮股份(002126.SZ)	业绩符合预期，新能源热管理订单及重卡EGR是增长点

图2-4　choice软件里检索"订单"关键词后出现的研报列表

3. 网站类信息

最常见的是信息以新闻和政策性文件的方式出现，这类信息也可以辅助大家去寻找公司的订单，前提是这个信息要经过筛选确认是真实的。一些专业财经类网站或者股票论坛都会有这样的信息，我们要多多留意，做好记录。

例如：2020年4月20日，阿里云宣布未来3年再投2 000亿元，用于云操作系统、服务器、芯片、网络等重大核心技术研发攻坚和面向未来的数据中心建设。数据港背靠地方国资委，服务于阿里巴巴等互联网公司。这会直接刺激数据港未来几年业绩的增长，后面有大量的阿里巴巴等的订单。

4. 切忌小道消息

查询哪家上市公司签订订单，会涉及信息的筛选。在这个过程中很容易被一些"标题"误导，特别是财经网站上的文章。作者为了吸引眼球，将一些订单非常小的内容，吹嘘得非常大，误导投资者。

所以，从巨潮网和券商研报这样的专业渠道获取的消息，才值得信任。如果在网站上找到这样的信息，一定要在专业的渠道里进行验证。获取大订单信息的渠道如图2-5所示。

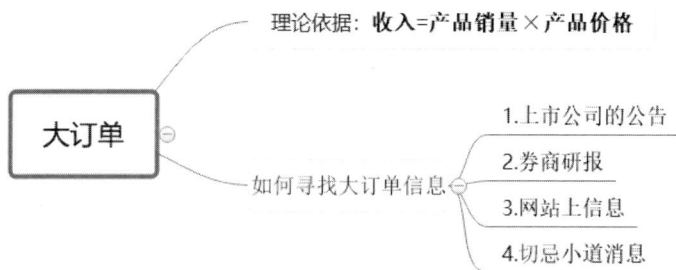

图2-5　获取大订单信息的渠道

2.2　持续涨价

要想公司的收入增长，除了在销量上下功夫，另外一个方面就是涨价（提价）。产品的价格涨了，自然公司的收入也会水涨船高。涨价也是最简单、最清晰的增长逻辑，是收入增长最主要的手段。事实上，每家公司或多或少地都会在这上面进行尝试。我们要找的涨价情况有两种：行业产品涨价和有提价能力的公司。

产品价格的上涨主要有两种情况，一种是供需关系导致的，一种是成本上涨导致的。最让人迷惑的就是成本上涨导致的产品涨价，这就是所谓的"增收不增利"。成本增长了1元钱，公司为了减少损失，可能会在产品价格上也增加1元钱。这样的涨价虽然能带动收入的增长，但是整体上公司还是不赚钱的。

供需关系导致的提价模式主要有两种：一种是商品在市场上有价格，这个价格是由很多人公开报价形成的，也可以说是产品价格波动；一种是公司自己定价的产品，虽然在市场上有价格，但是产品的定价权在公司手里，有时候还可以提价。这两种都是供需关系导致产品价格的上涨，都值得研究。

2.2.1　大宗商品价格

上市公司的很多产品是大宗商品，例如有色金属、原油、煤炭、化工原料等，在国内市场和国际市场上都是有价格的。这些产品价格有一个很大的特点：定价权不在公司的手里，大部分公司左右不了产品的价格。

如果要对具有这样的涨价模式的产品进行投资，是要非常慎重的。产品价格上涨的背后一定是需求增长导致的（也可以是供给端大量减少导致，典型的是一家大型矿场关闭），投资的逻辑才能持续下去。

如果是需求导致的大宗商品价格上涨，我们会发现此时的产品处于量价齐升的状态。产品既能在销量上实现增长，在价格上也能随着大宗商品的价格规律进行涨价，两头赚钱。可是如果产品价格的上涨不是需求导致的，而是市场的短期行为，这样的上涨我们就要注意了，持续性不强。

在2015年牛市结束后，锂电池板块的相关个股走势非常迅猛，尤其是天齐锂业和赣锋锂业。究其原因就在于2015年的涨价，国内的电池级碳酸锂从年初的

43 000元/吨上涨到年底的129 000元/吨。这一年涨了2倍,尤其是下半年的上涨是最疯狂的,如图2-6所示。

　　碳酸锂的涨价原因就在于我国的新能源汽车市场开始高速增长,碳酸锂出现了供不应求的状态,直接推动价格的大幅上涨。下游的电池公司在2015年扩充的产能开始持续释放,加上国家政策上对新能源车的补贴。这段时间电池生产公司抓住这样的时机,疯狂扩张,扩大市场。这就导致了对碳酸锂的需求爆发式增长,加上碳酸锂一时半刻产量上不去,价格自然出现成倍增长。

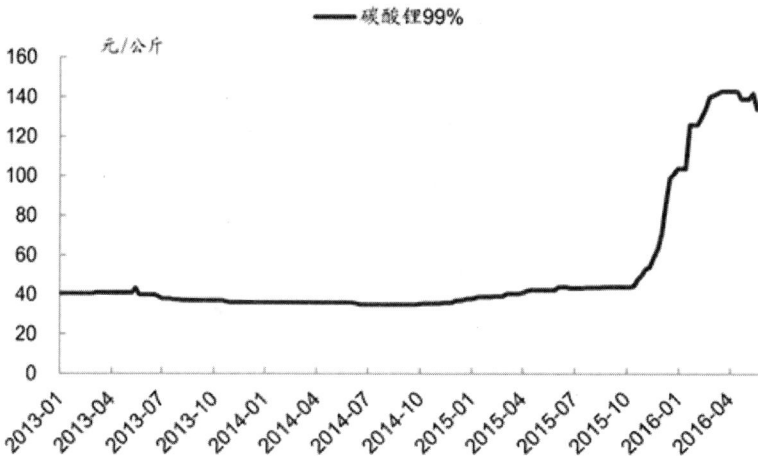

图2-6　碳酸锂2013—2016年价格走势图

　　在需求端,下游的电池生产商疯狂扩产导致碳酸锂的需求量大幅度提升,而供给端碳酸锂的产能没办法迅速扩大。这就形成了短期内碳酸锂供不应求的局面,再加上新能源汽车需求高增长和持续增长的可能性很大,碳酸锂的价格未来还可能处于高位。等过几年碳酸锂的产能上来后,碳酸锂的价格就会下降。

　　靠价格上涨来寻找业绩增长的公司,需要多关注每种商品的价格走势。多上生意社这样专业的商品价格网站,多关注财经新闻,记下哪些商品最近在涨价。

同时考察涨价是否具有持续性，如果涨价的逻辑能持续下去，再去寻找相关的上市公司。

确定商品价格上涨之后，通过这些数据对公司进行业绩上的分析，看未来业绩的增长会达到多少。理想是，需求端爆发的同时供给端无法短期跟上或紧缩。这些供需关系导致的涨价，要存在一定的持续性，不能是短时间的。

2.2.2　差异化商品涨价

大宗商品为什么定价权不在公司手里呢？最主要的原因是商品太过于标准化了，也就是所谓的同质化。我们可以看到一家钢铁厂如果是生产普通钢材，那是按市场确定好的价格销售。如果生产带技术含量的精细钢材，可能公司在价格方面有一定的决定权。原因其实就是精细钢材有一定的技术成分，跟市场上很多钢材区别开了，加上竞争者少，形成了一定的差异化优势。

差异化商品涨价是我们重点讨论的内容，我们想要投资的公司最好对其产品价格拥有主动权，并且提高产品价格不会对需求有负面影响，也就是对产品有提价权。产品有提价权，关键在于差异化。差异化可以是品牌，可以是产品质量，可以是服务体验等，总之就是有与众不同的地方。过于同质化会破坏产品的定价权，而差异化会增强产品的提价权。

要分析产品到底有没有涨价能力，需要从销量和价格上去考虑。毕竟涨价是为了公司未来业绩能够更好增长。如果价格涨了，销量不行，那就意味着产品并没有涨价的能力。这个时候，我们要清楚两点（这是我对提价权的理解，欢迎有不同的建议）：

（1）必须要有对产品的定价权，这是前提条件；

（2）产品在所处领域具有核心价值，提价时销量不能大幅度下降。

可以肯定的是，没有定价权的产品，肯定就没有提价权，就像大宗商品一样，只能跟随市场进行定价。所以，我们首先要搞清楚什么样的产品有定价权，从前面的讨论我们可以知道一点：标准化、同质化的产品，其定价权是越来越弱的。也就是说，差异化才是决定定价权的主要因素，产品的差异化越强，越难以被模仿，其定价权理论上就会越强。

任何的产品都有基础性的需求，也就是同质化需求。为什么同质化越高的产品，就越没有定价权呢？因为同质化产品满足的是基础性的需求。

（1）在市场上最为首要的就是最基础的需求，然后才有差异化的需求；

（2）同质化产品标准化程度是非常高的，很容易被其他公司模仿；

（3）随着社会的发展，商业竞争自然就会有这样那样的冲动去扩大产能。在供给端很容易出现供大于求的局面，进一步削弱产品的定价权。

在这样的情况下，一家公司想自主去提价，那失败的概率是非常大的。产品要有定价权，前提肯定是具有一定的差异化特征。这里的差异化代表的是难以模仿的优势，最好能将这些优势品牌化，或成为公司的一种标签。

那是不是差异化越强的产品，定价权会上升到提价权呢？答案是不一定，还需要产品在所处领域中占有高比例的核心价值，这样的产品才具有提价权。提价是一次对产品的考验，也是一次风险很高的决策行为。如果提价后失去了原有的大部分市场份额，这就表明公司没有提价权。

产品提价是为了将公司经营得更好，而不是提价后产品销量大减。提价成功的标准就是销量不会出现大幅下降，这意味着产品提价，客户不情愿也得买。这就需要产品的价值在整个细分产业链中处于核心地位，其他同类产品难以模仿。可以是竞争对手很难触及产品核心价值，或者其竞争对手少，客户可选择的空间小。

如果产品在所处领域不占有高比例的核心价值，必然会造成竞争对手很多的局面，那就会削弱其产品的提价权。这就是低端白酒的提价权不如高端白酒的原因，因为低端白酒的竞争对手实在是太多了，还具有一定的同质化，一旦提价很容易造成销量下滑，甚至在市场上被淘汰。真正能够提价的低端白酒可能寥寥无几，像牛栏山二锅头，因为品牌的优越形成了这个细分产业的核心价值，在提价上相对来说就能够进行得下去。图2-7展示了持续上涨的业绩的增长逻辑，在此可作为参考。

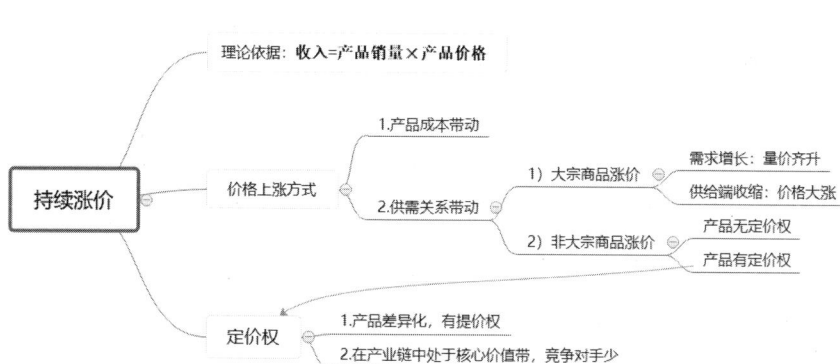

图2-7　持续上涨的业绩的增长逻辑

2.2.3　低价权

有些产品的定价权，并不表现在产品价格上涨上，而是价格的降低，这也是定价权的一种。大部分人理解的定价权就是产品价格上涨，这类产品的定价权常见于精神消费属性的商品，这类商品中的大部分产品的价格是不能持续上涨的。类似奢侈品，越贵越符合消费的意图的很少。更多的产品涨价则是行业供需关系改变和受到成本的影响。

其实还有一种定价权是定低价的权力，这意味着公司的单位成本低，能够在竞争中将产品的价格降低。沃尔玛这样的大型超市就有这样的低定价权,它也靠低成本优势成为零售之王。

对制造业来说,生产线的规模越大,产能利用率越高,不仅盈利能力强,而且单位成本低。生产线的折旧、水电费、人工等固定成本分摊到更多的产品上,成就了比较低的单位固定成本。像2016—2020年的隆基股份,经过光伏行业前几年的洗牌,隆基股份在不断扩大规模,加上产品技术不断革新,上下游的生产效率提升,使得公司产品可以在降价的情况下,继续大幅盈利。其他的公司碰到产品降价,就面临大量亏损。

2.3　业绩高增长

通过产品生命周期理论我们知道,产品一旦进入成长期,业绩就开始释放了。碰上重复消费的刚需产品,生命周期的时间更长。公司在成长期到成熟期的过程中,业绩的增长是可以持续的,不会昙花一现。如果现在的业绩高增长刚刚开始,很可能意味着未来的业绩也能高增长。

2018年7月9日,沪电股份发布了一份中期业绩修正公告,将半年报业绩从3个月前预告的"同比增长7%～55%"调高到"65%～94%"。在3个月之前,公司预计半年的业绩增长只有同比增长7%～55%,预期是公司销售情况良好,业绩有望增长,如图2-8所示。

2018 年 1—6 月预计的经营业绩情况：归属于上市公司股东的净利润为正值且不属于扭亏为盈的情形

2018 年 1—6 月归属于上市公司股东的净利润变动幅度	6.82%	至	55.38%
2018 年 1—6 月归属于上市公司股东的净利润变动区间(万元)	11 000	至	16 000
2017 年 1—6 月归属于上市公司股东的净利润（万元）			10 297.43
业绩变动的原因说明	预期公司销售情况良好，整体毛利率有望进一步提升。		

图2-8　沪电股份2018年半年业绩预告情况公告

想不到经营三个月之后，公司的经营越来越好，业绩比以前预计的还要好，自然公司修改了以前的业绩预测。而这次的修改为沪电股份后续的业绩高增长开了一个好头。公司经营情况好于先前的预期，主营业务收入较上年同期增长约14%，主营业务毛利率较上年同期亦有所上升。业绩修正预告情况如图2-9所示。

一、预计的本期业绩情况

1．业绩预告期间：2018 年 1 月 1 日至 2018 年 6 月 30 日期间。

2．前次业绩预告情况：

沪士电子股份有限公司（下称"公司"）于 2018 年 4 月 24 日在巨潮资讯网（http://www.cninfo.com.cn）披露的《公司 2018 年第一季度报告全文》及《公司 2018 年第一季度报告正文》中作出预计：2018 年 1—6 月归属于上市公司股东的净利润变动为 11 000 万元～16 000 万元。

3．修正后的预计业绩：

□亏损　□扭亏为盈　☑同向上升　□同向下降　□其他

项　　目	本报告期	上年同期
归属于上市公司股东的净利润（人民币）	比上年同期增长：65.09 %～94.22% 盈利：17 000 万元～20 000 万元	10 297.43 万元

图2-9　沪电股份2018年半年业绩修正预告情况公告

那沪电股份为什么业绩增速会这样高呢?

（1）在行业方面，受惠于5G、新一代高速网络设备、高速运算服务器及

ADAS（高级驾驶辅助系统）等领域的需求稳步上升；

（2）2018年，黄石新厂的产能正在释放当中，2019年推进黄石二期建设，产能不断扩大，碰上行业高景气；

（3）沪电股份的产品竞争力强，国产替代开始。进入了核心供应商体系，产品供不应求；

（4）这两年新产能开始释放，后期还会有新产能。

沪电股份的供需关系分析详见图2-10。

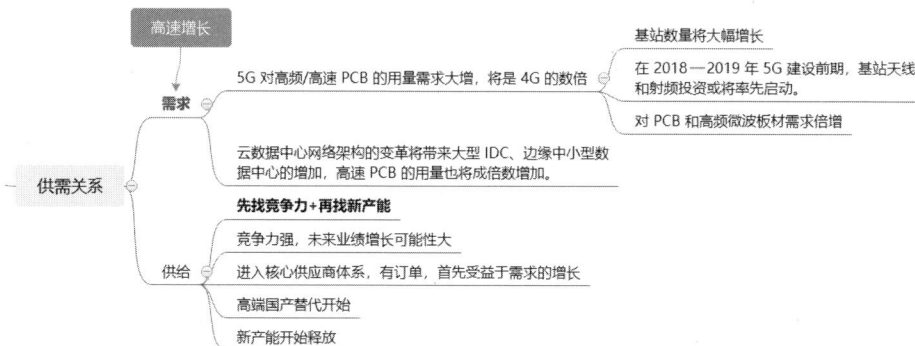

高速增长

需求

5G 对高频/高速 PCB 的用量需求大增，将是 4G 的数倍

基站数量将大幅增长
在 2018—2019 年 5G 建设前期，基站天线和射频投资或将率先启动。
对 PCB 和高频微波板材需求倍增

云数据中心网络架构的变革将带来大型 IDC、边缘中小型数据中心的增加，高速 PCB 的用量也将成倍数增加。

供需关系

供给

先找竞争力+再找新产能
竞争力强，未来业绩增长可能性大
进入核心供应商体系，有订单，首先受益于需求的增长
高端国产替代开始
新产能开始释放

图2-10　沪电股份的供需关系分析

站在2019年看沪电股份，在行业需求上5G基站建设未来是高速增长的，同时公司的产品有竞争力，产能释放也非常不错。需求好比是蛋糕，未来需求高速增长意味着蛋糕不断在增大。产品的竞争力相当于吃下蛋糕的能力和能不能吃到第一口蛋糕。产能的多少则说明公司的胃口有多大，即使公司有能力吃第一口蛋糕，胃口小公司的业绩也不会高增长。可以说沪电股份这些条件都具备了，后期的业绩高增长是必然要发生的。

既然业绩的高增长是股价上涨的驱动力，有哪些途径能找到真正业绩高增长的股票呢？方法很多，列举一些比较实用的。

1. 发布业绩公告

上市公司会在某个时间段发布业绩公告，包括业绩预告、业绩修正预告和季度/年度报告。具体时间如表2-1所示。

表2-1　各业绩公告发布时间

报告类型	定期报告最迟披露日	业绩预告最迟披露日	业绩快报披露日
一季报	4 月 30 日	4 月 15 日	
半年报	8 月 31 日	7 月 15 日	5 月底前
三季报	10 月 31 日	10 月 15 日	
年报	次年 4 月 30 日	1 月 31 日	次年

公司的业绩公告会详细记录公司业绩的增长情况和增长的原因。这个时候，我们要寻找那些业绩高增长的公司，分析驱动公司业绩内生增长的因素，如持续的产品价格上涨、产品销量大增、公司的新产品发力等。也要考察业绩增长的持续性，那些短期业绩增长但是长期不明朗或者琢磨不透的公司，就要放弃。

2. 搜索研报

从研报上也可以直接搜索那些高增长的公司，如果公司的业绩被很多的券商认可，也不失为是一个值得关注的投资标的。每个月券商发布的高增长研报很多，也要做仔细甄别，这个过程很漫长。不过带来的回报是非常大的，一旦确定了一只高增长的股票，基本上可以持有半年以上。图2-11所示为在choice软件里检索“高增长”关键词后出现的研报列表。

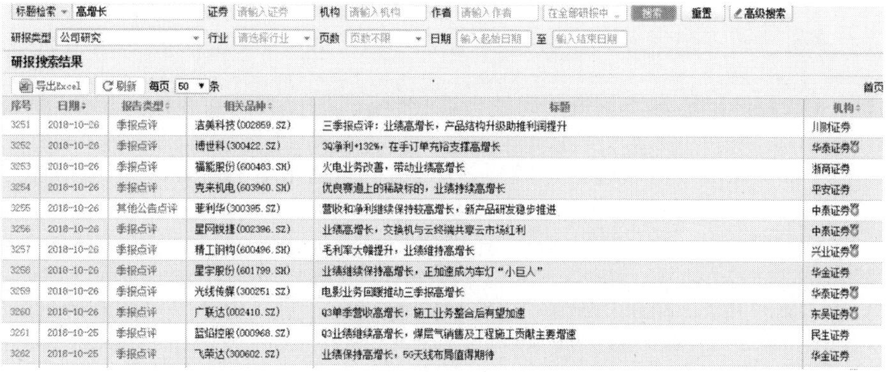

标题检索　高增长　证券　机构　作者　重置　高级搜索
研报类型　公司研究　行业　页数　日期　至
研报搜索结果
导出Excel　刷新　每页 50 条　首页

序号	日期	报告类型	相关品种	标题	机构
3251	2018-10-26	季报点评	洁美科技(002859.SZ)	三季报点评：业绩高增长，产品结构升级助推利润提升	川财证券
3252	2018-10-26	季报点评	博世科(300422.SZ)	3Q净利+132%，在手订单充裕支撑高增长	华泰证券
3253	2018-10-26	季报点评	福能股份(600483.SH)	火电业务改善，带动业绩高增长	浙商证券
3254	2018-10-26	季报点评	克来机电(603960.SH)	优良赛道上的稀缺标的，业绩持续高增长	平安证券
3255	2018-10-26	其他公告点评	菲利华(300395.SZ)	营收和净利继续保持较高增长，新产品研发稳步推进	中泰证券
3256	2018-10-26	季报点评	星网锐捷(002396.SZ)	业绩高增长，交换机与云终端共享云市场红利	中泰证券
3257	2018-10-26	季报点评	精工钢构(600496.SH)	毛利率大幅提升，业绩维持高增长	兴业证券
3258	2018-10-26	季报点评	星宇股份(601799.SH)	业绩继续保持高增长，正加速成为车灯“小巨人”	华金证券
3259	2018-10-26	季报点评	光线传媒(300251.SZ)	电影业务回暖推动三季报高增长	华泰证券
3260	2018-10-26	季报点评	广联达(002410.SZ)	Q3单季营收高增长，施工业务整合后有望加速	东吴证券
3261	2018-10-25	季报点评	蓝焰控股(000968.SZ)	Q3业绩继续高增长，煤层气销售及工程施工贡献主要增速	民生证券
3262	2018-10-25	季报点评	飞荣达(300602.SZ)	业绩保持高增长，5G天线布局值得期待	华金证券

图2-11　choice软件里检索“高增长”关键词后出现的研报列表

2.4 新产能扩张

通过第1章的学习，我们知道如果产品处于供不应求的状态，公司的产能利用率可能会大于100%。当公司产能利用率非常高的时候，收入和业绩增长是非常迅速的。另一方面公司为了有更多的销售额，就会建设新的产能，这也是未来业绩增长的重头。

比如，A股里面的白酒公司洋河股份，在2012年因渠道扩展顺利，销售提升非常快。这个时候，洋河股份遇到的最大问题就是产能不足，所以出现了向五粮液买基酒的"散酒门"事件。如果洋河股份能够及时把新产能建设好，就不会出现这样尴尬的局面。

新产能的释放有两种，一种是公司通过资金自建，一种是收购竞争者的公司。收购这块我们不必细说，公司为了未来能够有更好的市场，通过对上下游的公司收购，挤跑竞争者。此时公司的产能整体上增长了很多，但是付出的成本也非常高。我们重点就来探讨一下另外一种业绩增长的逻辑：自建新产能扩张。

2.4.1 产能建设的资金来源

公司要新建产能，首先要考虑的是这部分资金该如何获得。无非是两种方式：自有资金或者进行筹资。用自有资金去建设产能对于大部分公司来说根本不可能，一次产能建设涉及的资金可能会在10亿元以上，甚至有些能达到50亿元以上。各个公司账面上的现金有可能覆盖这一块，但是账上的现金最大的用途是应对日常经营的周转，甚至有些公司日常的周转资金都不足。只有茅台、格力这种现金牛的公司才能负担得起这笔庞大的开支，格力的产能建设在不分红的情况下可能做得到。

所以，产能建设的资金绝大部分是要靠筹资解决的。向银行贷款这条路是可以的。但是面对大额的资金，恐怕银行的贷款仍很难完全解决，只有再通过股权再融资这个渠道进行。上市公司最常见的做法就是非公开发行股票，获取庞大的资金。

我们看一下2020年6月20日古鳌科技发布的《创业板非公开发行A股股票预案（修订稿）》。在这份修订稿中，我们可以获得产能建设的相关信息：

1. 发行份额

本次非公开发行股票数量不超过33 936 649股（含本数），预计占公司本次非公开发行前总股本的16.74%，非公开发行股票数量上限未超过本次发行前公司总股本的30%。

2. 发行对象

表2-2列出了所有的发行对象及其认股数量和认购方式。

表2-2　古鳌科技非公开发行股票募集资金的发行对象

序号	发行对象	认购股份数量上限（股）	认购方式
1	岩迪投资	22 171 945	现金认购
2	七十镱金融	8 295 625	现金认购
3	世基投资	3 469 079	现金认购
	合计	33 936 649	

3. 募集资金用途

本次非公开发行股票募集资金总额不超过45 000万元（含本数），扣除发行费用后，本次发行股票募集资金拟全部用于表2-3所示项目：

表2-3　古鳌科技非公开发行股票募集资金的项目内容

序号	项目名称	投资总额（万元）	拟使用募集资金金额（万元）
1	智慧银行综合解决方案与智能设备研发项目	5 089.10	5 000.00
2	金融衍生品增值服务平台项目	3 063.90	3 000.00
3	补充流动资金	37 000.00	37 000.00
	合计	45 153.00	45 000.00

如果本次发行股票募集资金扣除发行费用后少于上述项目拟使用募集资金

的金额，不足部分公司将以自有资金或其他融资方式解决。

接下来就是对项目建设的可行性分析。建设时间和收益预测等相关内容的概述。从这份公告中我们可以很清楚地知道新项目释放产能后，未来能够给公司带来多少业绩。

古鳌科技的第一个项目：智慧银行综合解决方案与智能设备研发项目，不产生业绩，项目资金主要用于支付研发设备支出、场地租赁费用、办公费用、人工费用及研发费用等。

第二个项目：金融衍生品增值服务平台项目，公告上说的是产生良好的效益（很多公司都会有相关的预计数字），并不明确。

第三个项目：补充流动资金，而且占总融资额的比例非常高。可见古鳌科技是缺流动资金的，过去的应收账款规模不断增长，现有资金难以满足要求。

2.4.2　产能扩张的逻辑

产能扩张的逻辑是公司供应端的增加，主要是盯着"未来需求"。如果产品的未来需求是增长的，加上公司正确扩张，那么业绩会在未来产能释放期高速增长。有时候这样的增长能够达到50%以上，在券商的研报里，会着重对这块进行详细分析。

如果未来需求下降了，那么新建的产能立马就变成了淘汰的产能。既浪费了前期巨额的资金投入，又没有获得相应的规模增长，可谓是雪上加霜。所以说，产能扩张要能给公司业绩带来增长，前提就是要未来产品的需求是增长的。

产能扩张的逻辑：在一个未来增长的行业里，公司通过建设（或并购）新的产能，在激烈竞争的环境中占据更多的市场份额，同时业绩出现高增长。

面对产能的扩张，可能各个行业是不一样的。如果产品针对的客户是公司，那么扩张的关键是找到新的客户，特别是下游的大客户，或者进入产业链体系中。产品如果面对的是消费者,那么就必须多开发出新产品或新渠道,直达更多的消费者。

虽然产能扩张是有风险的,但对于某些公司来说,这也是做大做强的唯一方式。公司的经营永远摆脱不了行业升级和产品创新的影响,这使得公司有了追赶甚至引领时代发展的机会。公司规模的扩大、研发新产品和走向新的领域是让自己不被市场淘汰、跟上行业发展的最好办法。

2.4.3　产能释放前后的业绩表现

从前面的产能建设资金来源看,募集过来的"现金"会变成"在建工程",建成生产线。在产能扩张没有开始之前,更多的是资产负债表科目之间的变动,"在建工程"科目越来越大,"现金"科目越来越少。

在利润表上会有一些成本计入(此时根本没有这块业务的收入),导致公司的净利润出现下滑。新产能不但没有帮助释放业绩,还需要更多的花费,公司的利润自然会下降。

如果新增产能是靠增发股份获得的资金,那么还会导致公司的净资产收益率下降(此时公司的净资产增加了)。如果此时公司的股价下跌,那么这可能就是机会。图2-12展示了产能释放前后净资产收益率的变化情况

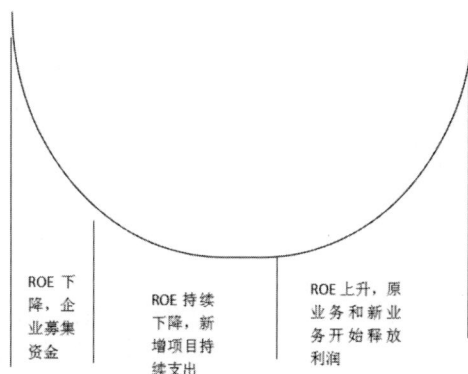

ROE 下降,企业募集资金

ROE 持续下降,新增项目持续支出

ROE 上升,原业务和新业务开始释放利润

图2-12　产能释放前后净资产收益率(ROE)的变化

当公司的产能建设好，能够达到释放能力时。这个时候花去的成本和费用是最大的，可是新建的产能还没贡献一点利润，甚至前期还会亏损。这个时候公司的净利润达到最低，净资产收益率也达到最低。

当新产能开始快速释放，为公司的业绩提供支持，有新鲜的血液时。净利润增长非常迅速，净资产收益率也会快速增长，达到最高点。而此时利润的增长幅度会超过30%，甚至达到50%以上。此时公司的净资产收益率从低位开始增长，短短两三年就可能达到20%以上，弹性非常大。

可是还有一种情况，新产能开始释放了，突然发现需求没了，或者说竞争对手在打价格战。本来指望能赚1亿元的新产能，现在面临的是利润的急剧下滑，甚至出现重大的亏损。所以公司需要谨慎对待，不能盲目去扩张。投资者不能一碰到产能扩张的公司就去投资，还是要分析好产品的需求，不然最后肯定会掉进坑里。

在这方面，我们最应该用好的就是券商的研报。可以说每家公司的产能释放券商都会关注，并进行发布，图2-13展示了在choice上关于产能释放搜索出来的公司研报信息。

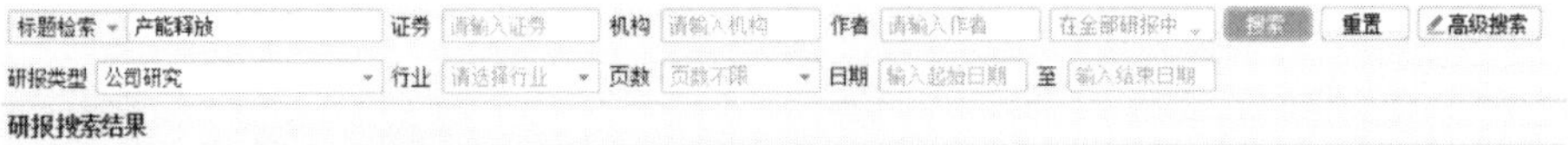

序号	日期	报告类型	相关品种	标题
101	2019-11-05	季报点评	瑞丰高材(300243.SZ)	产能释放开启，未来成长性强
102	2019-11-01	季报点评	天顺风能(002531.SZ)	吨毛利稳步回升，产能释放迎抢装
103	2019-10-31	季报点评	道恩股份(002838.SZ)	弹性体厚积薄发，新产能陆续释放
104	2019-10-31	季报点评	新华保险(601336.SH)	队伍蓄力发展，静待产能释放
105	2019-10-31	季报点评	桃李面包(603866.SH)	桃李面包2019年三季报点评：行业竞争短期稀释效应有限，费用有效投放助力新建产能释放
106	2019-10-30	季报点评	璞泰来(603659.SH)	业绩好于预期，产能释放将迎快速增长
107	2019-10-30	季报点评	梦百合(603313.SH)	2019Q3点评：Q3业绩超预期，海外产能稳步释放凸显相对优势
108	2019-10-30	季报点评	赣锋锂业(002460.SZ)	产能不断释放 元资源储备
109	2019-10-30	季报点评	爱旭股份(600732.SH)	产能快速释放，盈利底部已过
110	2019-10-30	季报点评	深南电路(002916.SZ)	产能持续释放，5G驱动新一轮增长
111	2019-10-30	季报点评	云南铜业(000878.SZ)	新产能释放，业绩较快增长
112	2019-10-30	季报点评	生益科技(600183.SH)	盈利能力持续改善，静待需求和产能释放
113	2019-10-30	季报点评	璞泰来(603659.SH)	石墨化产能释放毛利率回升，盈利拐点向上

图2-13　choice上关于产能释放搜索出来的公司研报信息

2.5　业绩反转（拐点）

业绩反转型的逻辑其实很简单，公司以前的业绩不增长了，凭借公司一系列的运营，后期有实现业绩恢复增长或者大幅增长的可能。当公司的业绩开始出现反转迹象时，可能会推动股价的大幅上涨。

这里我们所探讨的是反转逻辑，而不是简简单单的数字从低谷到增长。许多垃圾股可能会利用非常规手段，例如变卖资产、重组等实现"业绩反转增长"。这种增长是数字看着舒服，但是公司的主业并没有发生改变，不是我们讨论的内容。

生物股份的经营完美解释了这一反转逻辑。生物股份2019年公布的业绩为：收入同比为-40.6%，下降至11.27亿元；归母净利润同比为-70.7%，下降至2.21亿元。主要原因是：

（1）2019年生猪养殖产能下滑，公司猪用疫苗收入同比约为-50%，是公司业绩下滑的主因。禽用疫苗收入同比约为+40%；

（2）公司毛利率同比下降10.6个百分点至60.7%，因猪用疫苗销售衰减导致让利，加上毛利率中禽用疫苗收入占比提高；

（3）资产减值损失及信用减值损失共0.82亿元，主要为存货及应收坏账损失（估计还是猪口蹄疫疫苗的缘故）。

所以，公司2018—2019年的股价出现下跌，因为需求这块急剧减少。但是在2019年下半年公司股价开始反转。经营数据整体并没有变好，为什么股价会涨呢？这是因为2019年第四季度公司毛利率环比增加5.4个百分点至58.4%，表明经营有所改善，市场预期需求在慢慢反转。同时猪瘟在全国各地逐渐被控制住，猪存栏量开始上升，如图2-14所示，这必然会导致生物股份未来的业绩持续走好。

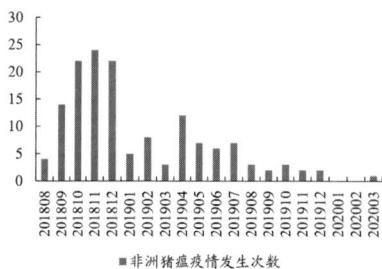

数据来源：农业农村部、开源证券研究所
数据来源：WIND、开源证券研究所

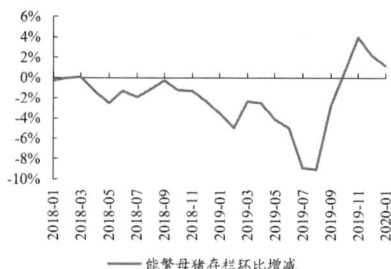

图2-14 非洲猪瘟疫情发生次数和能繁母猪存栏环比增减

就是因为这样的逻辑，才促使生物股份在业绩还在下滑的时候，股价已经从底部开始上涨。业绩出现第一次转折时，市场的主流观点是公司的业绩在未来会持续转好。反映到资本市场上则是业绩还没好，估值很高的情况下，股价在不断创新高。

2.6 库存周期

库存周期这个词对于很多人来说都是很陌生的，它主要应用于工业的生产周期。我们虽然知道行业需求的兴起和衰退，可这些需要公司的生产和销售情况验证。通过观察库存状况及其变动的周期性变化，也可以分析行业的市场环境和景气度。主要分为四个阶段：被动去库存——主动补库存——被动补库存——主动去库存。

（1）被动去库存：这个阶段行业的需求开始慢慢回升，可行业整体的态度还是比较谨慎。产品的生产没办法跟上需求的增长，库存开始减少，接着行业的产能利用率开始上升。在产品端出现销售增长，产品价格开始上涨的现象。行业对需求增长预判的滞后性和谨慎,导致被动去库存。

(2)主动补库存:经历了被动去库存后,行业对市场需求的回升有所确认,一定程度上市场需求会进一步增长。公司开始加快生产计划,产能利用率进一步提升,此时库存周转非常快。同时产品的价格和销量在不断提高,公司进入盈利高企的状态。

(3)被动补库存:公司可能在这个时候产能利用率已经很高,后续还有新产能的释放。总之行业的生产还是欣欣向荣,库存能够很快被消化。

但这个阶段市场需求开始回落了,可很多公司是不清楚的。导致公司的库存开始出现积压,销售的增速开始下滑,产品价格开始下降,公司的利润释放开始回落。

(4)主动去库存:市场已经意识到实现需求还会进一步收缩,为了应对这样的趋势,公司主动开始降低生产,库存开始回落。

对应于公司业绩的关系,可以这样解释,如表2-4所示。

表2-4　库存周期与行业盈利状态关系表

供需状态	库存周期	行业盈利状态
需求提升 + 库存下降	被动去库存	盈利开始回升
需求提升 + 库存上行	主动补库存	盈利能力加速
需求下降 + 库存上行	被动补库存	盈利达到顶峰
需求下降 + 库存下降	主动去库存	盈利开始回落

库存周期影响着行业的盈利,被动去库存会导致行业触底反转,对应的上市公司股价也会触底反弹。主动补库存阶段是最值得投资的阶段,此时市场需求进一步提升,行业开始加大库存,同时产品销量开始增长。对应的上市公司盈利能力加强,股价也会加速上涨。

2016年6月—2017年2月,整个国内经济处于主动补库存时期。与房地产和基建相关的行业，例如水泥行业的盈利开始加速。除了需求端的复苏外，还出现供给侧改革。水泥行业的产能一时半会没法释放，导致整个主动补库存期的时间延长。

如表2-5所示，水泥行业的龙头海螺水泥，在2016年开始逐步摆脱被动去库存的状态，收入和净利润开始正向增长。此后两年业绩增长开始加速，甚至出现100%以上的增长。这正是中国整个经济开始复苏，生产资料逐步受益的过程。

表2-5　海螺水泥2014—2019年收入和净利润

科　目	时　间					
	2014 年	2015 年	2016 年	2017 年	2018 年	2019 年
扣非净利润（亿元）	103.87	53.01	76.81	140.78	298.19	327.19
扣非净利润同比增长率	16.03%	−48.96%	44.89%	83.28%	111.81%	9.73%
营业总收入（亿元）	607.59	509.76	559.32	753.11	1 284.03	1 570.30
营业总收入同比增长率	9.95%	−16.10%	9.72%	34.65%	70.50%	22.30%

既然知道了主动补库存会导致相关上市公司的盈利加速，接下来我们应该如何寻找这些信息呢？主要的方法有以下几种：

1. 研报

"库存周期"这个关键词在分析整个经济和行业的状况时，用到的频率非常高。所以搜索研报是非常重要的方式之一，能够及时找到相关行业的库存周期。就比如2017—2018年的水井坊，处于一个明显的主动补库存的周期里面。

水井坊聚焦八号和井台两个核心单品。通过积极梳理渠道，实施多方位改革，目的是推动核心单品高速增长。在2017年年初，水井坊的渠道和市场开始加速发展，同时库存较低（部分地区库存仅有一周左右）。加上此时经销商积极性较高，这就为业绩高速持续增长做好了铺垫。

出现了这么低的库存，水井坊必然会主动补库存。同时市场需求打开，导致业绩增长非常快。2017年第二季度和第三季度水井坊的净利润同比增长速度分别是74.44%和122.25%，2018年第二季度继续保持高增长，单季度净利润同比增长达到404.01%。

需求的高增长叠加主动的补库存，导致公司有如此高的业绩增长。到了2018年第二季度，水井坊的库存到达比较高的位置，业绩后期停止了高速增长。

2. 相关经济数据验证

最好的办法还是找到相关主动补库存的数据，当库存在历史低位或者同比增速在历史底部，很多时候意味着被动去库存的结束，主动补库存开始。

也可以根据一些经济指标，对行业整体的库存进行判断。一般情况下，PPI、社融增速和工业企业营收增速是库存的优先指标，多重信号验证下库存拐点可能在一个季度内出现。

具体逻辑如下：产品的出厂价格开始上涨，公司自然在将以前的库存消化完后，有主动补库存的意愿，PPI（生产价格指数）的走势对于库存具有很好的参考意义。从二者的历史走势来看，PPI从底部上涨三个月左右，大致上进入补库存阶段。2019年12月，PPI同比微降0.5%，较10月的同比增速低点（−1.6%）继续回升，基本可确认已触底回升，据此推测库存拐点可能在2019年12月—2020年1月出现。

此外，社会融资与工业企业营业收入增速也是库存增速的优先指标，社会融资底一般领先库存底约半年，而工业企业营收增速一般领先库存增速走势一个季度到半年左右，二者也可对库存底进行交叉验证。

2.7 行业高景气

还有一些关键词，从中也能够找到业绩增长的公司，比如说行业高景气。就是未来几年很有前途的行业，行业内的公司整体上都能保持高速增长。主要的逻辑是行业在这几年出现需求高增长的状态，能够很好地促进行业内的大部分公司业绩增长。图2-15为行业高景气比较图。

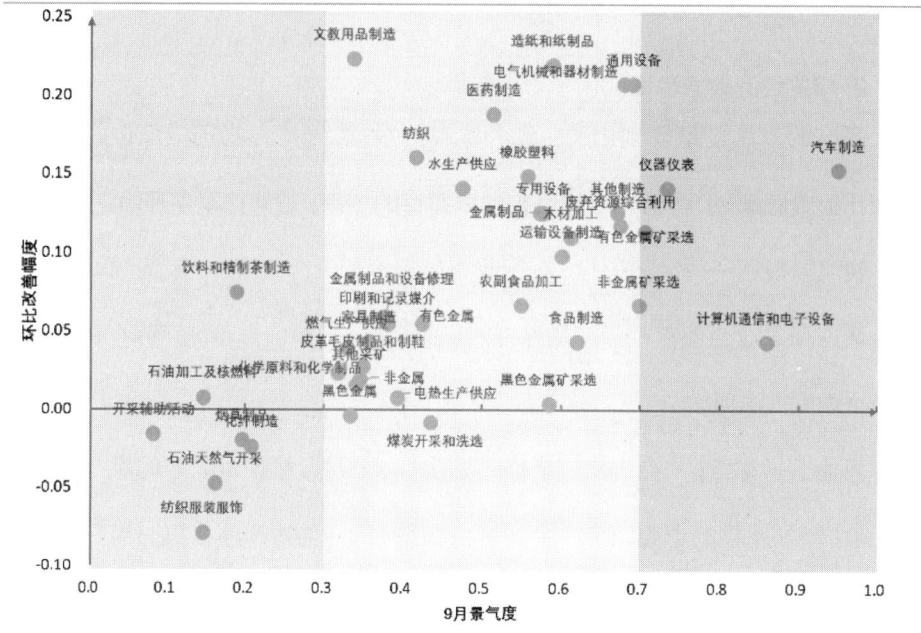

资料来源：Wind，天风证券研究所

图2-15　行业高景气比较图

行业景气度看哪些指标？中短期投资很大程度上是景气度投资，中短期的涨跌幅取决于景气度的变化，即盈利水平和盈利趋势。主要特征为：低PB分位+ROE相对低位+ROE改善预期。

（1）低PB分位：指的是行业的PB估值处于历史的相对底部，例如某行业历史最高的PB是9，最低PB是1。如果当前的PB是2，现在的PB估值处于25%的位置，可以说是低PB分位。

低PB分位说明行业的估值不是很高，前期可能有一大波的跌幅。在购买资产的价格上相对来说是很便宜的，不会让投资者买在比较高的位置。

（2）ROE相对低位：结合PB估值的低位，说明行业前期是处于盈利衰退阶段。当行业处于亏损阶段，自然ROE处于历史低位区间。

（3）ROE改善预期：仅仅有低PB分位和ROE相对低位是不够的，最重要的就是未来行业ROE有改善的预期。也就是说估价便宜的行业未来的盈利能力开始上升，开启高景气投资。

但行业高景气这个话题实在太大，这里就不在理论和概念上一直绕来绕去了。各个券商经常都会发布一些针对高景气度的研报，还可以结合行业内公司的业绩预期和投资者的经验，来判断哪些行业会高景气。

同时还有其他导致业绩增长的逻辑，这里不一一细说。大家可以尽情地罗列，越多越好。

2.8　业绩增长的逻辑

寻找业绩增长的关键词很容易，可是如果搞不懂增长的逻辑，到头来碰到一笔好的投资肯定不敢重仓。这样的得不偿失对于投资来说是不可取的，业绩增长的逻辑我们必须清楚知道。如果产品需求未来增长非常高，公司的供给能快速释放，这样的公司就是未来业绩高增长的公司。因此我们有了业绩增长的第一个逻辑：产品需求的增长会带动公司业绩增长。

可是分析具体公司时，我们会发现公司经营的不是一种产品，甚至贵州茅台这样优质的公司，产品都是两个以上的。还有就是市场的需求是高增长，公司管理层能不能制定相应的战略去尽可能扩张自己呢？这些都是在分析一家公司时遇到的棘手问题，可见单纯的供需关系分析只能解决业绩增长的一个方面。整体上去分析一家公司,可能会遇到很复杂的情况,还需要寻找其他的业绩增长逻辑。

我们可以假设自己开了一家公司,自己当老板。如果想让自己的公司能够在未来实现业绩高增长,现在该怎么做才能达到这样的目标呢? 这就涉及公司业绩增长的逻辑,以下是大众很容易遇到的几种逻辑:

(1)规模小时,集中精力做好一种产品;

(2)复制经营业务,拓展渠道,扩大公司规模;

(3)增加产品品种,注重新产品的研发;

(4)成为核心供应商,例如进入苹果产业链;

(5)其他。

2.8.1　精益求精做产品

公司无论规模小还是大,都需要精益求精地做好产品。规模大时公司的选择就多一点,在精益求精做好原来产品的同时,可以把心思放到新产品的推广上。可是规模小的公司除了精益求精做好产品,很难在别的路上取得好的成就。

小公司天然就很弱势,我们可以想想一个刚刚成立没几年的公司,连产品都是刚研发出来,连研发的经费都要从工资里挤出来。加上产品的市场推广,哪里还有心思在新产品上花功夫。做好当前的产品可能是小公司唯一的选择,甚至是最后的救命稻草。

作为投资者,我们不仅要知道小公司的经营方向,更重要的是对公司的产品进行评估。经营的方向是把刚开发出来的产品做大做强,接着看公司的产品能不能在未来取得增长,而不是感叹创业的艰辛。分析公司的收入就必须落到产品层面,搞清楚产品的属性,再思考产品的增长逻辑,才能知道公司未来的收入是不是会增长。

我们首先来看看产品到底是什么样的属性,接着考察这些产品各自遵循什么样的增长逻辑,最后来看看分析的公司能不能成为大牛股。

按照产品属性分类,可以分为重复消费产品和非重复消费产品。非重复消费品很多,像大宗商品、工业品等,基本上都是一些基础设施的原材料和零部件,这些产品没办法重复消费。市场上这样的公司很多,可是成长为大牛股的真的很少。正因为非重复消费产品这样的属性,非专业人士的我们很难把握其业绩的释放周期,所以不在我们讨论的范围内。作为个人投资者,更多的是考虑重复消费品。重复消费品如果再细分,可以分为一次性重复消费品和非一次性重复消费品。具体如图2-16所示。

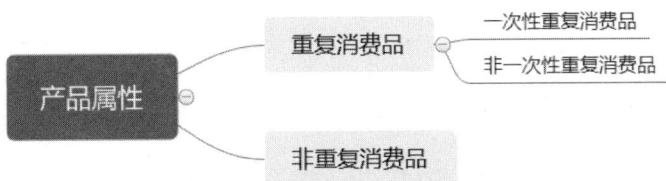

图2-16　产品属性分类

1. 一次性重复消费品

一次性重复消费品只是为了更加直观地表述使用频率高,用了几次之后就没法用的产品。让人首先想到的就是食品、软饮料、酒类这些吃的喝的。消费一次就基本上没有了,下次要使用就得重新买。也就是说这些产品的更换周期非常短,而且必须有重复消费的需求。就比如蛋糕,吃完了之后原来的蛋糕就不存在了,继续消费必须重新买。这样的产品属性造就的增长路径和逻辑是什么呢?

(1)去年消费的客户,今年大概率还是要重复消费的;

(2)如果产品的竞争力强,开拓的市场和客户不易丢失;

（3）公司的业绩每年都是由老客户和新客户带动的，大头是老客户带来的。

在这样的产品属性下，业绩的增长是什么样的呢？我们将第一年开发出的用户统称为客户a，第二年新开发的客户统称为客户b，第三年新开发的客户统称为客户c，以此类推。那么我们用一张图来表示，如图2-17所示。

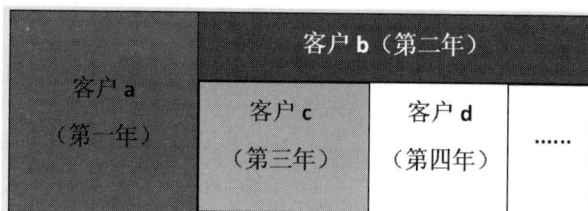

图2-17　一次性重复消费品用户的构成

公司所创造的业绩有如下的规律（老客户的流失忽略不计）：

第一年的收入a和净利润a是由客户a的需求创造的；

第二年的收入b和净利润b是由客户a+客户b的需求创造的；

第三年的收入c和净利润c是由客户a+客户b+客户c的需求创造的；

第四年的收入d和净利润d是由客户a+客户b+客户c+客户d的需求创造的；

……

从这样的规律中，我们可以知道，一次性重复消费产品的收入和净利润是一种积累式的增长，前期开发出的客户依然能够为公司当前的业绩作出贡献。所以，要保证公司的业绩持续增长，就需要有以下的能力。

（1）原来开发的客户/市场不能丢掉，这就要求产品的竞争力要强；

（2）产品要有新开发客户/市场的能力，这是公司业绩增量的体现。

这也就解释了为什么A股当中的消费和医药股会长期走牛，大部分周期股的股价在一个区间内长期波动。产品属性决定了消费和医药公司每年是有基础业绩的，只要产品的原有市场不丢失，基础业绩封杀了股价的长期下跌空间。周期股的产品属性决定了有些年份业绩非常高，有些年份业绩根本没有，其中的区别就是基础业绩的支撑，周期股的业绩不是积累式增长的。

2. 非一次性重复消费品

与一次性重复消费品相对的是非一次性重复消费品，产品是重复消费，但是更换需要一定的时间。格力电器的空调就是典型的非一次性消费品，买了可能七八年才换，如果质量好可能需要十年以上。

我们设定一个产品的更换周期是三年，此产品是重复消费品。对于小公司而言，第二年的业绩肯定不会是第一年客户带来的。如果第一年客户购买的产品第二年就要更新，那说明公司的产品是有问题的。等到公司规模大了，原来的产品出现了更新的需求，那么公司就有了基础业绩。自然这个时候大公司的优势就出来了，可以靠着产品的更新升级，将公司的增长方式向着一次性重复消费品的增长方式靠拢。成为一个有基础业绩的公司，这也是小公司发展壮大后给股东的回报。

我们将第一年开发出的用户统称为客户a，第二年新开发的客户统称为客户b，第三年新开发的客户统称为客户c，以此类推。那么我们用图2-18来表示。

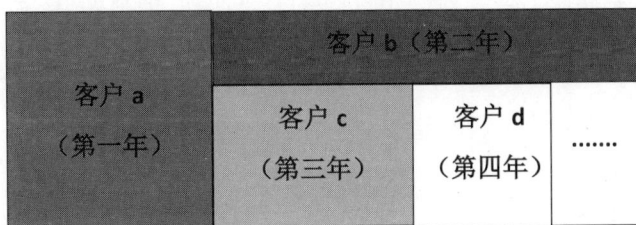

图2-18　非一次性重复消费品用户的构成

第一年的收入a和净利润a是由客户a的需求创造的；

第二年的收入b和净利润b是由客户b的需求创造的；

第三年的收入c和净利润c是由客户c的需求创造的;

第四年的收入d和净利润d是由客户a+客户d的需求创造的;

……

非一次性重复消费品的增长模式是这样的:

（1）第二年贡献业绩的客户群跟第一年的不一样,也就是说收入b里面不包含收入a;

（2）只有到了产品更换的时候,才涉及以前客户群的叠加,即收入d里面包含收入a;

（3）小规模公司每一年的利润都是从别的市场/客户上开发的,不包含基础业绩;

（4）随着公司规模的扩大,剩余的市场在慢慢变少;

……

也就是说,对于一次性重复消费品,今年客户如果是100人,明年收入如果增长20%,只需要增加20人。对于非一次性重复消费品而言,如果像明年收入增长20%,那么明年需要寻找新的一个120人的客户群。相比较而言非一次性重复消费品的市场拓展压力更大,就是因为没有基础业绩。但是如果公司的规模很大了,基础业绩还是有的,也可以类比成一次性重复消费品公司考虑,毕竟产品更新还是需要的。

3. 增长模型推演

我们假设这两种产品未来要达到的规模都是100个客户,都是从10开始起步,设定它们每年的业绩增长率是20%。我们看看它们各自每年开发的客户是多少（假设非一次性重复消费更新要3年）,那么这两种产品的增长率如图2-19所示:

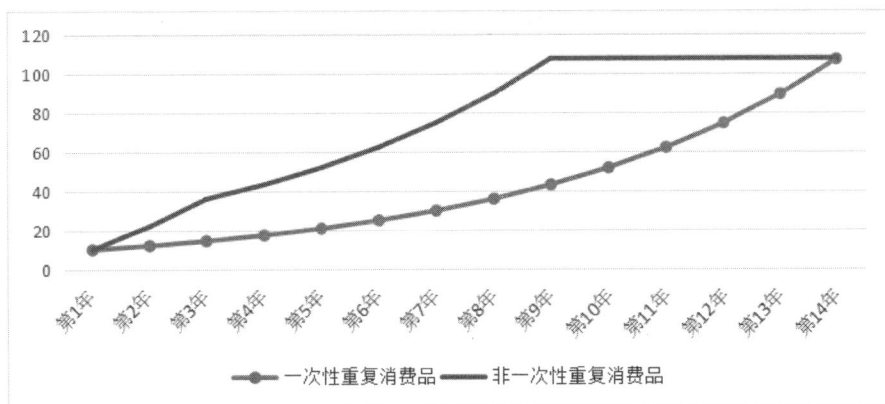

图2-19 两种消费品的增长模型

我们可以看到，非一次性重复消费品市场拓展是非常快的。同样的业绩增长非一次性重复消费品在第10年就触及了天花板，而一次性重复消费品是第14年才到（只是理论）。

非重复消费品则更惨，消费完可能一辈子都不会再用了。导致产品的业绩是一段时间高增长，其余的时间都没有业绩，甚至没有收入。这种公司是很难长期进行投资的，因为长期下来肯定平庸。

2.8.2 "门店"复制及渠道拓展

公司的产品经过前期的精细化经营，算是在市场上有一定的竞争力了，接下来要做的就是要继续扩大市场。既然业务已经能够赚钱，公司赚到了足够的现金。要想公司继续做大做强，就必须把产品卖到其他市场。一家店天天有很多人排队，只能说明这家店的生意火爆。如果在不同的地方开相同的店，会迎来同样火爆的场面，这才是公司扩大规模的优势之处。

有些上市公司的业务是以一个营业场所开展的，比如医院、商场、橱柜、物业管理等。这些公司的规模要扩大，就必须要在新地方进行"门店"复制。当一家公司将一个"门店"经营成功的经验一次次地复制到新门店时，具备了不断扩大市场份额的条件，这样的公司才有高速成长的可能性。

当一家公司扩张至新的市场中，能够迅速开设新的"门店"。公司的收入规模就会缓慢提升，净利润也会随着后期"门店"进入正常经营缓慢释放出来。上市公司中的苏宁电器、爱尔眼科、永辉超市、金牌橱柜的扩张就是典型的"门店"扩张模式：本身原来门店的经营模式非常成功，移植到其他市场依然能够取得巨大的成功。

容易扩张的前提当然是市场的需求非常旺盛，这是公司复制性强的前提。苏宁电器2005年到2010年在全国各地的扩张就是如此。那个时候苏宁电器创造出一个全新的商业模式，以连锁店的形式销售家用电器，在当时方便了老百姓购买家用电器。通过几年的门店复制，公司的收入和业绩得到了大规模提升，股价也在那段时间飞速上涨，如表2-6所示。

表2-6　苏宁易购2004—2011年的财务指标

财务指标	2004年	2005年	2006年	2007年	2008年	2009年	2010年	2011年
盈利能力								
净资产收益率－加权(%)	36.00	35.04	33.87	37.66	31.60	28.44	24.48	23.68
销售净利率(%)	2.09	2.34	3.05	3.79	4.53	5.13	5.44	5.20
销售毛利率(%)	9.76	9.68	14.88	14.46	17.16	17.35	17.83	18.94
同比增长率								
营业收入(%)	50.94	74.99	64.16	53.48	24.27	16.84	29.51	24.35
扣非净利润(%)	82.07	92.28	103.80	103.57	46.20	30.86	41.25	14.75
经营活动产生的现金流量净额(%)	48.76	23.53	1.02	2 219.37	9.23	45.45	-30.13	69.75
资产总计(%)	171.68	110.90	104.04	83.82	33.20	65.78	22.51	36.17

以这种模式进行扩张的公司，一般情况下它们的收入和净利润增长很容易预测。单店经营业绩加上门店数量就可以大致知道公司的营收和利润情况，更值得

惊喜的是公司的盈利能持续很长时间。如果是经销商加盟的形式，那业绩的增长速度更快。省去了中间的开店成本和经营费用，虽然会在价格上便宜，但在扩张效应上就很强。

业绩的确定性和存续期长会影响股票估值，反映到资本市场上市盈率常年会很高。业绩靠几个大客户撑着的公司，未来的业绩不能按照以前的业绩测算，甚至连公司管理层都不清楚，在业绩确定性和存续期上很难预测。

"门店"复制扩张这条路，但凡成功的公司都曾走过，这里列举宋城演艺的成功案例供大家参考。宋城演艺从成立到2019年这些年的发展（由于六间房已经卖掉，这里就不再叙述），扩张的过程虽然走过弯路，但整体上是非常成功的。我们看到宋城演艺的每一步扩张，都是符合"门店"复制这样的渠道拓展方式的。如果公司的经营走对了路，自然就很容易成功。

那么接下来我们看看宋城演艺这些年的"门店"复制过程，从中我们能获得哪些宝贵的投资经验？（这里只是简单描述，主观性比较强，仅供参考。）宋城演艺的扩张主要分为以下四个阶段：

（1）1996年开业至今的杭州宋城景区（宋城演艺大本营）；

（2）2013年第一次扩张：三亚、丽江、九寨沟千古情；

（3）2018年第二次扩张：桂林、张家界、西安、上海、佛山、西塘、宁乡；

（4）计划扩张：珠海游乐园项目。

1. 杭州本部

从1996年开业到2013年的第一次扩张，宋城演艺花了近20年的时间。为什么会这样？因为经营一项从头开始的业务是非常难的，什么东西都是第一次碰到。要找到最终适合公司赚钱和发展的模式，自然这个过程就非常长。这个阶段公司的资金少,试错成本高,需要不断探索。一旦公司掌握了扩张的秘密和赚钱的模式,那么以后公司的扩张就轻而易举。可以说这20年的时间,是宋城演艺打造自己的核心竞争力必须要花费的时间。

在刚开始建立杭州宋城本部时,什么资源都没有,刚开始的演出形式也仅仅是露天演出。1997年进行了《杭州千古情》的首演,开启了"主题公园+文化演艺"的创造性结合之路。经过十多年的发展和改善,《宋城千古情》开设了《良渚之光》《宋宫宴舞》《金戈铁马》《西湖传说》《相聚杭州》5幕剧情板块演出。众多的杭州历史典故、民间传说和西湖人文景观融入整个剧目,宋城演艺的品牌剧目初见雏形。

到了2007年宋城演艺耗资5 000万元,重新整修舞台、增加场景特效,并全面整改《宋城千古情》,整改后推出的剧目受到了观众热烈追捧。

2013年2号剧场开业,2018年公司投资1.6亿元对宋城景区及1、2号剧场进行了全面整改。2019年底宋城景区3、4号剧场建成,加上改造后的丽江恋歌剧院,景区内3 000个以上座位的剧院达到五个。加上其他小剧场、室外表演区等,2020年景区内座位数达2万个。表2-7是宋城杭州本部项目的扩张情况。

表2-7　宋城杭州本部项目的扩张情况

项　目	开业时间	项目位置	占地面积	经营方式
杭州宋城	1996 年,2013 年,2019 年	西湖	4.47 万平方米	千古情演出,景区
杭州乐园	2007 年	湘湖	18.85 万平方米	杭州乐园大剧院、大型游乐区、吴越古城等
烂苹果乐园	2012 年	湘湖	7.1 万平方米	亲子乐园
浪浪浪水公园	2014 年	湘湖	10 万平方米	水上乐园

经过20年的发展,杭州本部目前经营杭州宋城、杭州乐园、烂苹果乐园、浪浪浪水公园4个景区。到2013年,宋城演艺的赚钱模式和扩张模式已经非常成熟了。这是经过了近20年的摸索得来的,先把原来没有做过的项目做到盈利,那么

扩张起来心里就有底了。加上杭州宋城演艺本部的盈利状况非常好,这是优质资产的向外扩张,是成为异地项目复制的基础。

2. 直接复制

当宋城演艺赚到第一桶金的时候,多年实践下来,宋城演艺能够形成很好的赚钱模式,扩张的时机也就到了。2011年,宋城演艺在创业板IPO上市。上市融资的内容如表2-8所示:

表2-8　宋城演艺IPO融资内容

项目名称	投资总额(万元)	拟用募集资金投入额(万元)	建　设　期
杭州动漫乐园改建	21 760	21 760	12 个月
杭州乐园扩建	31 300	31 300	18 个月
宋城景区基础设施改造	7 000	7 000	12 个月

此时的扩张还是集中在杭州宋城本部,进一步加强杭州本部这一块的建设和升级。由于项目刚开始建设,所以2012年的业绩释放并没有那么强,不能说募集了资金就能马上把园区建好。到了2013年,宋城演艺的收入和净利润开始加速增长。这得益于2011年的IPO项目建设,这些项目在2013年业绩全部得到了释放。

但这里只是对老园区的升级改造,不能称之为复制。杭州宋城的升级改造并没有花那么多钱,超募的资金开始投资于三亚、丽江和九寨沟千古情这些项目。这三个项目才是以杭州宋城这个模板,进行"门店"复制的开始,表2-9展示了这三大项目的具体投资情况。只不过此时的复制专注于现场演艺业务,游乐场或者园区的复制并没有真正展开。

在2013年这轮扩张中,这些千古情项目的特点简单明显:

(1)选址都是热点景区,并不是胡乱选择复制的景点;

(2)复制输出的内容结合当地的特色,并非简单的杭州本部复制;

(3)复制项目以前盈利过,不是对亏损的业务进行"门店"复制。

表2-9 三大项目投资的具体情况

项　目	开业时间	位　置	占地面积	经营方式	投资金额
三亚	2013-9-15	三亚市	225亩	100%	4.9亿元
丽江	2014-3-21	丽江玉龙	140亩	100%	3.34亿元
九寨沟	2014-5-1	九寨沟	33亩	80%	2.4亿元

我们看看这三个千古情项目的盈利状况。三亚千古情：2018年营收4.27亿元，同比增长26%；净利润为2.49亿元，同比增长40%；毛利率为80.66%，继续保持了高增长态势。丽江千古情：2018年营收2.63亿元，同比增长17.5%；净利润1.42亿元，同比增长17.9%，毛利率73%；2019上半年营收1.45亿元，同比增长31%，毛利率79.6%，同比增长6.9%。九寨千古情：2014年5月开业，开业后营收迅速增长，毛利率提升；2016年九寨沟项目营收1.48亿元，同比增长13.8%。

3. 既复制又创新

从财务数据上看，第一轮的"门店"复制很成功，接下来就可以准备第二轮复制。第二轮的"门店"复制就没有第一轮那样简单，除了像桂林、张家界那样直接复制外，新增的上海、宁乡项目在局部开始创新了，详见表2-10。这里我们不再对直接复制的项目做过多叙述，我们看看这些创新的项目到底新在哪里？

表2-10 宋城演艺第二次"门店"复制项目内容

项　目	初始投资额	持股比例	占地面积
桂林	5亿元	100%	160亩
张家界	6亿元	100%	170亩
西安	10亿元	70%	100亩
上海	8亿元+	100%	412 000平方米
佛山	7亿元+	100%	90亩
西塘	10亿元	100%	350亩

上海千古情，上海项目的创新之处在于：

（1）首次落户一线城市，准备成为知名驻场演艺节目；

（2）首次进行城市演艺，注重歌舞形式；

（3）目标人群是城市人群。

西塘演艺谷：西塘演艺谷的创新之处在于，在以往"主题公园+旅游演艺"核心模式上做到提升，是一个集"文化演艺、湿地公园、节庆会展、科技博览、休闲体验"于一身的超级综合项目。

宁乡项目：这个项目的创新力度是最大的，改变了宋城演艺原来的经营模式。宁乡项目的经营模式特点包括一次性2.6亿元的设计策划费用分2～3年确认，此外门票收入提成20%，宋城不投入，也不拥有项目所有权，属于轻资产模式。

这种轻资产模式前期投入资金极少，短期回报较快，且盈利能力较好，考虑成本投入有限，轻资产业务的净利率可以达到60%左右，且前期除了人工外基本没有其他额外投入，ROE极高，但缺点是占用相关人工（设计团队和运营团队），后续分成有限。

4. 珠海项目

珠海项目很震撼。这个项目是宋城演艺整体复制再加上创新，内容非常丰富。我们来看看这个项目的规模到底有多大？

（1）它是宋城演艺业务的4.0版本；

（2）全方位、多层次、立体化旅游目的地的战略升级；

（3）室内剧院、实景剧场、悬浮剧院、森林剧院、科技剧院、儿童剧院、走动式剧院、旋转式剧院、餐饮剧院等，涵盖了世界上几乎所有的剧院形式和演出形态，还有美食、戏剧、音乐节等；

（4）包含24个剧院、55 000个座位组成的演艺集群，并有望超过美国百老汇、拉斯维加斯，成为世界级的演艺项目。

可以说珠海项目的发展前景非常不错，投资30亿元，数额很大。但是现在还没建好，具体能够在未来形成什么影响力，我们继续等待。

"门店"复制可以说是渠道拓展最为简单的一种，是将原有已经成熟盈利的业务进行不断复制。还有其他的渠道拓展方式，可以为公司规模的增长提供助力，后期会一一介绍。

2.8.3 多产品接力战略

如果一家公司产品的销售额已经很高了，规模做到了行业龙头，想要再去提升业绩是很难的。那么还有别的办法扩大公司的销售额和利润吗？答案是有的。就是要不断拓展公司的产品线，用新产品来扩大公司的收入和利润。我把这种增长方式称为产品接力战略：原产品为公司提供基础业绩，新产品提供公司的新增业绩，最为典型的就是恒瑞医药的产品接力。

恒瑞医药主营业务主要有三项，分别为肿瘤线、麻醉线、造影线。这三项主营业务占营业总收入的比例达到83%。三项主营业务当中，肿瘤线产品占总收入的比例是最大的，这要特别关注；麻醉线中销售量最大的顺阿曲库铵和右美托咪定、七氟烷表现突出；造影剂主要有碘佛醇、碘克沙醇。

在肿瘤线产品中，多西他赛、奥沙利铂、伊立替康、阿帕替尼等品种销售额名列前茅，这些都是以前公司的主打产品，上市时间比较久，在市场份额上已经是行业第一第二。原有产品的市场份额已经非常饱和，再想更进一步扩大这些产品的销售额很难了。但是恒瑞医药未雨绸缪，在经营这些老产品的同时，开始研究新的药品。预计未来主要增量来自几个新品（吡咯替尼、19K、白蛋白紫杉醇及有望获批的PD-1），这些新产品是公司未来业绩增长的主力军。

我们以肿瘤业务为例，来看看恒瑞医药这十几年走牛的原因。表2-11展示了恒瑞医药肿瘤业务产品线的基本情况。

表2-11　恒瑞医药肿瘤业务产品线

产　品	上市时间（年）	生命周期
注射用异环磷酰胺	1995	成熟期
来曲唑片	1999	
注射用奥沙利铂	2000	
盐酸伊立替康注射液	2002	
多西他赛注射液	2003	
注射用唑来膦酸	2004	
去氧氟尿苷胶囊	2006	成长期
替吉奥胶囊	2010	
卡培他滨片	2013	
甲磺酸阿帕替尼片	2014	
硫培非格司亭注射液	2018	
马来酸吡咯替尼片	2018	
PD-1/PD-L1 单抗	未来产品，正处于研发阶段或临床阶段	婴儿期
CDK4/6 抑制剂		
AR 抑制剂		
PARP 抑制剂		

从恒瑞医药的肿瘤产品线上市时间，我们或许对产品接力策略开始有一定的思路了。至少我们可以得出以下几个结论：

（1）很多年过去了，原来的产品在市场上还是有销量的，市场占有率非常高；

（2）恒瑞医药几乎每隔几年都有新药品上市，公司新增的业绩大部分是这些新药带动的；

（3）恒瑞医药未来研发的药品很多都是重磅药，这是未来公司业绩增长的看点；

（4）公司的赛道很好，药品的生命周期很长，保证了每款药长期都能有需求，最基础的业绩不会消失。

这就引出了我们要讨论的内容：长牛股的必经之路——产品接力经营策略。我们试着理清楚恒瑞医药的产品，来看看它是如何抵抗产品生命周期的。

（1）多西他赛注射液等产品，为公司提供最基础的业绩。这些产品已经进入

了成熟期,衰退期没有到来,供需平衡,业绩稳定;

(2)卡培他滨片等产品,是公司这几年业绩增长的主力军,这些药品市场需求还未满足,还有很大的增长潜力;

(3)白蛋白紫杉醇、PD-1等产品,为公司未来发展的重磅产品,加上公司研发线上的很多大单品,为公司以后的发展带来希望。

一家股价走势长牛的公司的产品可能随着规模的扩大会越来越多,每个产品都有着自己的生命周期:婴儿——成长——成熟——衰退。公司想长期走牛,就必须对每个产品的生命周期进行组合。那公司如何对多个产品进行搭配,使公司业绩不断增长呢?

(1)首先衰退的业务,公司需要及时清理;

(2)其次守住那些基础性业务。虽然销量不再增长,但它们现在成为刚需,决定公司未来的发展,提供最基础的利润和现金流;

(3)最近三五年上市的产品提供整个公司业务的增量,如果公司业绩增长20%,那么增长的部分几乎都是靠新产品上市获得的;

(4)建立有希望的业务,这是公司未来长牛的基础。没有大单品的出现,公司未来的发展会成问题,最后成为一家业绩不增长的公司。

就是靠着这些,恒瑞医药的股票成为大牛股,有类似产品特征的公司股票也有同样走势。守着原有业务固然不错,但是总有到头的时候。很多上市公司在各自的领域都已经是行业的龙头,本身发展的空间会越来越小。

那时也只有执行这样的产品接力战略,公司未来的规模才会越来越大。

在这里要注意的是产品接力战略,并不是多元化发展战略。产品接力战略指的是各产品之间有很大的联系,不管是品牌、渠道还是专业上,都有着密切的联系。就像恒瑞医药的新产品一样，虽然产品品牌不同，可是在研发能力和渠道上，却有着很大的类同。

这方面食品饮料行业最为典型，各个产品之间的关联性是非常强的。就像涪陵榨菜的产品线，"国粹乌江"是公司的主打产品，是公司基础性业绩的榨菜品种；升级产品"脆口菜"是在"国粹乌江"基础上打造的新品种，正处于销售的爆发期；瓶装的"下饭菜"则是公司下一阶段开发的新产品，当前是一点点投入市场，在不久的将来进入销售的爆发阶段。

从这些案例我们可以看出，产品接力战略有两个很明显的特征：一是公司主打产品当前的市场占有率已经很高了，产品的竞争力非常强，不过想要继续扩大市场占有率很难，在原有产品上得不到很大的突破；二是公司在不断开发新产品，新产品和主营产品之间的相关性非常强，不是公司随便拍脑袋开发的。新产品的开发会考虑与原产品的黏合度，在其基础上进行投放，这样省去了公司重新培育市场的精力，而且销售起来也方便。

多元化发展战略，各产品之间可能没有任何关系。公司这样的产品结构很难有很好的黏性，需要不断花钱花精力去培育一批新用户。一旦公司的经营战略出现问题，过度的多元化还会把公司拉向深渊。

曾经叱咤股市的乐视网是2015年牛市最红火的股票，受到各路资金的关注。但短短两三年就从天堂走向了地狱，其根源就是盲目多元化扩张。乐视网的业务战线拉得过长，摊子铺得过大，"烧钱"速度过快。而这些都是连锁反应，盲目多元化导致业务太多，经营的领域多，没有侧重点。业务一旦多了起来，需要的人才多，管理层不熟悉新业务，肯定得不到足够的重视。摊子铺得越大，自然需要的周转资金越多，一旦公司缺钱，必然会有资金链危机。

乐视网的业务虽然宣传上有联系，但是这样的联系程度实在是太低，没办法将各业务非常高效地整合起来。所以说，乐视网就陷入了一个怪圈：业务之间的连接程度不够强，但管理层却并没有过多审视这个问题，不断壮大各业务的同时，各业务都是独立发展，导致越发展各项业务的资金缺口就越大。

一旦乐视网出现资金链问题，就会导致开始大范围裁员节流，放弃例如耗费巨资抢到手的重头体育赛事版权。欠供应商的货款，导致手机零部件缺货，新品没办法更新，出货量还锐减。变卖易到用车的股权，乐视汽车陷入停产、高管离职的困境。

从过去的历史经验看，但凡伟大的公司，都是在专业化的基础上不断推陈出新，业务之间肯定或多或少有联系。凡是盲目多元化扩张的，很容易走向失败。反观现在的互联网大公司，腾讯在电脑QQ的基础上做了移动端的微信，成功将客户导流进微信。都是社交聊天软件，两者之间的连接性非常强。

阿里巴巴的淘宝业务增加物流业务，是很轻易地切换到下游。这些新业务都是在其核心业务基础上的创新和布局，与其核心业务是强关联的，所以成功了。可乐视网就不是这样，那些年市场兴起什么就做什么，做手机、电视、造车。这些业务不仅没有关联性，还非常花钱，一条生产线下来就是上百亿的资金，规模小了还会受到成本的拖累，非常需要资金的不间断支持，这注定了这些业务成功的可能性非常小。

2.8.4　进入核心产业链

很多工业型公司（俗称B to B型公司），生产的产品不能直达到消费者，只能卖给下游的一些公司或群体，做一条产业链的上游。就像生产手机零部件公司，销售的对象最可能就是一家手机设备集成商——华为。如果面临的行业环境是这样的,那么这样的公司如果不进入核心产业链里,或者被剔除出核心产业链,那么后期的业绩大幅增长是不可能的。只有进入核心产业链的公司,为这个产业提供零部件,业绩才有可能大幅增长。

5G通信行业产业链条主要包括以下五个重要环节:

(1)网络规划设计(前期技术研究及网络建设规划);

(2)无线主设备(核心网、基站天线、射频器件、光器件/光模块、小基站等,无线配套、网络覆盖与优化环节布局);

(3)传输设备(无线设备后面需要有线传输,紧跟其后的包括光纤光缆、系统集成、IT 支持、增值服务等);

(4)终端设备(芯片及终端配套);

(5)运营商。

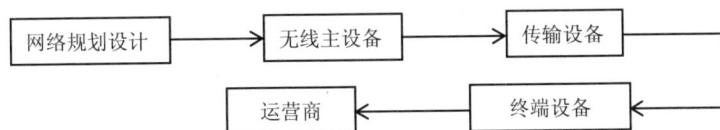

图2-20 5G产业链简图

图2-20便是5G的整个产业链,每一个环节里面包括的细分行业非常多。在2019年上半年,进入5G通信行业产业链的上市公司主要有这些:

1. 网络规划设计

三维通信、富春通信、国脉科技、杰赛科技、中通国脉、海格通信等。

2. 无线主设备

(1)核心网、BBU、RRU:华为、中兴通讯。

(2)芯片及模组:中兴通讯、大唐电信。

(3)天线/天线振子:通宇通讯、盛路通信、飞荣达、梅泰诺。

（4）射频器件：

- PCB/覆铜板：生益科技、沪电股份、深南电路；
- 滤波器：东山精密、武汉凡谷、大富科技、春兴精工、麦捷科技、信维通信、硕贝德、顺络电子。

（5）光模块：中际旭创、光迅科技、天孚通信、新易胜、博创科技、科信技术、太辰光、日海通讯。

（6）小基站：三元达、日海通讯、超讯通信。

3. 传输设备

（1）光纤光缆：中天科技、亨通光电、烽火通信。

（2）系统集成：三维通信、华星创业、宜通世纪、立昂技术、三元达。

（3）IT支撑：东方国信、天源迪科、初灵信息。

（4）增值服务：二六三、梦网集团、创意信息。

4. 终端设备

中兴通讯、麦捷科技、信维通信。

5. 运营商

中国移动、中国联通。

随着2019年下半年5G基建和产业链的铺开，开始有大量的公司业绩开始释放。最先受益的是上游的零部件公司，然后就是消费电子这块。通过观察2019年各公司的中报，我们可以直观地得出一个结论：进入产业链核心的公司，在产业链开始发展的时候，公司的业绩是会出现非常高的增长的。

5G产业链率先进入业绩增长的行业是PCB，因为PCB被大量使用于5G前期基站建设，同时也用于下游消费电子，总之PCB行业是5G产业链的先锋队。

沪电股份，2019年6月27日发布中报预告，预计上半年净利润涨幅120%~150%，盈利：44 000万元～50 000万元。

生益科技，2019年7月25日发布中报，上半年净利润同比增长18%，盈利达到6.3亿元。

深南电路，2019年7月12日发布中报预告，预计上半年净利润同比增长50%～70%，盈利：42 053万元～47 660万元。

东山精密，2019年7月26日发布中报，上半年净利润同比增长54%，盈利达到4.1亿元。

当然还有基站天线、光模块细分行业公司业绩的增长。

太辰光，2019年7月8日发布中报预告，预计上半年净利润同比涨幅52%～76%，盈利：9 500万元～11 000万元。

飞荣达，2019年7月11日发布中报预告，预计上半年净利润同比涨幅107%～135%，盈利：14 500万元～16 500万元。

设想一下如果一家公司没有进入5G产业链中，像这些公司一样成为主流的供应商，那公司的业绩不会出现高速增长。加入产业链体系就意味着自动加入了其巨大的市场，这往往带来极高弹性的业绩爆发。但也要防范这类公司业绩的波动和被剔除出核心产业链的风险。对投资的时机把握很重要，不是什么时候都能投资的。

2.9　业绩增长逻辑汇总

这一章节说了那么多的业绩增长关键词和背后的逻辑，那让我们来总结归纳一下。如果我们要去寻找未来业绩高增长的公司，可以做一个简短的备忘录作为指导，不必那么大段地看理论。

业绩要增长最好是看需求，需求的增长才是最重要的，整个行业都开始高增长，自然每个公司都会受益；如果需求不增长，甚至出现下降，公司的经营战略再好，也无济于事。那么需求增长的逻辑有哪些呢？

（1）产品的渠道能不能继续扩张，有没有新的市场投放；

（2）有没有潜在的新客户、新订单；

（3）新的产能建设好了，后期能不能被消化；

（4）产品近几年的需求会如何（做个方向性预测）等。

有了行业需求增长的逻辑，接下来我们看公司供给层面上的逻辑。这关乎公司的战略和竞争力，考察可能要细致一点。

（1）现有产品能不能抢占别人的市场份额；

（2）当前的业绩已经释放，后期还有增长空间；

（3）产品有没有定价权，后期能不能涨价；

（4）产品线的接力是不是很健康，能够持续下去；

（5）公司能不能在产品性价比上，有更进一步提升；

（6）竞争者（行业）的产能是不是出现问题。

看需求上的逻辑着眼于公司长期业绩预测，考察供给端的增长逻辑则是公司的实力对比，属于中期业绩预测。如果公司既有需求端的增长逻辑，又有供给端的增长逻辑，那无疑处于一个非常好的增长位置。

当然我们在分析公司基本面，确定未来业绩增长时，如发现了很多会使业绩产生变动的因素，可能不是好事。可变动的因素多，将使得分析不那么容易，出错的概率会大增。如果分析公司基本面变动的因素过多，可能会出现抓到了销量大增的业绩增长逻辑，却在产能扩张这个业绩增长逻辑上出现问题。所以，好的基本面分析的原则是公司多个业绩增长逻辑固定不变，其他增长逻辑清晰明了。

第 3 章

护城河与连接维度

考察公司产品的需求，目的在于从一个长期的趋势来验证公司业绩是不是能持续增长。一旦我们清楚了未来几年产品的需求情况，就能从大方向上把握投资的机会。如果产品未来没有需求或者需求萎靡，那么现在对公司进行投资，未来肯定不会有高收益。如果产品未来需求开始增长，甚至出现大幅度增长，形成供不应求的局面，那么这个公司就具备投资的价值。

需求就像面积不同的蛋糕，有些年份蛋糕大，足够行业里每个公司吃，甚至还有剩下的；有些年份蛋糕很小，行业内的公司需要靠商业厮杀才能抢到惨淡的市场份额。所以说，需求是不断变化的，可能会因为某一个事件或政策，发生很大的变化。需求对于投资来说非常重要，巨大的需求才能让公司的收入大幅度增长。

可是公司的供给也是非常重要的，虽然需求这个"蛋糕"有时候很大，也还得看公司有没有能力吃到。行业里每个公司都可以供给，但是只有少数公司才能做大做强。到底这些公司靠什么做到了行业的第一第二？

3.1　市场占有率

　　行业的排名主要依据的是公司市场份额的多少，一家公司在市场份额上占比很高，那么公司在行业就是第一第二的位置。一家公司的产品在细分行业里的市场份额占比达到了70%，或者说在细分行业里是数一数二的，意味着产品的市场占有率已经非常高了。这个时候，除非整个行业的需求开始高速增长，公司的收入才会再上一个台阶。需求不增长的情况下，公司后期想继续扩大市场份额，就相当困难了。

　　如果产品的市场占有率比较低，业绩增长的潜力就大一些。不过这些公司的规模本身就比较小，想抢占市场要有很好的战略和产品。虽然潜力大，可是挑战也是巨大的。这意味着公司必须要有某些不一样的经营特征，才可以不断扩大市场份额。

　　前面对供需进行了分析，我们希望的供需关系是供给随着需求的增长而增长，公司供给增长的速度超过需求的增长速度。比如说行业需求同比增长20%，公司的供给同比增长达到50%。这样的公司超越了行业平均增长速度，意味着在不断抢占市场份额，提升自己的市场占有率。也只有这样的公司才值得关注，因为这样的增长就是与众不同。

　　公司所处的最好局面是：不断增长的行业+居中的市场占有率+良好的竞争优势。不断增长的行业保证了行业间的竞争不是那么激烈，大家都在努力获取每年的市场增量，较少考虑竞争对手的威胁程度；其次就是公司的市场占有率，太低了说明公司刚进入这个行业，想要迅速发展，甚至超过其他公司的发展速度，有一定的困难；良好的竞争优势保证了公司在扩张和竞争中，能够处于优势地位，不会被大公司轻易打败。竞争优势也可以说是护城河，是公司供给端的优势。那么公司具备怎样的护城河，才能在未来的竞争中胜出呢？

如果加上产品的增长率，就构成了波士顿矩阵（BCG Matrix）分析法。我们就以恒瑞医药的产品为例，对各领域里的产品的市场增长率和市场占有率进行分析。恒瑞医药现有产品主要分为三个大的领域：抗肿瘤、麻醉、造影剂。对2016年公司各产品领域按照市场增长率和市场占有率进行分析，结论如图3-1所示。

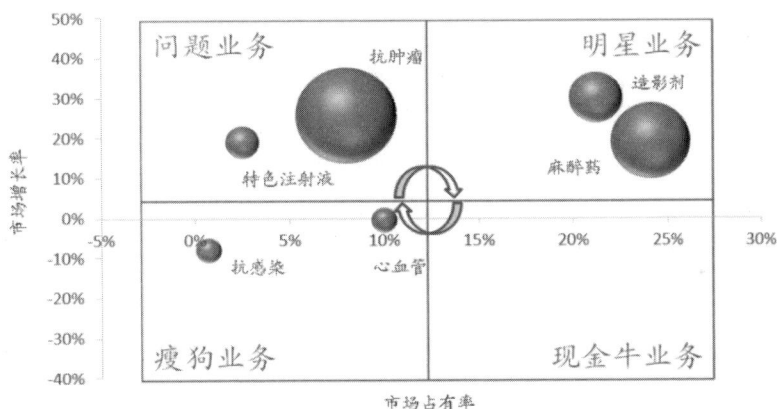

图3-1　恒瑞医药产品的波士顿矩阵分析

1. 问题型业务（Question Marks，即高增长、低市场份额）

问题型业务是高增速、低市场占有率的业务，公司抗肿瘤与特色注射液属于该型业务。抗肿瘤业务是公司收入贡献最大的业务，增长率是不错的。

但国内抗肿瘤市场率虽然第一，但是非常分散，可以定义为问题业务。这里的问题业务不代表一定有问题，但是仅占8%左右，市占率仍有很大的提升空间。此时，公司需要在市场增长率上下功夫，增加推广，投入大量资金，跟上市场发展的速度。

后期如果跟上的抗肿瘤药物能够取得很高的市场份额，即使增长率变低了，也不妨碍成为明星业务。恒瑞医药的抗肿瘤业务未来有巨大的成长空间，而且是大单品。加上公司研发线上大部分的品种都是抗肿瘤产品，未来几年抗肿瘤业务的发展速度将非常好。

2. 明星型业务（Stars，即高增长、高市场份额）

这个领域中的产品处于快速增长的市场中并且占有较高的市场份额。明星型业务是在问题型业务上继续投资发展起来的，是现金牛业务的过渡阶段。恒瑞医药的麻醉药和造影剂市场占有率和增长率上都非常不错，是各自领域的龙头产品。

3. 现金牛业务（Cash Cows，即低增长、高市场份额）

现金牛业务是产品成熟的特征，由于需求的稳定性，能够给公司带来稳定的现金流。目前，公司的产品并没有明显满足现金牛业务的特征，最有可能进入这个领域的是麻醉药和造影剂。

4. 瘦狗型业务（Dogs，即低增长、低市场份额）

这个领域中的产品由于增长率出现了问题，所以不能给公司带来很好的业绩。加上市场占有率低，面临的机会多，但竞争大。抗感染类与心血管类如今已经出现增速与市占率双低的局面，这两个领域市场竞争激烈，公司产品更新较慢。

可以看出波士顿矩阵中的产品是可以相互转化的，并非产品只能往好的方向发展。像明星业务转化成现金牛业务，公司虽然得到了稳定的产品市场占有率，可是增长率这块不行。问题型业务因为竞争力不足导致出现高速增长后，后期被对手超越，回到了瘦狗型业务。

3.2　传统护城河理论

恒瑞医药这样的经营策略，基本上可以概述为产品接力策略。当一个产品进入成熟期，市场份额已经很高，很难取得好的发展。要想继续发展，就需要再去打造一款新的产品。通过新产品接力的方式，来提高公司的整体业绩。

可是我们能看到，企业家也能看到。很多公司都这么尝试了，很多公司都失败了，只有少部分成功。为什么会这样呢？这就涉及产品的护城河和产品拓展程度。具体有以下三个方面：

（1）业务有强大的护城河；

（2）新业务借助护城河腾飞；

（3）产品的拓展能力。

我们首先来研究一下，到底什么是护城河？护城河指的是企业的一种竞争优势，最早是巴菲特提出的。简单地说就是企业的产品、经营或者是战略等，有着相对和同行业或者大部分公司不同的地方。靠着这样的优势，能够抵御同行抢夺已有的市场份额，同时还可以在未来提升自己的市场份额，从而获得长久的高增长收入和利润。

传统护城河理论更多的是针对产品而言，通过考察产品的护城河，来寻找超额收益公司，构建股票首富城堡（出自帕特·多尔西所著的《巴菲特的护城河》）。这些理论早就已经成型，我在这里简单描述一下。我们就来看看，针对产品而言有哪些重要的护城河：

（1）无形资产：品牌、专利和特许经营权，能够让公司的产品与众不同，没办法模仿；

（2）转换成本或客户黏性：客户对产品特别青睐，就是喜欢公司的产品，要想获得这样的客户，需要极大的成本才可以；

（3）规模化效应或成本优势：通过大规模生产降低单位成本，使其在售价、成本和库存上胜出；

（4）网络效应：业务的价值随着客户增加而提高，形成闭环；

（5）垄断：这是最强的护城河；

（6）其他优势：地理位置、特有的资源、特有的渠道优势等。

3.2.1 无形资产：品牌、专利和自主定价权

这种护城河最容易识别，也是投资者津津乐道的。帕特·多尔西认为产品的无形资产能够使产品在市场上拥有与众不同的地位，成为一种微型垄断，公司可从客户身上获取额外的收益。

1. 品牌

如果公司靠品牌能以更高的价格出售同类产品，那么这个品牌有可能形成强大无比的经济护城河。具备什么样优势的品牌，才能以高价出售同类产品？那就是附加价值和重复性消费。

讨论品牌所拥有的护城河，我们需要淡化产品的同质化。一件产品的组成是由两部分组成的：基础性功能（同质化因素）+附加价值。所以，品牌拼的就是附加价值。它可以是提升客户的价值，也可以是客户的情感归属或习惯。就像贵州茅台和五粮液，两者在产品性能上差不多，可是在品牌上贵州茅台能够使客户的价值提升很多，这个是五粮液做不到的，导致即使高价购买客户也是愿意的。

酒这种产品生产起来不难，难的在于品牌的建立，这需要时间，也需要时机。一般而言，一次性重复消费品对于品牌还是很敏感的，这些产品时时刻刻出现在消费者的生活当中，自然成为习惯。消费者一旦认可产品的品牌，很容易产生客户黏性，公司业绩长期下来自然不错。这就是为什么投资者投资消费和医药股很容易，需求长期来说是稳增长的。如果一件产品具有很宽的护城河，基本上会反复被购买。长期看会有基础业绩的支撑，自然会给公司带来源源不断的利润。

相反那些非重复性消费品和非一次性重复消费品，品牌对客户的黏性就不是很强了。像电视、电脑这些产品，由于重复性购买率低，各厂商的品牌差异化程度不大，客户的购买显得有些随意。而非重复性消费品更弱化了品牌这一说，像黑色金属这些大宗商品，几乎不考虑品牌的影响力。

虽然品牌很重要，但是前提是要服务于公司的业绩。如果公司的业绩出现下滑，甚至出现新的竞争者，那么这个时候投资思考的就不是品牌的影响力了，而是新竞争者发起冲击后，产品还能不能保住市场份额。就像诺基亚功能机市场短短几年就衰退。虽然诺基亚在功能机领域是巨头，但是在新产品面前，品牌已经变得不重要了。

2. 专利、技术和秘方

专利和技术在评价科技和制药公司的护城河时，是最恰当的。这两个行业拼的就是专利和技术。专利和技术可以在法律的保护下，形成一定的垄断，生产着只能由专利技术所有者才能生产的产品，甚至可以直接躺着收专利费，最著名的例子就是"高通税"。

在4G时代，手机公司每生产一部手机，是需要缴纳一定的专利费的。这样一部手机的利润大头是被收专利费的公司赚到了，中国公司赚的是最低端的利润。

就拿高通的QTL业务来说，其实就是向各大智能手机厂商收取专利费用，因为智能手机使用的技术里面，高通拥有最多核心标准专利技术。

到了5G手机依然如此，目前5G手机的专利费中，高通平均每部收取13美元，爱立信2.5～5美元，诺基亚4美元，还有中兴、华为等公司也有一定的份额，只不过占比少。这也就意味着谁的专利进入了5G手机的标准里面，全球每卖出一部5G手机，就会有一笔专利费，预计5G专利授权费要高于21美元。

其实，华为进入5G手机标准的专利，要比高通多得多，基本上是全球第一。只不过华为对这些专利没有收费，这是中国公司首次领导国际标准的制定，又涉及国家通信安全。

其他一般意义上的专利和技术，可以在制药公司上得到体现。不论是国际上的制药巨头公司，还是中国刚兴起的创新药公司，每年的任务就是不断研发重磅药。虽然研制的过程和消耗非常大，成功率很低。可是一旦成功，享有的专利权就让这家公司能成功收回所有的成本。

对于秘方，可口可乐的例子最为典型。可口可乐是巴菲特投资生涯中最典型的投资案例，是活生生的护城河理论实践。在最初的十年里巴菲特获得的复合收益率高达29%，股权增长了13倍。从护城河的角度看就是因为可口可乐的配方是保密的，竞争对手没有办法调试出同样好喝的饮料。

3. 牌照、特许经营权

在牌照上，银行和保险是最有代表性的，特许经营权的代表是中国中免。中国中免经营的免税业务，主要包括烟酒、香化等商品的批发、零售，是国内免税品行业的霸主，国内市场份额为84%（2019年数据）。

中国中免的特许经营权让其在免税品市场里一家独大，而免税品行业的赚钱效应非常强。这些因素促使中国中免的业绩快速增长，成为一只优秀的成长股。让我们来看看中国中免是如何利用特许经营权，将自己一步步做大做强的。

一个公司要想高速成长，离不开行业空间的支持。免税品市场的规模这些年一直在不断扩大。2018年，中国免税品市场销售规模达395亿元，近十年复合增长22.2%。这样的行业增速和空间才是中国中免高速增长的主要原因，受益于出境游人次增长、消费水平的提升。

中国中免高速增长的另外一个原因就是通过特许经营权，独占了免税品市场80%以上份额。这意味着整个免税品行业就是中国中免一个公司经营的，行业增速是多少，公司的增速就是多少。公司免税品业务收入从2009年的22亿元增长至2019年的458亿元，累计增幅近20倍；毛利也从8亿元增长至229亿元，累计增幅更是高达27倍以上。随着规模的扩大，免税业务的毛利率一直在提升。2015—2019年毛利率分别为45.18%、46.59%、45.72%、53.09%、50%。

出境游是免税购物的重要推动力，2019年国人的渗透率仅11%。随着国民收入的提高，未来出境渗透率仍有巨大提升空间。未来5至10年，中国免税品行业有望继续保持快速发展，免税规模及占比都将持续提升。

在公司业务层面上，已有的机场免税店和市内免税店，还是会受益于出境游的增长，未来几年有很好的发展趋势。中国中免的新业务海南离岛免税店才是未来几年重要的收入来源。

2020年6月，我国正式对外发布《海南自由贸易港建设总体方案》，放宽离岛免税购物额度，由每年每人3万元放宽到10万元，同时扩大免税商品种类。而进入海南市场开展免税业务的就是中国中免，这么大的市场对中国中免的业务贡献是非常大的。这也反映出中国中免是通过特许经营权，将公司业务做大做强的经典护城河案例。

3.2.2　客户黏性

客户黏性就是客户对产品付诸了情感因素，一件产品被客户喜爱的程度越高，客户黏性就越好，其定价自然就会高起来。产生客户黏性的产品，再消费的欲望就增加了。那么产品具备什么样的特质，才会让客户为了情感付费呢？

（1）有强大的品牌，针对客户的产品都是靠品牌制胜的，有些客户不得不买的产品靠的是垄断；

（2）产品的附加价值高，能够给客户超出产品本身价值的情感体验；

（3）更多的是一次性重复消费品，客户经常性购买，形象很好。

有客户黏性的产品，更多的是从客户的情感上进行突破。让产品化身为"领导型"或者稀缺型产品，通过品牌这个载体，满足客户的情感需要。这归因于人类心里的情感，很多时候人做事都是按心情和经验来的，没有百分百的理性人。一旦这种情感体验和经验长期形成了一种做事准则，大脑就会产生条件反射，客户黏性自然形成了。

产品要想获得客户黏性，就必须在客户中进行频繁购买引导或者对客户进行反复广告轰炸，让产品在客户的脑子里经常性闪现。产品在价值上又有着差异化特征，或者赋予某样情感需求。一般而言，消费品和医药为什么会有客户黏性，就是因为经常性购买造成的。所以，消费品和医药类的行业容易诞生大牛股，可以走强十年以上。

100年前，产品销售拼的是产能，发明流水线，提高生产效率的福特汽车成为时代明星；50年前，产品销售拼的是渠道和营销，铺货能力强，广告预算高的宝洁成为霸主；现在，产品销售比拼的是消费者心智影响，产品本身就是最好的营销。（摘自《上瘾：让客户养成使用习惯的四大产品逻辑》）

3.2.3　规模效应

如果一条生产线只生产一台汽车，那肯定是不划算的。为了一台汽车不可能花钱造一条生产线。只有想销售一定量的汽车，汽车厂商才会兴建生产线。生产越多，汽车厂商越高兴。生产线、机器的折旧、维护等固定成本是存在的，如果生产的产品多，自然单位固定成本就低。

规模化的应用场景很简单，过去的大生产和重工业，我们经常看到的是巨大的厂房里布置了很多生产线。生产一件产品之前，就得花很大的成本去建造生产线（假设10亿元）。一看这家公司的资产就很"重"，资产负债表显示也是如此（固定资产/总资产这个比例很高）。假设整条生产线在寿命内生产10万台车，每台车的固定成本是1万元。如果生产50万台，那么每台车的固定成本就只有2 000元。

规模化最大的难点在于必须先建设好生产线，这是一大笔现金支出，非常考验公司的运营和融资能力；第二在于必须足够多地生产产品，产品生产不足，会导致连生产线的成本都收不回来，同时行业内的升级要比较慢，否则很容易产生更新生产线的需要，进而导致既没有生产足够的产品，也没有回收成本；第三就是有些产品的研发费用昂贵，像芯片和药品的成本很低，但是研发成本非常高。第一颗药的成本可能需要10亿元，第二颗药的成本可能就1元。

生产越多的产品，单位成本就越低，自然毛利率在生产过程中是越来越高。这可能是给予规模化公司的一些恩惠吧，早期的投入是很高，一旦成功实现商业化，带来的是盈利指数级增长。游戏行业也是如此，游戏使用者越多，游戏的制作成本就被摊薄，利润相对越高。

从上面的叙述中我们可以知道，评价规模效应最重要的指标就是高额的历史投入和大的固定资产占比。要想有显著的规模效应，必须先有大量的资本投入，这造成了报表里有大量的固定资产和在建工程，资本支出非常大。

形成规模效应的公司，至少在知名度或市场占有率上有很强烈的识别度。既然已经规模化了，自然卖的产品数量相对于同行业来说是很多，产品能够被广泛熟知，产品的市场占有率很高。

最重要的评价规模效应的指标就是单位成本的降低或者产品毛利率的逐年上升。本身这些公司就是靠着产品单位成本低，以低于竞争对手的价格进行快速扩张。但也要小心的是，随着规模增大，需要公司有足够的提效能力。如果没有高效率，规模扩大，单位成本不仅无法下降，甚至更高，那就会越大越亏。

光伏行业2010年前可谓是很糟糕，中国的光伏行业在那段时间里糟糕的表现就是因为技术和规模出现了短暂的衰退。刚开始欧洲最先进行光伏补贴，经过补贴的光伏行业成长非常快。欧债危机后光伏补贴退出，可是光伏那时的成本还是太高，缺少补贴之后行业一路下行。中国到了2015年补贴也开始退出，光伏行业也出现了下行。

在补贴下滑的同时，行业的成本也开始进行下降。尤其是2013年后隆基股份的单晶硅成本下降非常快，2018年隆基股份再一次下调了成本，如图3-2所示。

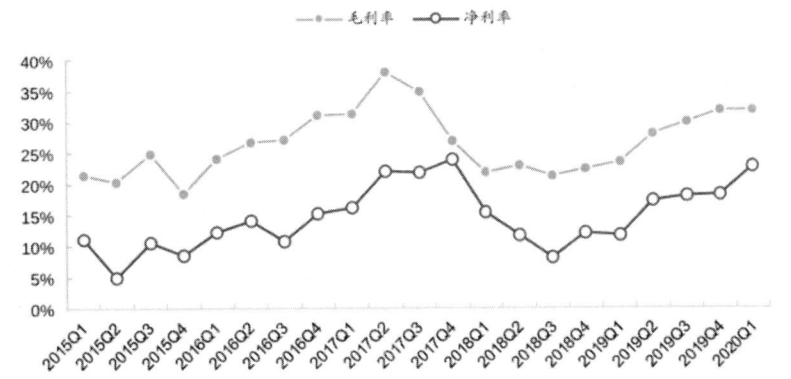

资料来源：Wind

图3-2　隆基股份部分季度毛利率和净利率情况

从图3-2中我们可以看到2017年第四季度毛利率出现大幅度下降，并不是产品成本上升造成的，而是装机量增长得太快了，财政负担不了，导致光伏的销量出现问题，单位产品成本上升。2018年第三季度毛利率达到最低，随后开始降成本，毛利率一直往上。这就是规模化的好处，一旦技术升级改变行业，加上不断扩大产能，产品的单位成本自然下降得非常快。

第一次光伏升级是冷氢化硅料，使得硅料成本大幅下降，降成本之后确立了晶硅为主导的技术路线。第二次技术升级是隆基股份的单晶金刚线电池，这条技术路线让成本再度大幅下降。同时隆基股份不断扩大产能，一旦生产得多了，自然成本在分摊后就越来越低。

光伏行业发展的逻辑是这样的：

（1）晶硅材料的路线遵循"反摩尔定律"，可以不断降成本；

（2）光伏行业现在不需要补贴，可以自身产生利润，光伏是未来最主要、最便宜的可再生能源，没人能阻止这个行业发展；

（3）每一次的光伏危机都是阶段性需求下降，一旦成本下降或危机消除，这个行业会增长得更快。

3.2.4　网络效应

规模效应主要从供给端的产品产量出发的，越多的产品意味着成本优势的确立。网络效应则是从需求端出发的，一种产品或服务，用户使用得越多，产品的价值提升得越快。到了一个临界值，就会出现赢家通吃的局面，最后形成一定程度的垄断。用户不断增加的过程，就是产品出现"网络效应"的过程。可以形象地比喻成产品或服务就像一张网，连接的用户越多，那么这张"网"的价值越大。

产品的传播要带来产品价值的提升，如果通过品牌传播，每一个新用户都不会使产品变得更好，这就不是网络效应。像早期的电话，这就是典型的网络效应产品。当一个地区电话用户越来越多，那么这个电话网络的价值就越来越大。如果是全国的电话，那具备的价值就会进一步提升。

要想产品有网络效应，首先得看产品能不能有这方面的特质。就像口口相传、品牌力非常好的产品，不能算作是有网络效应。只有产品或业务不断地吸引客户，组成一张关系网才可以。那么公司该如何努力去强化自己产品的网络效应呢？

网络效应大部分是基于人与人之间的连接程度，一款通信类的软件天然会强化人与人之间的连接关系。最典型的就是微信，微信主打的是即时通信，提高客户之间的联系效率。这些特点都非常适合朋友和志同道合的人之间关系的建立，从而越发展越多。

也可以是购物类软件的模式，更多的消费者使用，吸引更多的商户。更多的商户入驻，也会吸引更多的消费者。买家多的产品也可能吸引更多的买家，形成一定的网络效应。只不过商户之间存在竞争，购物类软件之间也会出现竞争，导致网络效应相对不稳固。

也可以是一个生态系统，大量的人群聚集，产品可能作为一个平台，为这些人群提供各式各样的业务和产品。所以，很容易产生出新产品和新的商业模式，让公司有更多的选择。

关注网络效应，需要关注网络的连接程度，会不会有新的力量持续加入。还要关注退出成本，退出成本高，会使得用户养成持续使用的习惯。有网络效应的产品，会趋向垄断，就有机会给公司带来超额利润。

3.2.5 垄　断

最深的护城河就是垄断，特别是那些能赚大钱的垄断公司。可见一旦垄断这样非常赚钱的大生意，可以获得丰厚的财富。

1. 垄断中竞争，竞争中垄断

公共事业类的公司，我们是不希望看到它们被私人垄断经营的。这些领域关乎国计民生，而且行业空间非常大。公共事业类的公司，获取的盈利都受政府的限制，涉及民生的行业不可能任其暴力赚钱。这些公司在股市当中，经常扮演着蓝筹股的角色。盈利非常稳定，每年都有很高的回报。

可这些公司总是被"一只无形的手"控制，政府准许了这些公司的大范围经营。可是对其获取的盈利有着严格的限制，公司并没有自主定价权。表面上公司有着"最深的护城河—垄断"的光芒，但是骨子里却有着被控制的感觉。这样的公司是处于垄断中竞争，别人无法进来，自己想创造高收益非常难。

还有一些公司的垄断，投资者非常喜爱。就是公司在竞争当中不断强化，对某种商品的经营形成了垄断。这样的公司才值得人尊敬，就像现在的华为在通信领域的地位一样。如果碰上产品的市场需求非常大，公司的竞争力非常强，自然公司未来的增长是不担心的。这样的公司是在激烈竞争的环境中，依靠创新和研发，不断搏杀才获得了垄断地位，当然是投资者所喜爱的公司。

2. 最深的护城河——垄断

想形成垄断，要具备一些什么条件呢？我们考虑一下如果我们自己做生意，怎么样才能把产品全部变成自己的。

首先产品要到达每一个需要的人手里，如果其他地方的人有别的产品，而且很多，那么就不是垄断了，只能说是一种竞争；其次产品不容易被替代，别的产品想要替代非常难。这就是垄断的两个基本因素：强大的产品覆盖率和转换成本非常高。

尤其是在互联网这一行，这十几年出现了巨无霸级别的公司。例如阿里巴巴、腾讯和亚马逊等。他们中像腾讯的微信被替代的可能性非常小，因为要建立一种全新的社交软件，需要将大部分的用户转移过来，这一点恐怕没有哪个企业能撼动腾讯的微信的地位。也许只能等待新的通信技术到来，才能将垄断即时通信的微信打败。

阿里巴巴在电商上的布局，已经将大部分的卖家和买家集中到一个平台上了。在这种电商模式中竞争对手很难逆袭，因为有强大的网络效应。其他电商只能在比较差异化的电商市场里进行竞争。同时，这些公司还具备着超强的扩张能力，剩下的市场别人抢不走，那只好是它们自己占有。

当然垄断不仅仅体现在产品上，还有其他方面的垄断。为什么荷兰ASML可以独霸全球？荷兰ASML公司是目前全球最大的光刻机厂商，占据着全球大部分高端光刻机的市场，几乎处于垄断地位。这样的垄断是多方面的，最重要的是利益捆绑。

高端光刻机是一种有着10万个高精密零件，体现当前最高科技的产品。任何国家完全单独开发是不可能的，因为没有一个国家在所有的技术上都能达到全球领先的水平。光刻机大部分零件需要不同国家的合作，机上的镜头使用的是德国蔡司公司的，光源设备用的是美国公司的。这些技术荷兰是没有的，ASML公司更多的是设备集成商。

研制出一台高精尖的光刻机，需要大量的资金，靠ASML公司这家公司是不行的。而全球经济和科技的发展必须要用到更好的芯片，所以全球芯片产业链的大公司就开始进行利益捆绑，相继出资金发展ASML公司。三星、英特尔等既是ASML的大客户，也是ASML的股东，和客户实现利益捆绑，这才是ASML实现垄断的原因。

3.3　非产品护城河

上面这些经典的护城河理论，明显针对的是产品上的特质。可是公司这个经营主体，可不是仅仅只有产品，它是经营者、供应商、职工和客户有机的组合。我们除了要考察产品的护城河外，公司的其他方面也是研究护城河的重要方面，这些非产品的护城河，很多可能是产品护城河的决定因素。

就比如品牌，如果管理层没有动力、没有职业素养，相信产品的品牌也不会太好。甚至出现产品的品牌由于经营者的不作为，被竞争对手超越的情况，这种商业竞争例子每年都会发生。

3.3.1　与产业链之间的关系

公司的产品只是一个明显的标识，后面更多涉及公司跟上下游打交道的过程，所以产品的价值和产业链内公司之间的关系尤为重要。产品的价值公司一时无法改变，处于产业链核心价值带的产品，产业链内的公司都会主动靠拢，公司的优势就会突显出来。产品处于产业链边缘，想要有好的溢价或者销量，就需要花费大量的时间和成本。

公司的口碑和影响力也是很重要的，口碑好影响力深，代表着市场认可公司。

如果没有处理好和产业链内公司的关系，没有好的市场形象，那么对公司的收入会有很大的影响。这些因素并非产品的护城河，更多的是公司的一种优势。虽然谈不上护城河很深，可是真缺少这一块，公司的发展肯定会受到影响。

3.3.2 管理层的聚焦和勤奋

公司的收入规模和利润虽然受到行业、技术的影响，但是跟公司的管理层关系密切。一种产品或服务的诞生就是管理层促使的，不可能凭空冒出来。优秀的公司肯定会有一个优秀的管理层，也可以这么说，管理层的能力决定着产品的护城河。那么我们在考察管理层时，应该注意哪些方面呢？

1. 聚焦所处的行业

我们在分析公司、建立投资依据的时候，会依据券商报告、财务报告和经营数据，得出一家公司的投资结论。同行业的公司发展路径都差不多的，细分行业的更是相同。那么分析同行业的公司得出的结论可能都一样，最后公司的经营结果千差万别，就是投资人忽视了管理层的重要性。

只强调公司的生意模式、行业增长空间和护城河，不是根本。行业内的公司，生意模式可能都相同，面对的行业增长空间可能都一样。说到底护城河深的公司才是最后的赢家，而决定护城河的则是公司最具影响力的因素——管理层的能力。

投资股市就是投资人，管理层胜在专业程度，就怕管理层什么都想做。管理层的经验和能力很多是局限在一个行业的，一旦涉及行业过多，那么在经营经验和产品推广上，很难胜任。相当于开了一个新的公司，渠道推广、产品策略和日常经营都会出现问题。特别是当一个行业还有很大的增长，公司的产品市场占有率有很大提升空间时，更要聚焦主业。

规模小的公司在面对强大的对手时，只能聚焦主业，在这个行业内认认真真地把产品做好。衡量规模小的公司时，公司的战略是否聚焦是非常重要的。这些公司主要集中于次新股，从实践上看，规模扩大的次新股公司大部分处于主业聚焦的态势。小公司之间的相对竞争力，占主导地位的是管理层的聚焦能力。

公司要成长，不是胜在行业赛道，也不是胜在经营模式。这些驱动因素竞争对手也是不缺的。缺的是产品的护城河，缺的是管理层的经营战略。管理层的聚焦力可以说是一家公司非常重要的护城河，因为公司在成长的道路上需要一个正确的向导。

2. 以增长为目的进行资本支出

要想公司能够很好地发展，管理层就必须有主业聚焦的能力，这样的聚焦目的就是为了公司的规模会很好扩大。如果主业不聚焦，会发生非常大的浪费现象。

首先肯定是精力分散，例如一个卖矿泉水的公司想去做芯片，就会导致严重的知识和经验的缺乏。经营矿泉水的公司管理层对芯片这行根本不懂，想要做好必须招有经验的人才才可以。同时，两套经营理念和战略会出现比较大的冲突，很容易导致集团人员的协作不好。

其次，规模的扩大必须要以产能的提前扩张为条件，聚焦主业的情况下，公司的产能有清晰的规划，能够更好地服务于主业，不会出现无用的资本开支。如果多业务同时进行，这块业务的产能没做到优化前，又得考虑另外一项业务的扩张计划。本来公司的现金流就紧张，还要分给两拨人，主业没做好的同时，其他业务的扩张也不顺利。到最后出现两头堵的情况，那是很浪费公司扩张机会的。

最优秀的管理层肯定在聚焦一种业务的时候，会把业务做精做大。虽然会考虑其他业务，但是也会等到主业出现效率扩张递减的情形下才进行。此时公司的扩张就是为了主业能够快速增长，这样的资本支出才是更有效率的，不会浪费公司积累的资源。

3. 不断发展，优化布局

小公司可以在主业上聚焦，一步一步成为大公司。那么大公司要想增长，就不能再聚焦主业了，因为主业的市场占有率非常高了，行业发展的空间也不大了。此时就需要多产品接力，将公司的规模扩大。

春兰公司的判断失误及多元化最能说明在公司布局上的问题。20世纪90年代初期是中国空调发展的黄金期，空调公司是非常多的，竞争大。此时，春兰空调是市场的绝对老大，一度占有市场份额40%以上。那时的人们几乎都知道春兰空调，也是春兰最高光的时刻。

到了2018年，春兰在空调上的营收只有3.3亿元，同时期格力在空调上的营收达到1 557亿元。如今的春兰已经成为空调行业后部的公司，失败的原因就是没有长远的眼光，加上在质量和服务上的不作为。

在20世纪90年代春兰成为空调行业龙头时，开始不注重产品质量，甚至没有售后服务。最后被格力等竞争对手持续创新和优质服务以及多样化的空调打败。当时的春兰并未在空调领域有很好的改进，加上当年"得罪"经销商，致使建立全国销售门店计划搁浅。当初春兰在做线下推广时没能够很好地分配经销商之间的利益，是春兰没能保持自己行业领导者地位的主要原因之一。

当空调市场还在蓬勃发展的时候，春兰开始了多元化道路。春兰先后进入冰箱、洗衣机、摩托车、房地产、机械制造、商业贸易等各个领域，最后都没有做好，反而拖了空调的后腿。春兰的多元化业务已经涉及非家电领域，会分掉空调主业发展机会，花掉空调业务产生的现金流。同时在业务的发展上，总想着全部做好，反而都做不好。

发展其他的业务，需要等到集中主业发展完之后，不能和主业同时进行。其中最重要的原因是大部分公司没有足够的资源，同时进行两种业务的发展。在主业发展初期，很多公司面临的都是巨大的市场和短缺的资源及现金流之间的矛盾，这个时候所有的资源和现金流都得集中到主业发展上。

只有主业能够产生充足的现金流，发展的空间不是很大，边际效益开始减少时，发展新业务才是适宜的。而新业务的发展最好从原来的行业中开始，行业的运行经验和渠道的拓展公司的管理层都能拿得准。如果一开始就进行新行业的发展，很难在极短的时间里取得好的效应。毕竟公司的资源和现金流不是无限的，有限的资源要花在刀刃上。

3.3.3　创新的态度

管理层对于创新的态度，主要表现在两个方面：产品和管理。在产品创新上更多地以公司的研发投入来描述，管理的创新更多的是公司文化上的充实。

在研发投入上，华为是非常典型的，华为坚持每年将10%以上的销售收入投入研发。华为2018年的研发投入为1 015亿元，而近10年研发投入累计更是高达4 850亿元。截至2018年底，华为在全球累计获得授权专利超过8.78万件，近十年来已累计投入高达4 850亿元。研发人员超过8万名,员工占比超过45%,如图3-3所示。

华为历年研发投入(单位:亿元)

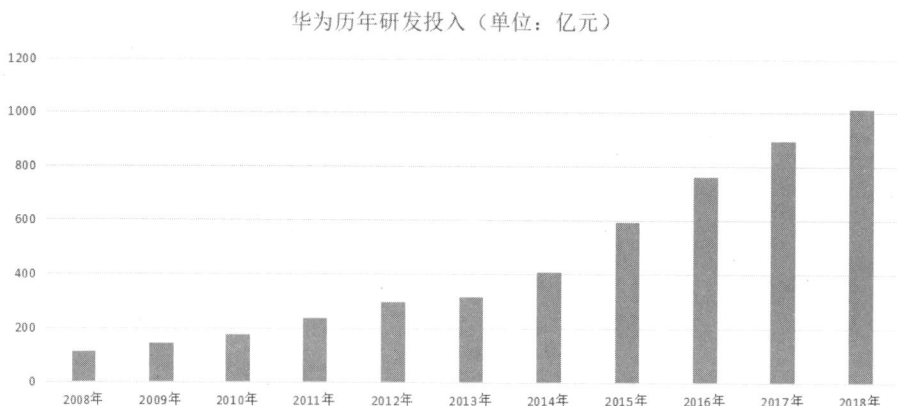

图3-3 华为历年研发投入

可以说研发投入越多,公司可以对产品进行升级和创造的可用资源越多,从而使得公司的产品竞争力越强。这样的投入换来的肯定是公司营收的大幅增长,2018年财报显示营收利润继续稳健增长。2019年华为抓住5G的建设机会,以手机为主要业务,以人工智能(AI)为驱动,打造芯端云协同的硬件和服务生态平台,提升品牌和体验,做全场景、全连接的智慧生活领导者。

截至2018年的12月底,华为在5G网络方面获得的技术专利高达1 970件,占5G网络专利总数的21%。与华为竞争较为激烈的高通公司,研发了1 146件5G网络专利,相比华为差了824件。除此之外,中兴、大唐等公司分别研发了1 029件以及543件5G网络专利,如图3-4所示。

2018年华为实现销售收入7 212亿元,同比增长19.5%;实现净利润593亿元,同比增长25.1%。公司的经营活动现金流高达747亿元。海外业务增速远高于国内,在中国的收入为3 722亿元,同比增长19.1%;在欧洲、中东、非洲收入合计为

2 045亿元，同比增长24.3%；在美洲收入479亿元，同比增长21.3%。

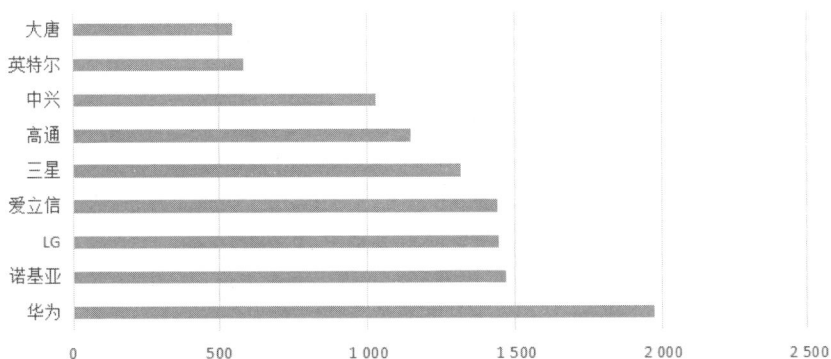

图3-4　5G标准必要专利声明量排名（截至2018年底）

特别是在研发投入上，高研发投入是众人皆知的"华为标签"。2018年公司研发投入再度提高，达到1 015亿元，占全年收入的14.1%，同比增长13.2%。华为在研发投入上与国际巨擘开始并肩，意味着其真正进入了国际巨头行列，具有强大的内生增长力。

有研发投入的大力支撑，华为在5G路上增长非常快。在2018年华为发布了业界首个基于3GPP标准的端到端全系列5G商用产品与解决方案，和全球182家运营商合作开展了5G测试。签订了30多个5G商用合同，在全球销售了4万多个5G基站。另外，致力于万物互联，公司在全球打造了53张NB-IoT网络、16张eMTC网络。

在管理的创新上，各个公司的模式可能就不一样。管理层专注主业的，不去逐利很重要。其他的品质就是管理层的活力和创造力，缺少这些公司要想成长，非常艰难。

要想把一件事做好做精，除了要有一定的目标和抱负外，更要牺牲短期利益。有的时候市场上会冒出一些显而易见能赚快钱的机会，一旦管理层关注短期利益而忽视长期有利的主业发展机会和未来规划，很可能导致短期报表好看，可长期公司竞争力下滑的危机。所以，认真对于一个成长型公司来说是件很考验经营的事情。

其次，综合分析行业当前的发展和进行未来展望，也是管理层要做的事情，是制定公司战略必不可少的内容。具有战略性眼光的公司就是比同行看得更远，能深化地对这个行业进行布局。更清楚地知道公司发展的目标，要建立怎样的护城河，如何按部就班实现。图3-5所示为公司护城河思维导图。

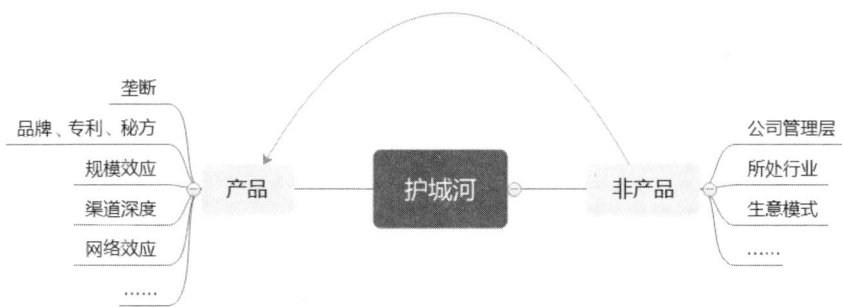

图3-5　公司护城河思维导图

3.4　护城河本质——连接的维度

前面对护城河的考察注重产品本身，更像是对护城河的分类总结，得出最深的护城河就是垄断。可一个公司并非只有产品，公司是镶嵌在整个产业链当中的，不能简单地提取一方面。我们可以从产品这个角度出发，来深入了解产品与产业中的一切的连接程度，找到护城河的本质——连接的维度。

如果连接客户的护城河性质的因素非常多，那么产品自然卖得好。如果这些护城河维度能够相互促进、相互发展，会让整个公司的护城河越来越强，公司的成长自然不成问题。

可口可乐公司，我们可以从护城河——神秘配方这个角度进行护城河分析。可是可口可乐绝对不是靠着一个秘方才成功的，而是其他护城河共同作用，这些护城河不断发展促使其成为一家强大的公司。

刚开始的时候，即使有非常好的秘方，如果品牌营销跟不上，那可口可乐就没办法让更多的人知道。广告营销，是可口可乐下功夫最大的地方，甚至出现了很多非常流行的关于"大人物"的故事。

从成本的角度，可口可乐把成本降到了极致，成为最典型的"不涨价"的例子。从渠道的角度看，可口可乐遍及世界各地，连非洲偏远的地方都有可口可乐的影子。

或许护城河的本质就是产品与客户之间的连接维度，维度越多护城河越强，公司成长的速度就会越快，同时，有些护城河能够让公司产品具有一定的垄断地位。越多的护城河组成的是一个整体性态势，不能孤立地考察公司的护城河。

这就是为什么有些互联网公司现在连盈利模式都没有，但是市场还是非常看好。因为这些互联网公司连接的客户非常强，只是缺少一个变现模式。因为连接的维度越多，很可能在某一个维度上就会有一个商业模式出现。一旦找到盈利模式，很可能会将其他的连接维度给串起来，形成强大的竞争力。这方面做得经典的就是阿里巴巴的淘宝，我们就看看淘宝是怎样一步步将客户间的维度连接得越来越多的。

淘宝前期的经营就是复制eBay的模式，向商家收取佣金，可是现在的差距已经是天壤之别，原因就是面对客户淘宝选择了新的连接方式。淘宝不知道什么候想出了一条路，放着好好的能盈利的模式不走，而去开辟一条不对卖家收取佣金的道路。这是很冒险的，公司这样突然的改变很考验公司的运营能力。

这样做的目的就是为了让更多的商家进驻淘宝，先把客户给连接上。这一措施一实施，开店的商家会越来越多，而且没有门槛，自然买家也会大量聚集。淘宝只用了这一招就在早期获取了大量的客户，成为中国最大的线上购物平台。

等卖家和买家的数量越来越多，淘宝开始利用"商品搜索"这样的广告模式进行收费。买家搜索关键字之后，排在前面的商家是要收费的。这项业务就占据了淘宝50%以上的收入，可以说让商家受益，也让淘宝受益。

连接了大量的客户之后，淘宝接着开发新的商业模式。淘宝把目光聚焦到了支付宝上，买家在购物的时候都会使用支付宝支付货款，支付宝过几天将货款付给商家。淘宝通过蚂蚁金服利用这几天的时间差积累很多的资金，同时支付宝前期的利率很高，可以进一步吸收更多的资金，这样就把资金给连接起来了。将资金连接起来之后，一个简简单单的支付工具就变成了一个连接度很强的金融体系。

我们在这块的讨论就不那么极端了，还是说一些普通公司是如何在连接维度上下功夫的。产品和客户两者之间的连线越多，代表护城河越多；连线越粗，代表护城河越深。公司要想获得更多的业绩，具体措施有以下几种：

（1）将产品卖给更多的客户（渠道上的拓展）；

（2）利用同一品牌，创造更多的产品（品牌的拓展）；

（3）资本市场的支持。

在考察的时候我们要清楚一点：护城河之间是有联系的，而非单独的存在。要想在某道护城河上进行拓展，其他的护城河要尽量保持不变。变化太多容易导致管理层在扩张的时候分不清主次，同时花费巨大的现金流。

3.4.1 渠道拓展能力

公司有一个永远的冲动：为了获取更多的收入、更大的规模，就必须不断有新的渠道、新的产品，拓展能力其实就是企业的成长潜力。在渠道上拓展，是将公司的原产品连接更多的客户。涉及的渠道越多，产品卖得越好，自然收入规模越大。

就以爱尔眼科为例，主营业务是经营眼科医院。在刚开始成立到上市的那些年里，爱尔眼科的业务基本上集中于湖南。只有在把湖南的医院建设好之后，才开始全国的建设。爱尔眼科在渠道上的拓展结合医疗体制改革的情况，吸收了流行的医疗管理经验，创造性地建立了"三级连锁"的经营模式。

第一步就是针对一线城市，把临床及科研能力最强的上海爱尔作为一级医院，定位为公司的技术中心和疑难眼病患者的会诊中心，并为二级医院提供必要的技术支持。省会的眼科医院就负责好好看病，主要是复制湖南爱尔眼科医院的经验。

接着就是大量的三四线城市和县级的医院建设，为的就是接触大量的眼科病人。对其进行分类，简单的眼科疾病直接在这些医院里治疗，复杂的去省会医院甚至一线城市医院治疗。

很多人不明白，为什么要化钱在县城里建设眼科医院。这些小医院虽然只能提供简单的眼科疾病诊断，但其另一个功能在于能将潜在的复杂眼科疾病人员及早筛查出来，转去省会医院做手术。

这样省会医院就像是章鱼一样，不断通过"触手"从三四线城市精确找到患者。这样的方式真的是下到全国的县城，牢牢连接着全国患者。在最底层上，充分接触患者。同时省会医院的手术资源得到充分利用，最大限度地发挥其功能。手术做得越多，专业能力提升得越快，客户的放心程度提高，也进一步加强了爱尔眼科在技术层面上的护城河。

这样的"分级连锁"，适应了眼科患者"多分散、地区集中"的格局。建设的目的是更广泛地接触患者，从渠道来看，爱尔眼科是直接跟患者接触的，可以说是直接渠道。

在不同的城市里，按照城市里患者的特定需求，通过调节各层级医院的功能，最大程度上发挥效能。分级连锁的价值，在于建立了优质医疗资源流通及患者精准的转院机制。上级医院可以为下级医院提供医疗技术支持，下级医院可以为上级医院精准输送患者，极大提升了整体运营效率。

在渠道拓展上，古井贡酒是最值得研究的。2008年古井贡酒开始收缩多元化战略，回归白酒主业。在渠道上的建设尤其值得借鉴，聚焦重点城市，逐一突破。古井贡酒将全国的市场分为三类：

第一类：安徽省内。这是公司渠道拓展的基本盘，实行的是扁平化精细管理。目的是全面覆盖整个安徽省，成为安徽市场的白酒龙头。

第二类：周边省市的拓展。以安徽为中心，向四周省市发散。结合安徽市场所用的"三通"工程，下沉渠道，复制安徽市场的模式。

第三类：全国市场。这是公司长远目标，从区域性白酒品牌，成为全国性白酒品牌。

在初期对安徽市场的扩张上，公司大力实行渠道下沉，大力落实"三通"工程，即"路路通、店店通和人人通"。这样做的目的在于，让公司的产品在安徽市场达到"覆盖率第一、陈列第一、推荐率第一、指名购买率第一以及销售第一"。

实施这些措施后，企业的业绩怎么样呢？在刚开始实施"三通"工程时，公司

2009年的扣非净利润是1.4亿元。经过几年大力扩张，2017年古井贡酒的扣非净利润达到了11亿元。通过"三通"工程，公司的业绩增长了6.86倍，可见正确的渠道扩张对公司业绩的增长贡献是很大的。

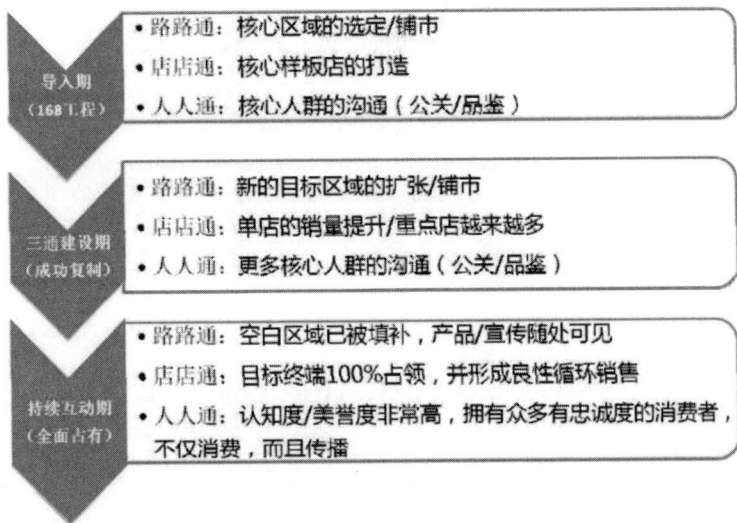

图3-6　古井贡酒的"三通"工程示意图

图3-6为"三通"工程的示意图。"三通"工程，先在一个很小的区域内实现高占有率，集中资源投放到区域里所有的客户。然后在新的市场里不断复制这种模式，进而扩大到全部市场。不同于全国性高端白酒品牌，古井贡酒作为区域性高端白酒品牌，首先要做的肯定是对安徽市场的全面覆盖。古井贡酒的产品定位在中高端大众消费，通过"三通"工程，古井贡酒做到了产品规模和品牌效应的最大化。在安徽北部市场亳州、淮北、蚌埠等多个城市，古井贡酒的市场占有率位居前两名。"三通"工程初期成功后，继续对省会合肥和安徽南部城市进行扩张，通过这样一步步扩张，古井贡酒成为安徽省内的白酒龙头。

"三通"工程在安徽的成功，为公司的省外扩张提供了模板。2018年公司开始战略调整，公司管理层有了新的目标：继续巩固安徽市场优势，不断开拓河南市场，集聚该地区市场潜力，谋划战略节点市场布局。

河南市场消费能力很强，但地方酒实力偏弱。古井贡酒将成功的经营模式导入河南市场，在扩张上沿用"三通"工程。通过公司主打产品年份原浆，在河南的市场占有率一步步明显提高，这些年在河南的销售额早已超过了10亿元，河南是安徽省外最大的市场。这样的成功就是原有渠道成功模式的不断复制。

在邻省湖北市场，古井贡酒成功并购黄鹤楼酒业，这也使得公司在省外市场的渠道拓展上更进了一步。结合黄鹤楼酒在湖北市场的影响力，古井贡酒提出了"双品牌、双百亿"的目标。不仅仅只发展黄鹤楼酒，也发展古井贡酒。

在具体经营上，古井贡酒派驻高管团队接管黄鹤楼酒业，在经营上提出五年营收翻两番的目标。在品牌上加大了黄鹤楼酒业在湖北市场的广告投放，在高铁站、高速公路和媒体上大力度推广。在产品上聚焦陈香系列，实行大清香工程。在渠道上既有原来黄鹤楼酒业的经销模式，还引进古井贡酒的"三通"工程。同时，古井贡酒与黄鹤楼酒业共享渠道，黄鹤楼酒业产品可以进驻安徽，古井贡酒也可以进驻湖北。

可以看到古井贡酒的渠道拓展非常清晰。首先是在安徽市场里摸索出一套盈利能力非常强的"三通"工程模式，不断复制辐射到安徽省内所有的地方。当这种渠道扩张完成之后，在其他的市场里继续进行"三通"工程。在面对省外大市场时，因为有了安徽省内的成功经营经验，在河南和湖北的市场里自然容易扩张。

渠道拓展成功的因素有哪些呢？公司的主业能够源源不断地为公司创造出强大的现金流，是支持公司未来开拓新领域的基础。新的领域能够跟公司当前的主业有很好的协同,这样拓展起来成功率才会大。

那么接下来的问题就是,公司面临的渠道很多,公司也会不断地开发出新的产品、新的技术和新的品牌,如何才能跟渠道相辅相成,提升公司的业绩呢?

1. 新产品在原渠道拓展

在分析公司的过程中,我们总能发现很多公司不时会有新的产品问世。这些新产品未来的销量决定着公司未来的发展规模。但投资者很容易陷入的幻想是新产品成功了会给公司收入带来多少增量,却很容易忘记,这些新增的收入需要脚踏实地销售才能获得。怎样考察一家公司新产品是否能够快速卖出,占领更多的消费市场呢?

公司的一款新产品出来了,如何才能更好地卖出去呢?刚开始肯定是卖给原客户最省力,同时风险不大。卖给原客户意味着新产品投放首先是从公司已经存在的渠道开始的,然后逐步往其他渠道上发展。

如果公司的新产品需要建立一个新的渠道进行销售,那么前期肯定是非常困难的。市场的选择、客户的培养、产品的推广,这些无异于新开一家公司。根本没用上公司的很多现有资源,新产品很可能无法适应这个渠道,导致出现失败。

新产品在原渠道进行拓展,古井贡酒和黄鹤楼酒业的渠道互补就是很好的例子。如果新产品利用的是公司原有的品牌,那拓展的速度是非常快的。

2. 品牌在原渠道上拓展

最好的拓展方式就是新产品卖给老客户,这样扩张起来是最安全的。当公司与客户建立起非常强大的联系之后,老客户对新产品尝试的积极性就比较大,新产品甚至是和老客户的某些需求互补的。

既然新产品要在老产品的渠道上进行发展,再加上品牌跟原产品相得益彰,而不是形同陌路，客户看到公司的品牌，认识到是公司的新产品，以过去对公司的了解，进而更增强对新产品的接受度。如果新产品用的是同一品牌，公司可以省去大部分的宣传费用和渠道拓展费用。

在格力空调的专卖店里，卖些格力的新产品还可以，卖一个新的品牌原客户的认可度就低了。所以，发展格力品牌的新产品是非常容易的。

3. 新产品在不同渠道的拓展

有些新产品适用不了原有渠道，像新药这块。可能一家生产伟哥的公司能够发明一款抗癌药，一个是通过药店销售的，一个是通过医院销售的。自然跟原有的使用者一点都不搭，这时候就需要在新的渠道上下功夫。

大部分公司研发出的新产品都是依靠原有的渠道打开市场，当新产品能够产生现金流时，才会进一步去别的渠道扩张。如果新产品一开始就去开辟新市场，只能通过原有业务赚取现金流，作为扩张的支持。这对公司的现金管理提出很高的要求，大部分公司的现金流只能应付日常的经营活动，很难有充足的现金去支持新业务扩张。这就要求公司原业务赚取现金的能力是很强的，或者在资本市场融资的能力很强。

云南白药始创于1902年，由云南江川著名中医曲焕章创制。刚开始经营的是一些秘制配方的医药，支撑了云南白药近80年的增长，一步步从一个地方性的药企走向了全国，云南白药这个品牌成功地在国人面前开枝散叶。当主业的发展扩张到全国、增速开始变慢的时候，2005年云南白药牙膏横空出世，在中国的牙膏市场掀起了一场史无前例的风暴。这支名叫云南白药的牙膏，用的是云南白药的品牌，但跟原来的业务关系不大。

自从云南白药牙膏问世以来，质疑声就不断，市场对云南白药牙膏的前景很担忧。市场的竞争者非常强大。彼时中国的牙膏市场竞争非常激烈,处于一个高度垄断的地步。以高露洁、佳洁士为代表的外资品牌牢牢把持第一阵营,市场份额超过2/3。市场排名前10位的牙膏品牌已占据了市场90%的份额。

但这些牙膏背后多是外国资本,做起来已经非常强大。云南白药以前根本没有做过牙膏,在这块竞争上市场根本就不看好。加上牙膏的定价很高,争夺的市场也是最为激烈的,在一些人看来无异于以卵击石。

但到了2007年,云南白药用两年的时间,通过在产品品牌和渠道上的扩张,成功使销售额挤进全国牙膏市场的前10名,也是民族品牌的第一名。这是一个非常不错的成就,云南白药在短时间完成得非常漂亮。

其实最让人担心的就是云南白药在牙膏市场的"门外汉"身份,除了品牌,什么都要重新做起。因为原来医药行业的渠道很难拓展牙膏,这两种产品的属性不一样,针对的客户也不相同。

第一次进入日化领域,在渠道、终端和销售团队、营销等具体操作上,都需要公司重新打磨。面对佳洁士、高露洁等牙膏,几乎是从零开始。今天的云南白药牙膏成为民族品牌中一个比较响亮的名号,成为广大公司转型的标杆,特别是对药企寻求新市场空间来说。

但新产品的扩张更多的是失败,成功的公司寥寥无几,这也是商业的必然。新产品在不同渠道上扩张,如果新产品没有利用公司的品牌,那无异于重新开一家公司。相比新产品在已有渠道上的扩张,或者老产品开辟新渠道,新产品这样发展是很难的,与公司已有的优势根本没有连接起来。成功的概率低,吃力不讨好,花费大量的现金达到的效果非常不满意。

3.4.2 技术上的拓展

科技是第一生产力,当前大国的竞争很重要的就是技术的竞争,对于科技类公司这可能是生存之本。对于移动通信行业来说,在3G往4G跃迁时华为在以前悄无声息,突然间领先一步,成为世界级高科技公司。随后公司抓住了从桌面互联网向移动互联网的演变,进一步对科技进行升级,成功实现5G的绝对领先。

科技公司不得不面对的现实是,前期做得成功的公司后期淘汰的可能性很大。前期做得好的公司主要是被原有的利益绑架,没办法进行跃迁,成为新行业的领头羊。在固定通信时代,日本是全球最领先的,东京最具象征意义的标杆是街上随处可见的电话亭。可是4G和5G日本并没有在全球取得很好的领先,最好的公司也仅仅在第二梯队。

所以,对于任何一个公司来说,技术变革快反而对公司的发展不是好事。有的公司产品护城河挖了很久,市场空间很大。可是技术变革太快,直接将这些护城河全部填平。最典型的行业就是电子、通信和半导体,最典型的产品就是电视机。电视技术总是在变,以前是CRT技术,后来变成DLP,再后来是LCD、等离子、LED。后期还有3D、4D甚至更多,搞不好未来电视会消失。这样的技术变迁频率是每三年一次,生产电视的公司很辛苦。既要技术迭代,又要更新生产线,花大钱赚小利。一旦技术落后,下一次的技术变革中,公司就可能被淘汰。

所以,技术更新慢的消费类、靠品牌取胜的公司,对于普通投资者来说分析起来更为简单。一旦技术迭代太快,产品之间的竞争就会加大。后期能取胜的公司赢家通吃,这对于普通投资者来说是不好分析的。

3.4.3 连接能力

建立护城河和拓宽护城河,可以在产品领先程度、成本、品牌和渠道等上面下大功夫。这就好比公司的每道护城河都是条连线,两端连着产品和客户。中间的连线(护城河)越多,产品和客户之间的黏性越强。

随着连接的线越来越多,连接的维度就会越多,自然量变会引起质变。这也给我们在寻找值得投资的公司时一些提示,分析公司其实分析的是这个公司的产品、上下游、渠道,以及衍生的商业模式、竞争环境。也就意味着公司是一个整体,各部分的护城河并不是独立存在的,相互促进才是最好的。

分析护城河,找出这些护城河关系的优缺点,继而发现哪一点会出现异动,影响公司的业绩。同时护城河维度多了,公司可以在经营上做更多选择,每一条连线都可能衍生出一个很好的商业模式。

连接点如果韧性强,岂不是更能增加客户吸引力。这就需要公司管理层做出积极应对,在护城河上进行竞争性垄断。在每个护城河因素上继续加强,让护城河之间增加更多协同效应。

3.5　护城河的延伸——进化力

认识了护城河是连接的维度,也知道了搭建于产品和客户的连接点要多,这样产品才能更好地直达到客户那里。连接点多当然很好,如果哪个连接点再能够延伸出新的产品或者新的商业模式,这岂不是更能增加公司的业绩。

护城河的延伸如何体现呢? 也就是单个护城河因素怎样才能催生出新业务。这就需要公司依据客户的需求不断进行调整,不断优化各条护城河,寻找机会。随着时代发展的公司,才能活下去。物竞天择,适者生存。公司有很好的进化力,才能保证公司不断壮大。

在《从优秀到卓越》这本书中，作者就用了一个非常形象的物体比喻公司的进化力——飞轮效应。飞轮从静止到转动的过程，是很需要力气的，而且非常慢。这就是公司刚开始的状态，从几乎什么都没有，就有点技术、有点资金开始，慢慢转动公司经营扩张。

但是越往后，飞轮转动所需要的力气越少，转速也越快。如果把公司比喻成一个飞轮，那么每一次的转动就是产品、渠道和品牌的成功加持。到最后形成一套强大的体系，来用最小的力气运转这座飞轮。

当飞轮遇到外力（逆风）和自身问题（机械故障）时，能够根据情况做出比较优化的调整，使自己始终能运转下去。公司也是如此，每次扩张都会遇到阻力，每次市场需求的改变都是对公司的一种考验。公司如何适应，关键在于自身的进化力。

在研究飞轮效应中，最著名的还是对亚马逊经营的分析。在2004年亚马逊的核心业务主要有三项：第三方卖家平台、会员业务以及AWS云服务。这三项业务是亚马逊通过多年经营，自然诞生出来的业务，协同效应非常强。

最初亚马逊选择的是图书市场，运用的是通过邮件接收订单，根据订单进货，然后再通过邮政体系将图书寄给读者的运营模式。这样的运营在创业之初还是很成功的，比传统图书销售有很大的优势。但消费者越来越倾向于在网站上进行交易，在1995年7月亚马逊网站正式上线。这一经营模式让亚马逊摸到了电子商务的大门，也得到了消费者的广泛好评。

随着竞争对手的加入，亚马逊网站建立了评论板块，同时建立各种渠道，让读者和作者们进行广泛交流。这样的改变，让亚马逊网站不再是单纯的购书网站，形成了一个聚集了书友、作家的互动社区，成为一个有网络效应的社区。这种社区一旦形成规模，将会有强大的吸引力。正是依靠这样的社区交流，亚马逊网站成功地在竞争中突围。

可是越来越多的传统书店进入电子商务领域，社区评论只能抵挡一时。1999年，亚马逊网站开始拓展业务，进行图书之外的商品销售，成功转型为网购平台。将以前开发用于销售图书的网站开放给商户和个体经营者，允许它们在上面出售商品。亚马逊对其收取一定的费用和交易提成，这样的经营模式再一次吸引更多的卖家和买家进驻亚马逊网站。随着亚马逊网站里的商品越来越多，定期收取的费用和佣金成为亚马逊源源不断的现金流，这块业务对亚马逊很重要。

网购平台在国内就有很多：淘宝、京东、拼多多等。这些公司需要更多的买方流量，公司才能更好地增长。在获取买方客户上，亚马逊推出物美价廉的Prime会员，为亚马逊带来了巨大的流量。2018年，亚马逊Prime会员超过1亿人，亚马逊Prime会员平均在亚马逊消费1 400美元，非会员则消费不到其一半，只有600美元。我们需要着重介绍亚马逊的Prime会员业务。

在Prime会员业务还没有出现前，物流配送成为当时网购的一个痛点。亚马逊能达到的物流服务功能是：3日送达每单9.48美元，2日送达每单16.48美元。公司开始推出一种订阅服务，每年订阅费79美元，提供3日送达服务，并且不设任何包邮门槛。如果客户一年平均下来小于9单物流，那么物流费就能被Prime会员业务覆盖。但是这个风险非常大，因为Prime会员有比平常用户多下单的冲动。

这个时候公司的管理层能力就体现出来了，部分管理层一算账，物流成本可能会使公司严重入不敷出。而贝索斯想到的是如果Prime会员业务发展很好，那么这项业务的需求会大增。更多的Prime会员续费，可以建立更多的物流中心，使得物流成本越来越便宜。

当亚马逊不断地用Prime会员来获取大量客户的时候，更多的商家就会来入驻开店，可供挑选的商品会越来越多，形成一个强大的竞争优势。亚马逊可以让客户挑选性价比更好的商品，更加吸引客户留驻。同时亚马逊自营的产品比商户卖得低，Prime会员有时享有20%优惠。商户要想竞争就需要降低成本，要想降低成本就很容易进入亚马逊的另外一套设计。也就是说Prime会员、Prime物流和网购平台是相互促进的，亚马逊是在一项业务能正常贡献现金流时，便开始进行新业务发展。新业务的发展反过来能促进原业务的规模扩大，使得公司整体进入一个正循环，形成"飞轮效应"。

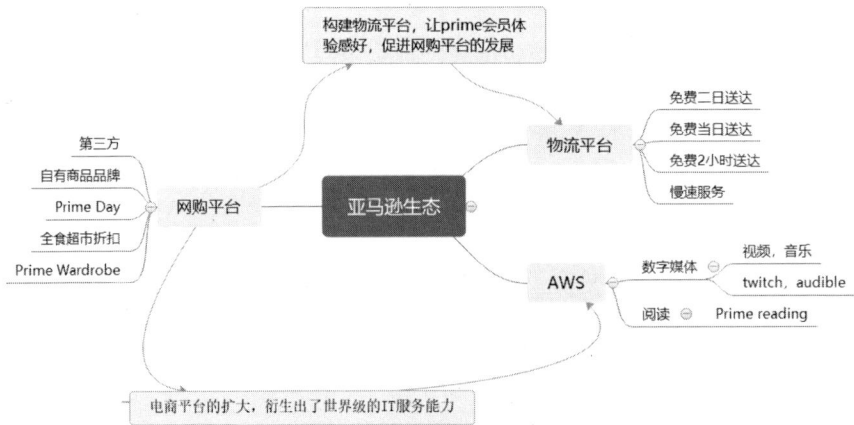

图3-7　亚马逊生态业务图

如图3-7所示，在业务扩大化过程中，亚马逊衍生出了世界级的IT服务能力，获得了云计算这个全新业务增长引擎。云计算的诞生跟prime会员增长、网购平台的扩大息息相关。为了保证网购交易的顺利进行，需要投入大量的IT资源，需要计算力。可是电商用户在交易时间上是不平衡的,IT资源必须按照最高峰时刻进行配置。在其余的时间里,资源是闲置的。公司为了提高资源的利用率,肯定会把闲置资源租出去,供这个时段需要的人使用,于是诞生了AWS云服务。

不过亚马逊很快发现,AWS云服务甚至比网购平台带来的利润还要多。同时利用这个技术,亚马逊开发了很多新的业务,例如Amazon go无人商店、智能音箱等,将来还会有更多的业务出现在AWS上。

初期网购平台的利润被用来建设AWS云服务,AWS云服务业务很快发展起来,并成为新的利润流来源。这就是又一轮的飞轮效应,形成了一个非常好的正循环。刚开始建立新的业务,需要克服巨大的阻力,甚至需要持续亏损投入。撑过去了,新的业务建立起来,会在给自己带来盈利的同时,促进原业务的发展。

当然在这个过程中,亚马逊的管理层非常重要,是这些业务最重要的推手。没有贝索斯,亚马逊不会这样大体量发展。亚马逊每年的致股东信后面,都附上了1997年的第一封致股东的信。主要内容如下:

(1)股东价值是我们扩展和巩固现有市场领先地位的直接结果;

(2)我们将继续基于长远市场领导地位的考虑作出投资决策,而不是短期的盈利考虑或短期华尔街的反应;

(3)从一开始,我们就专注于为客户提供极具吸引力的价值;

(4)我们一直致力于改善购物体验……我们大幅降低了价格,进一步提升客户价值。口碑仍然是我们拥有的最强大的客户获取工具……重复购买和口碑的结合使亚马逊成为在线图书销售的市场领导者。

3.6 护城河需要投入

我们分析了产品的护城河和非产品的护城河, 也分析了导致公司护城河形成的本质——连接维度和公司的进化力。公司的进化力越强, 整体的竞争优势就越强。不过进化力需要实实在在的金钱投入, 不是管理层一个想法就可以的。如果不能持续投入, 护城河随着竞争和时间会慢慢变小。所以公司的持续创新和研发投入, 是能不能在未来扩大规模的主要影响因素。

在本书第三部分会讲到, 公司要解决的问题有两个: (1) 短期内公司如何在赚取更大利润 (现金流) 和维护产品市场份额上下功夫; (2) 长期内公司如何能加强自身的竞争优势, 使公司的规模不断扩大。

公司每年的资本支出为的就是在长期竞争压力下, 能够夺取更多的市场份额, 取得优势。可以这么说, 短期的经营目的就是维持原有的护城河; 长期资本支出的目的是更好地加强和延伸护城河, 以便在每道护城河末端都有新的业务和商业模式出现。

如果公司不再投入资本, 要不公司的产品已做到行业的极致, 要不公司的护城河会衰减。没有什么与生俱来的护城河, 70%不断的努力+20%时代的发展趋势+10%的好运气, 才是公司拥有强大护城河的本质。

3.7　牛股基因组合

从护城河的论述上，我们得出一个结论：公司竞争优势因素越多，即促成牛股的基因越多，自然成为牛股的概率就越大，我称为牛股基因组合。

在一个公司刚起步的时候，最重要的是能在这个行业里活下来。此时必须专注自己的业务，在主业上下一番功夫，将业务做到"人无我有"或者"人有我优"的境界。达到这种状态，在产品层面上很大一部分得归功于公司的无形资产：品牌、专利和自主定价权。差异化是前期公司立足的基础。

在主业没办法形成全面竞争优势的情况下，一定要有一项有很强的竞争力。这个时候考验的就是管理层聚焦主业的能力，动用公司资源最大化扩张主业的同时，要积累更多公司的竞争优势（护城河）。

当一个公司在市场上能够稳定赚钱时，就必须在有储备的产品的情况下开始加大研发投入。形成的格局是公司的主业发展非常稳定，能够产生比较不错的现金流。此时公司要未雨绸缪，在扩张主业产能的同时，将一部分现金流拿出来研究新的产品。经营节奏很重要，什么阶段集中干的事情是不一样的。但一定要注意，每项业务都需要构建强大的护城河，公司的整体也要构建强大的护城河。

要是公司不断成长，需要关注其护城河的加固和进化力的提升。而进化力取决于公司接触的资源是否很广，重要的是它与什么相关联。这两方面的典型代表有：贵州茅台，其护城河很强，可是进化能力不强；腾讯，护城河很强，进化能力也很强。公司有了强有力的护城河，再加高效的进化力，这样的公司未来增长潜力是巨大的。

　　另外一个例子是美的，做电饭煲、电风扇起家。然后开始做电冰箱、空调和洗衣机，大获成功，公司这三大白色家电在国内的市场占用率都是前三名。近年来产品线不断延伸，包括微波炉、饮水机、电暖器、洗碗机、电磁炉、热水器、灶具、消毒柜等，在每一个细分领域里市场占有率都名列前茅。2016年是美的跳跃性进化的重要一年，三月份美的收购了东芝所持白色家电业务80.1%股权。美的获得了东芝品牌40年全球授权，以及超过5 000项家电相关专利，还有东芝家电在日本、中国、东南亚的市场、渠道和制造基地。美的全球化获得重大进展。而后，美的又要约收购德国库卡机器人公司，一举跻身于世界最重要的机器人制造公司之列，股价屡创新高。做这种进化能力很强的公司的股东是很幸福的，这种公司总能不断超越自己，不断带来惊喜。

第 4 章

估值的力量

————————●————————————●————————

　　通过前面的叙述我们清楚了，只要产品的供需关系朝着好的方向发展，那么公司的业绩增长是有保障的。可是这又给我们出了一道难题：在具体的操作过程中，我们怎么做才能清楚这个公司产品的供需状态呢？通过查询搜索什么内容才能把握公司的业绩增长呢？如果空有理论，没办法落到实践上，到最后可能会成为一个什么都懂，但是炒股就是不行的股民。这样的人我相信在你身边很多，就是因为他们只在理论上下功夫，动手能力不行。所以我们要打破这种尴尬的局面，做一个勤奋的投资者。

账面价值是公司可以用货币计量的资源，市场价值是投资者给公司的实时定价。由于公司的有些资源无法用货币进行计量，加上市场价值或多或少掺杂着投机，使得账面价值与市场价值的关系变得很模糊。如果将那些不可计量的资源当作"经济价值"，那么市场价值可以认为是账面价值、经济价值和投机价值之和，即：

市场价值=账面价值+经济价值+投机价值

市场是聪明的，用特定的估值系统来解决每个公司经济价值与投机价值的无法计量性。每家公司的经济价值各有不同，对每只股票的投机程度也呈现出很大的不同。所以说，最终反映出来的是每家公司的估值都是独一无二的，在每个时段都呈现不同的估值区间。对估值的衡量方式大众接受的是市盈率和市净率，虽然没有现有的内在价值理论那样准确，但是运用起来很便利。

市盈率=市场价值/净利润

市净率=市场价值/净资产

从市盈率和市净率的公式可以看到，传统的估值侧重于衡量市场价值与部分账面价值（还有部分账面价值因为无法用货币计量不在资产负债表里）。因此这样的估值方法并不是十分完善，至少不能准确反映公司真实的价值与账面价值的差距。

投资总体来说是一个艺术与技术相结合的活，一个个确定的数字后面的逻辑才是最重要的投资基础。绝对不能看见数值高就认为不合理，而是要想到数值高到底意味着什么？这样的估值方法缺陷还是很大的，不仅仅是在衡量真实价值上不准确，更在于其未曾考虑公司风险的问题。

4.1 估值的缺陷

从估值公式上看原理其实很简单，估值的作用更多是方便衡量公司的价值。最难的是如何理解其背后的逻辑，不能看见估值显示很高就认为市场定价就高。这是我们在对公司进行分析时要认清楚的事，看似好用的估值系统并非那么准确。通过深入分析市盈率与市净率这两个指标会发现它们有很多缺点，投资者真正运用时如果没有清楚其缺点很容易造成对公司价值的错误判断，造成很大的损失，错过很多的机会。

4.1.1 内在价值难确定

通过认真地去分析市盈率和市净率这两个估值指标后发现，其影响的因素有：市场价值、净利润和净资产。这里并没有公司内在价值。事实上不管是何种形式的估值系统，最终的结果都是对内在价值的预测。想要准确知道内在价值根本不行，市净率和市盈率的公式根本就没涉及内在价值。更让人惊讶的是，内在价值是一个不断变动的价值，不是恒定的。

这就面临一个尴尬的局面，估值估的是公司的内在价值，但是经常运用的估值体系说的却是一部分账面价值跟市场价值两者之间的关系。这就造成了一种错觉：明明投资者是要去揭开内在价值的面纱，到最后却不自主地研究起了波动很大的市场价值。虽然市场价值是内在价值的一部分，不过这样的估值方式实在难以跟内在价值扯上很大的关系。

最接近事实真相的是内在价值也与市场价值一样，波动频率很高。在一段时间内一旦公司出现经营的一个小小改变，内在价值可能会出现很大的变化。内在价值并不是处于一个不变的状态，所以说对其运用任何估值体系都是一种预测，现实是压根就不能准确计算。

通过市盈率和市净率我们很容易就知道市场价值跟账面价值存在的关系，但这样的关系其比值到底是高是低，是不是处于一个合理区间，是每个成功的投资者都要知道的。有时候高估的公司值得投资，低估的却不能下手。

既然根本就无法知道公司的内在价值，那么我们退而求其次选择市盈率、市净率的衡量方法，根据市场价值和账面价值的关系来确定投资。这里我们假设的前提有三个：

(1)市场价值在一定程度上反映内在价值，即两者正相关；

(2)业绩影响账面价值，也是主导市场价值的主要因素；

(3)估值的高低反映对公司的看好与看空。

这样我们得到一个近似的公式：市场估值=K×内在价值（K是一个变量，每个公司K值不一样）。只要公司在未来账面价值能够提升，市场价值就会在一定的时间内反映这个结果。所以分析估值，其本质是分析公司在未来的赚钱能力。未来赚钱能力代表的是公司经营的能力，即收入与利润的双增长。

4.1.2　净利润容易被调节

以市盈率为估值标准很容易导致净利润不能完全反映公司的正常经营。净利润作为分母很容易受到扰动，这些扰动有大有小，这也就造成了市盈率的起起伏伏，没办法准确定下来到底多少的市盈率是高估与低估的分界线。有些公司某一年在市盈率高达50倍的情形下出现大幅度上涨，上涨很多后市盈率居然降低为

20倍以下。有些公司某一年的市盈率相当低,经过几年的股价下跌,市盈率反而上升到了100倍左右。这主要就是净利润的变动带来的巨大影响。

净利润是公司在一个会计期间内,有计划调节产能的结果。这个过程受到的影响非常多,例如说加大市场投放,那么利润就减少;加大广告宣传力度,利润减少;接受大量的客户订单,利润增多。所以说,公司经营的每一个阶段呈现的净利润都会有所不同。

在公司想要扩大发展时,可能会将过去形成的净利润进一步投入新产能中。公司的收入规模不断扩大,净利润反而停滞不前,这样的业绩状态下市盈率会长期处于高位(股价不怎么变化的前提下)。当经营到了成熟期时公司的扩张没有什么具体方向,利润最大化成了公司经营的重中之重,此时市盈率会比扩张期的市盈率低很多。一旦公司亏损则难以用市盈率来进行评估,一个负的市盈率可不代表公司没有什么价值。这是从净利润大的方面—— 依托于公司业绩释放周期,市盈率表现出来的不同。也说明了公司的净利润在周期的转换下会呈现出多样性,即便过去持续几年业绩都非常优秀,也不能说明其未来盈利能力会跟过去一样。

在小的方面净利润受到的扰动更是频繁。首先,投资性业务容易影响公司的经营利润。一笔长期股权投资产生的投资收益在牛市中可能会是公司当年利润的一半以上(上市公司持有可变现的公司股份)。但是这样的利润并不能持续,总会大起大落。其次,营业外收支这种"偶然性收益"会产生很多的误导,使得真实的净利润无法有效呈现出来。所以说,利润表内短期科目的变动对净利润的影响也很大,这也是投资者要注意的。

4.1.3 估值在自然界并不存在

早期的证券市场里,市盈率这个概念根本就不存在,市盈率是20世纪人为定义出来的。市盈率衡量的是公司在市场上的定价与公司真实创造利润之间的关系。如果读者仔细分析,可以知道这两者的比值并不能表示其大小关系。两种事物的比较最好在同一维度上,这样才能比较出大小,就像两条直线长度的比较,但如果把长和高进行比较就没有那么多直观的意义了,市场定价和公司的利润这两者的关系就像长和高的关系,有一定的关系,但是直接来比较得出哪家公司便宜的结论不是很可靠。

在这样一个不存在的估值被人为创造出来之后,投资者过分去关注显然有点南辕北辙。最好的估值办法是:先确定公司当前的状态和未来的态势会如何,然后看现在这样的价格自己能不能接受。可能会考虑市场的牛熊,个股历史涨幅,但是对公司便不便宜的判断,投资者要经过时间的积累,不是简单看数字。

4.2 认识个股估值

常见的估值是市盈率和市净率,用得最多的是市盈率。市盈率(PE)代表的是公司在某个时点上确定性的市值与某一计量标准下的净利润之间的比值。按照不同的净利润计量标准,可将市盈率分为三种:

静态市盈率:现在的市值与过去一个会计年度公司净利润的比值。

动态市盈率:现在的市值与过去连续四个季度公司净利润总和的比值。

预测市盈率:现在的市值与投资人预测未来四个季度公司净利润的比值。

这三种市盈率主要是依据投资者的不同需求和喜好确定的,没有谁占据着绝对主导的地位，且每种都有利有弊。不过现实当中动态市盈率是投资者用得比较多的，或者预测市盈率。本章无特别说明外，市盈率以动态市盈率为主。市盈率（PE）等于30，代表公司现在的市值与过去连续四个季度赚取净利润总和的比值为30。如公司最近12个月赚取的净利润为1亿元，公司当前的市值是30亿元。也可以理解为在当前状态下，公司需要经营30年的时间才可以赚取跟公司市值一样的累计利润。市盈率最主要的意义在于揭示公司过去赚取利润的能力与现在市场定价之间的关系。

在这里我们可以看到的是市盈率与公司的盈利能力没有什么必然的关系，也可以看到市盈率与市场对公司定价也无一定的关联，只是三者有一个确定性的恒等式。公司的盈利能力可以每年都在波动，市盈率每年的波动甚至更大。这两者的波动中我们能够把握住的是公司的盈利能力，所以对公司盈利能力的考察则成为投资的重中之重。

从市盈率的介绍来看，正确看待估值首先就需要考虑市场价值和公司利润之间的关系。市场价值是确定的，今天是100亿元的市值就是100亿元。利润的变化才是估值走向的决定因素，利润最大的特点在于受到多重因素的影响。

利润的隐藏是公司估值虚高的一个重要原因，而且很多好公司存在这一现象。如果能准确甄别，对投资者来说可能非常有利。尽管估值高了，但如果抓住利润隐藏最大的公司，那么后期获得的收益是非常高的。隐藏利润的办法有很多，投资者需要细心甄别，这里介绍几种隐藏利润幅度比较大的情况。

4.2.1 规模化公司碰上涨价

2018年初的猪周期叠加非洲猪瘟的影响，让A股中生猪养殖公司股价大幅度上涨。但是看市盈率我们会感到很惊讶，正邦科技的市盈率在1 000倍，生猪养殖龙头公司牧原股份市盈率达到200倍, 创业板龙头温氏股份的市盈率在60倍。市盈率的高企并没有阻止股价的上涨, 这是为什么呢?

我们假设牧原股份2018年的生猪出栏数为1 000万头, 如果没有出现猪瘟或者猪周期, 此时的价格正好能保证牧原股份经营上的盈亏平衡。也就是说在影响猪价因素没有发生时, 公司不赚也不亏。

当猪周期或者猪瘟来临时, 猪肉的价格开始急速往上涨。猪价上涨的预期和现实已经形成, 市场上认为猪肉价格在未来一段时间的上涨是完全确定的。那么对于规模化公司来说, 在市场上的份额没有锐减的情况下, 成本和费用在产品价格的上涨过程当中变化是很小的。此时产品涨价多少, 对应的涨价金额和销量就是公司纯粹赚到手的。图4-1展示了猪周期的发生历程及影响因素。

图4-1 猪周期的发生历程及影响因素

这就是规模化公司的优势, 这种现象也存在于周期股里面。公司的产品一旦涨价, 公司利润的提升是非常迅速的。而投资者只能依靠过去的数据进行估值, 没有看到也无法确认新的变化导致公司盈利出现的大变动。此时停留在账面的估值已经很高了，但实际上估值却很低。

4.2.2　研发支出费用化

利润其实本质上是公司在一个会计期间内的收支结果。收入和支出的变动都是管理层经营演变的结果，不同的经营战略引起的收支结果会出现很大的不同。如果公司的支出很大，导致公司的利润为0或者利润是负的，并不代表公司的盈利出现问题。那么怎么去考虑这样的情况呢？

首先看公司的业务在市场中有没有竞争力。如果公司的业务在市场中没有多大的竞争力，那么必然要多花钱去获取市场份额。此时公司成长很被动，规模的扩大靠的是不断花钱进行维持，自己的盈余根本就不够。

这样没有竞争力又赚不到钱的公司，即使估值再低，也不能投资。搞不好竞争对手一旦加强竞争，公司的市场份额就出现快速下滑，利润变为大幅度亏损。此时再说公司的估值很低已经没有意义，投资切不可买入那些没有竞争力的公司。

如果公司的开支是为了未来的高速增长，培养出更有竞争力的产品呢？这个时候的估值高企可能就会骗到投资者。假如有一个大型超市，每年的收入是1亿元，开支总和是6 000万元，一年下来最后的利润是4 000万元。公司在年初做了一个决策：在另一个相当的城市里进行扩张，争取一年后正常营业。开一个新的超市的总支出在5 000万元，那么今年公司的利润就变成了-1 000万元。

现在的问题很复杂，公司到底今年有没有赚钱？如果把两个超市看成一个整体，公司当年是亏损1 000万元的。如果看成独立的两个超市，那么原超市是赚钱的，新超市后期也会赚钱。也就意味着，现在的亏损主要是大量投入造成的，但这样的投入在未来会取得很好的盈利。当把开新超市的费用换成公司的研发支出，就自然能理解公司利润很低但估值很高的现象了。

可以看到的是这些研发支出（新店成本）全部费用化了，没有进入资产里，所以非常影响当期的净利润。亚马逊过去20年的经营就是依据这样的逻辑展开的，不断扩大市场，赚到的钱全部进行新产品的研发，产生的支出全部费用化，导致公司的利润几乎为0。这个时候如果用市盈率去看亚马逊，几乎不能买。市盈率都在100倍之上，但亚马逊的竞争力在一步步提升，股价在不断创下新高。

研发的目的是使公司的产品在未来更有竞争力，拓展更多市场。所以这样的支出最终会完全体现在收入规模的提升上面，亚马逊正是靠研发使得自己的规模逐渐扩大。这样的好处在于彻底地甩开行业中所有的公司，成为行业第一，形成绝对的垄断，赚取行业大部分的利润。

A股当中也有这样优秀的公司，作为医药生产龙头，恒瑞医药就采取这样的策略。研发与创新是医药行业的永恒主题，恒瑞医药长期专注药品研发，在仿制药与创新药领域均取得里程碑式的研发成果，是国内研发实力最强药企。2018年，恒瑞医药投入研发26亿元，占收入的比例为15.33%，进一步提高。如图4-2所示，很长时间里，研发费用都约占管理费用的一半，可见力度之大。

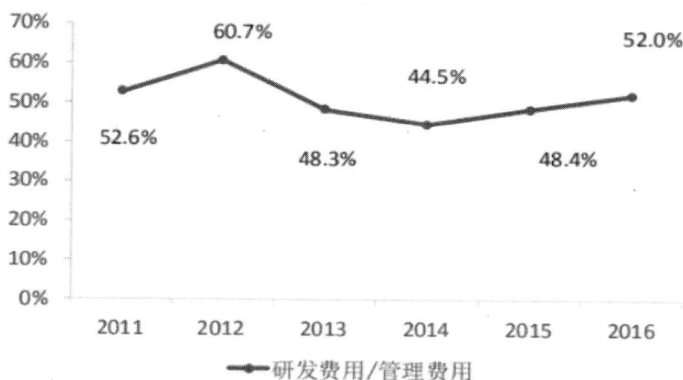

图4-2　恒瑞医药2011—2016年研发费用占比情况

恒瑞医药多年来一直将研发投入全部费用化，未做资本化处理。在这一点上非常值得肯定，这是公司产生高溢价的主要原因。试想如果公司研发成功一种新药，未来的增长空间肯定很大，且领先优势正在逐步扩大，强者恒强效应在逐步凸显。但公司构建的成本在研发阶段全部费用化了，后期也就剩一点固定资产。如果将这些费用化的项目，按照实现的程度资本化，那么很有可能会增加公司的业绩（当期计入费用的金额变少）。比如说，A项目的研发在今年花了10亿元，按照成功的进度，公司将5亿元资本化，这样就有5个亿的利润释放。这是恒瑞医药估值很高的重要原因。现在的利润代表不了未来，也代表不了现在的盈利水平，自然这样的估值也是"失真"的。

4.2.3　财务调节

这是导致估值判断错误的一个重要原因，非经常性收益很干扰公司正常的盈利水平，尤其是一次性收益。一次性收益最大的特点是持续性不够，导致投资者不能准确看清楚公司的真实估值。如果公司正常盈利是2亿元，市盈率是20倍。突然之间公司获得了2亿元的一次性收益，那么市盈率此时变成了10倍。

2019年1月21日晚，电广传媒发布了2018年度业绩预告。预告显示，公司预计2018年实现净利润7 000万元至10 500万元，同比2017年扭亏为盈。公司解释称，这主要是因为公司整体收入规模有一定幅度增长，有线网络业务较上年同比减亏，同时子公司股权转让贡献较大的投资收益。

2018年，电广传媒先后转让了深圳市九指天下科技有限公司17.484%的股权、湖南圣特罗佩企业管理有限责任公司70%的股权及深圳市亿科思奇广告有限公司60%的股权等，获得较高的营业外收入。加上12月的卖油画事件，更是加深了投资者对一次性收益的理解程度。

电广传媒想将名画《愚公移山》卖出以避免股票被ST的命运，曾经是各大金融网站津津乐道的内容。最后，公司"为从根本上避免曲解与猜测"主动终止出售该艺术品。

每到年底，上市公司为了弥补亏损和让年报数据更为好看，各种招数层出不穷，可谓是无所不用其极。出售资产、调整会计准则、获得各种补贴成为上市公司年底提振业绩的主要方式。但是，投资者对于一些因上述方式而业绩大增的公司要保持警惕，毕竟这些都是一次性收益，而非主营业务景气导致的业绩增长，不具备持续性。

估算公司盈利能力，首先就是要排除掉这些一次性收益。所以我们在计算市盈率的时候，用的是扣非净利润，而不是净利润，目的就是为了排除一次性收益带来的影响。

4.2.4　公司亏损

那么对于还处于亏损的公司来说，用市盈率就不能很好地反映公司的估值情况。一家10亿元产能的公司最后的净利润是负的，显然不能用负的净利润去估值。怎么去理解这样的亏损呢？第一种情况是公司隐藏了利润，这当然不错；第二种情况是公司出现战略性失误或者无意识亏损，公司本身的经营还是不错；第三种就是公司实在不行，业绩上就是实实在在亏损。

面对亏损我们要分析不同的形成原因，投资者在运用市盈率时就有一个错误，没有结合公司的实际去看待市场的定价。难道负值就意味着市场给予公司的定价连一个小幅盈利的公司都不如？亏损了的公司就会贬值得那样迅速？显然不是，这就是市盈率衡量公司的弊端：当出现意外亏损或者主动性扩张亏损时，估值反映不出公司真实的经营状态。决定公司市值增长的是其竞争力，而不是估值。

4.3 真实的估值计算

从市盈率上我们可以看出公司的市场价值是明确的,问题出现在净利润的计算上。很多时候公司发布的净利润并不是我们分析时所要的"净利润",这就意味着我们要对公司发布的净利润进行一些调节,才能得到真正的"净利润",即扣非净利润。投资中所要的扣非净利润其实很苛刻,第一要真实,第二要持续。

4.3.1 收入的拆解

净利润的源头是在收入上,分析收入是基本面分析的重中之重。第一步就是要把收入给拆解了,分析收入和毛利具体是由哪些产品贡献的。假设一家公司的收入是10亿元,我们要清楚这些收入是哪些产品实现的,占比情况如何,毛利情况如何。知道了这些才能更清楚地衡量各产品的盈利能力。

而不是看见收入就整体分析,看看数据就可以了,到头来连公司的产品都不清楚是什么? 收入的拆解可以让我们更好地洞察公司业绩背后的驱动因素。

表4-1 亿纬锂能2018—2019年营业收入和毛利整体情况(单位: 亿元)

产 品	2018 年		2019 年		2018 年		2019 年	
	各产品收入	占营收比重	各产品收入	占营收比重	各产品毛利	占毛利比重	各产品毛利	占毛利比重
锂离子电池	31.51	72.42%	45.20	70.49%	5.56	53.82%	10.74	56.38%
锂原电池	12.00	27.58%	18.92	29.51%	4.77	46.18%	8.31	43.62%
合计	43.51	100.00%	64.12	100.00%	10.33	100.00%	19.05	100.00%

表4-1包括亿纬锂能各产品在2019年收入和毛利上的贡献程度。可以看到锂离子电池占整体业务的70%以上,毛利没有占据70%,只有50%左右。证明相对来

说，锂原电池的盈利能力比锂离子电池要好。

将公司的收入进行拆解后，就很直观地知道公司到底干了什么。有没有胡乱经营，不能在经营主业的时候，出现一些完全跟主业无关的副业。如果粗略去看，根本发现不了收入下面的各种坑。

更重要的是要对公司的新产品进行细致预判，这很可能是公司业绩增长的重要力量。同时对潜在的业务（在研产品）进行展望，关注其研发进度和上市时间。

4.3.2　核心利润

考察完收入，那么就要对利润进行拆解，并非所有的利润都很真实，都有持续性。我们要寻找的是业务产生的净利润，而非是那种临时补凑的净利润。非持续性的净利润主要来自以下方面：

（1）售卖长期资产。卖厂房、卖专利、卖生产线等，这些资产是公司最重要的生产资料。这些资产过时卖掉还可以，如果用途很大时卖出，会影响公司未来的业绩，厂房、生产线都卖了，还能生产产品获取利润吗？

（2）一次性收益。获得一笔意外的补助补贴、持续性不强的税收返还和减免。

（3）短期投资收益。

（4）资产（债务）重组产生的收益。

（5）以前的减值准备的转回。以前可能因为资产不值钱或者产品卖不出去导致出现的减值，现在这些风险没有了，将这部分减值转回。这些都是一次性的，不具备持久性。

（6）其他非经常性的损益。

不是公司核心业务获得的利润不具备持久性，我们需要的是公司的核心利润。核心利润越高，盈利能力越强，盈利质量越好。

图4-3是长安汽车2010年至2016年实现的利润总额及核心利润情况。我们发现长安汽车利润规模不断增加，2015年和2016年更是达到100亿元，7年间利润总额合计为354亿元，妥妥的绩优大蓝筹。但是大部分年份长安汽车的核心利润都是负的，8年间核心利润合计为−18亿元，也就是说长安汽车每年600亿元的营业收入不仅赚不到钱，还亏钱。

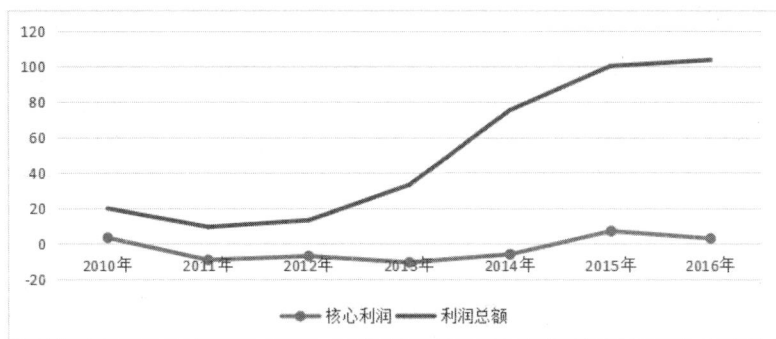

图4-3　长安汽车2010—2016年实现的利润总额及核心利润（单位：亿元）

那么长安汽车的利润来自哪里？来自下属企业长安福特和长安马自达的投资收益。长安汽车的投资收益如图4-4所示，7年间合计投资收益达到369亿元。这或许就是在蓝筹普涨的2017年，长安汽车股价一直没有涨的根本原因：核心利润没有起色，自主品牌汽车一直未能赚钱。

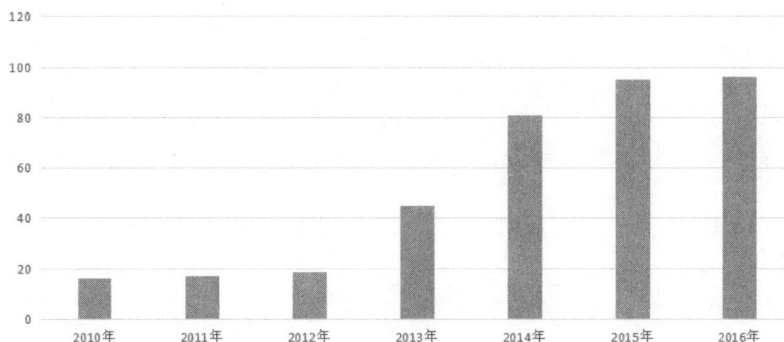

图4-4　长安汽车2010—2016年实现的投资收益（单位：亿元）

再如上汽集团，虽然公司的主要利润也来源于投资收益，即上汽大众、上汽通用等公司，但是上汽集团的核心利润一直很高（即使剔除上汽通用五菱这个占比50.1%的非标准并表子公司），如图4-5所示，核心利润占比一直在50%左右。这或许就是上汽集团股价迭创新高的原因。

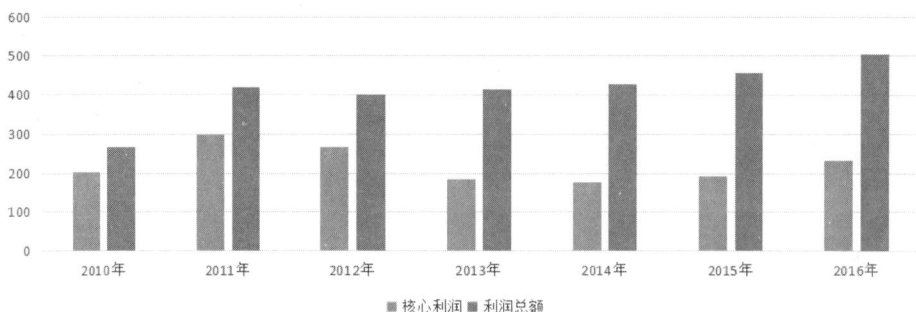

图4-5　上汽集团2010—2016年实现的利润总额及核心利润（单位：亿元）

4.3.3　利润的含金量

公司要想生存必须在利润、现金流和未来发展进行一定妥协，才能谈得上后期的发展。具体如下：

（1）牺牲利润赚取现金流；

（2）牺牲现金流赚取利润；

（3）现金流、利润两手都要赚；

（4）同时牺牲利润、现金流赚取未来发展。

在面对未来种种不确定因素时，公司管理层只能依据对未来的预判做出妥协，一般不能在利润和现金这两端同时收获。对未来的审时度势和正确的行动是公司长期生存的法宝。利润和现金流的配比是非常重要的，没有现金流的利润是虚的，公司很难持续经营下去。

考察利润的含金量就是将净利润与经营活动产生的净现金流进行比较，通过这个比值来判断利润的含金量，这个比值最好大于1。比值越大，加上这些现金流都是客户提前订购产品导致的，代表着公司的产品处于供不应求的状态。

如果比值很小，就不得不深入分析一下利润的真实性。一般情况下净利润小于经营活动产生的净现金流，业务很可能没办法及时地收回钱，会产生大量的应收账款。

4.3.4　还原应收预收

利润的含金量不足，其中最重要的原因就是公司有大量的应收账款。应收账款的增长速度过快，会产生大量的坏账。拖得越久，越收不回来。虽然账上还挂着这些货款，可明眼人知道这些货款很多是收不回来的。这个时候投资人就要谨慎对待应收账款，有非常大风险的要从净利润中排除掉。

假设公司去年的净利润是10亿元，应收账款余额是2亿元。其中有1亿元的应收账款拖欠时间很长，收不回来的风险非常大。这个时候要从净利润中剔除掉这些风险非常大的应收账款，调整后的净利润只有9亿元。

可以说应收账款越多越影响净利润的含金量，那些应收账款非常低的公司自然就很受人喜欢。比如说贵州茅台，这些年根本就没有应收账款，即使有，也就区区十几万，跟收入规模完全不成比例。

应收账款是拖了业绩的后腿，预收账款则是公司能够提前确认的收入。预收账款没有任何的风险，是客户想购买产品提前付的货款。公司只要安排生产，按时交货就可以，即使客户不想订购，直接退款就可以了。所以说，预收账款是公司的隐形收入，是公司未来业绩释放的依据。

假设公司的预收账款有2亿元，交货大致半年内就能完成，那么今年至少能确认2亿元的收入。净利润如果是20%，这4 000万元的净利润是完全可以确认的。也就是说预收账款越多，公司未来业绩的确定性就越强。

4.3.5 净利润的持续性

这就涉及公司的生意模式，如果生意模式不好，净利润的持续性就不强。对估值造成的影响就是估值曲线上上下下，看着就很不舒服。如果生意模式的缺陷导致净利润不能持续，即使出现优质的现金流也是昙花一现。

为什么科技股的市盈率很难稳定，就是因为生意模式导致净利润的持续性不强。

4.3.6 净资产的真实性

考察完市盈率方面的影响因素，接下来我们分析市净率的影响因素——净资产。净资产的组成主要分为投资者的外部投入和公司的利润留存。我们必须从资产的真实性和盈利上分析净资产对市净率的影响。

净资产是资产总额减去负债以后的净额，即净资产=资产-负债。是清算时公司理论上存在的资产，还完负债之后的价值。那么净资产的决定因素就是资产和负债，所以考察净资产真实性就必须考察资产的真实性。

虽然公司账面上有这么多的资产，但真出现清算时能不能得到是另一回事了，因为资产有时候是虚的，可能收不回来。假设公司的资产是8亿元，组成包括2亿元货币资金、应收账款2亿元、存货2亿元、固定资产2亿元。到了清算时，有些资产是不值账面的价值的。这些资产主要包括以下几种：

货币资金2亿元，如果有限制的资金，可能要费很多时间取出来。要花费一些资金去解除限制，这需要成本（相对不严重）。

应收账款2亿元,如果账龄非常长,有些应收账款是收不回来的。清算时这项债权虽然归公司所有,可能收回来不是那么容易的。最终收回1亿元的应收账款也是有可能的,这项资产的真实价值是要打折扣的。

存货和固定资产这块更严重,公司清算或破产主要原因就是产品没有竞争力,卖不出去。卖不出去的产品还能值那么多钱吗?生产线可能落后要淘汰,自然没有账面价值那么高。

账面上的资产显示的是8亿元,真正能到手的估计只有6亿元。虽然公司的市净率是1,但仔细一看真正的净资产,其实市净率是1.33。账面价值跟公司真实价值的差距不是一星半点,盲目的以账面价值来判断公司的估值,有时候就会掉入坑里。要记住的是,如果公司的竞争力不行,除了货币资金外的资产都在贬值,真实的价值比账面价值低。

4.3.7 净资产的盈利性

从净资产的真实性上讲,要尽量地避免出现贬值的资产,例如过多的应收账款和存货。其次资产必须能盈利,才能让净资产更真实,才能谈估值。如果公司的资产不能盈利,谈估值是奢侈的。这就涉及公司的资产收益率和净资产收益率。只有资产能够产生巨大的盈利,市场才会"高看"公司,给的估值才会高。

有两家公司:A公司和B公司,A公司的净资产有10亿元,B公司的净资产是4亿元。假设两家公司某一年的净利润都是1亿元,那么谁赚钱的效率高呢?当然是B公司。这就意味着B公司在净资产盈利性上强很多。B公司的净资产收益率(ROE)是25%,A公司的净资产收益率(ROE)是10%。

但是只用一年的净利润去衡量两家公司净资产营利性可不够。如果A公司的持续性比B公司强,B公司虽然赚钱,但可能今年赚1亿元,明年就只能赚1 000万元，这也是净资产盈利性不强的结果。同时净利润的含金量要高，不能是赚了那么多钱，收回的现金却寥寥无几。

那么我们就要思考为什么A公司的净资产那么高，怎么赚钱能力不行呢？很可能就出现在资产质量上，有些资产虽然是公司的资产，但是公司没有主动权。就像应收账款，款项还在别人那里，公司根本没办法对这些资产进行运营。空有资产却不能运营，自然就没办法给公司的业绩带来帮助。那么我们应该注意哪些情况，才能更好地寻找优质的公司呢？

（1）资产真实性强（可能减值的资产尽量少）；

（2）每年ROE高，或者ROE开始走高；

（3）赚取的利润含金量高；

（4）利润的持续性强，最好稳定增长。

4.4 运用估值的前提

巴菲特说过："投资只需要做两件事，如何给公司估值和如何利用市场情绪。"估值其实非常重要，不过一味陷入估值里面，很容易造成投资者损失。在理解估值前，我们还是先认清一点现实的东西。

4.4.1 估值短期不能有效反映股价

拿市盈率来说，和股价是有联系的，两者的比值其实就是净利润。净利润不跟随股价的变动而变动，在短期内不会变化。股价短期上涨，带动估值也跟着上涨。所以说，估值在短期内不能预测股价的走势，只能是股价的涨跌影响估值高低。用估值思路去推算出股价的涨跌，这是一种非常不明智的做法。估值在短期内根本就不能作为股价预测的证据，在长期的持有上只能说把估值的高低作为参考。

股价长期上涨的依据永远是公司的经营出现好转，在不久的将来释放出业绩。而不是仅仅只考虑低估值，如果业绩在未来不能出现非常高的增长，甚至下降，现在的低估值也并没有太大的实际意义。

1. 估值考虑的是安全

拿着估值去判断股价的上涨是一件非常不可靠的事情，这不是因果关系，甚至没有关系。低估之下更有低估，估值最大的作用是判断股价跌幅的安全垫在哪里，这是投资者真正要关心的事情。

投资从一定程度上来说是一种博弈行为，聪明的投资人考虑的是股价的下跌幅度。自己能够承受多大的下跌，公司的极限下跌点位到底在哪里？任何人都没有办法100%保证自己的投资不会出错，这个时候对估值安全性的判断尤为重要。

保守可能会错失一些机会，但绝对不会送命。从供需关系变化和公司的竞争优势上看，我们可以对公司未来的经营有一个乐观的预期。在估值上需要有一定的保守态度，而不是乐观态度，在公司业绩很好的时候遇上低估值是最好的。投资者应该更多地关注那些低估值高成长的公司，而不是那些估值高企却没有业绩释放可能的公司。

再者估值并没有考虑到公司的经营风险，只是单纯作一个综合性的判断。这样得出的结论很可能片面，需要我们进行完善。如果用一个非常简单的公式就能找出牛股，那么几乎所有人都能在股市里成功，可现实是成功只属于少数人。

2. "低估"才有意义

要说明的是，这里的低估并不是绝对意义上数值的低估，而是建立在对未来业绩考察的基础上，公司现在的价格在未来看会非常便宜。数值上的低估可能会误导，让投资者以为公司很便宜。

招商银行在2008年大熊市底部市盈率下降到了只有10倍左右，在整个市场上按其数值排名，招商银行可谓是被严重低估。如果此时买入，到了2013年虽然涨幅1倍不到，但是市盈率下滑到只剩5倍。这就需要解决两个问题：

（1）为什么市盈率下降的情况下，股价还在涨？

（2）为什么市盈率在熊市底部10倍，过了五年却只有5倍（不在熊市里了）？

第一个问题很简单，虽然市盈率下降了50%，可是招商银行那五年的净利润增长了2倍，自然导致股价上涨了1倍左右。在2008—2013年这五年里招商银行的利润增速，是一年比一年低。虽然5倍的市盈率已经很便宜，但未来公司的盈利却无法持续增长。加上银行天生的杠杆经营，坏账风险非常大，才有了这样"低"的估值。

那怎样的状态下，才是估值考察的基础呢？也可以这样问，在何种前提下公司会出现低估值？

4.4.2 公司的稳定才是估值的基础

低估是相对于未来的低估，而不是现在的市盈率有多么低。对市盈率了解不透的投资者很容易犯这样的经验主义错误，以为公司的市盈率很低，就是公司在市场上的定价很低。估值的锚定对象是公司未来的业绩，既不是现在的业绩，也不是过去的业绩。

既然估值锚定的对象是公司的业绩，而业绩的来源是公司的经营，那么考察经营的稳定性是估值的基础。稳定的意思不是要公司的业绩非常稳而没变化，而是在稳定当中不断进步。稳中有升的公司长期下来一定有很强的竞争力，这才导致公司的经营非常优秀。不具备竞争力的公司很难保持业绩持续稳定。某些股票在未来盈利确定的状态下出现系统性低估时，这个时候的估值才值得被我们纳入投资决策中。

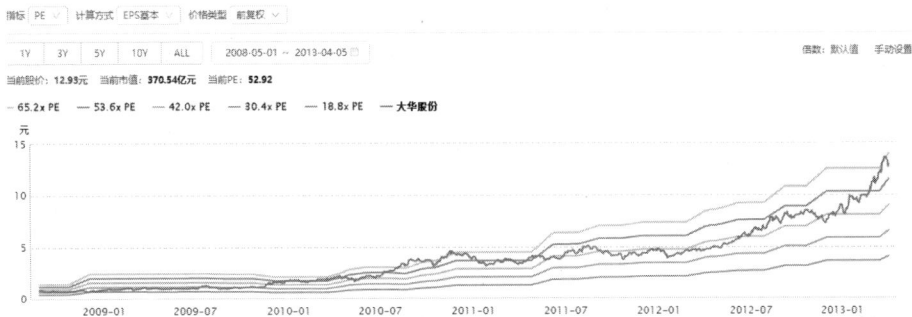

图4-6　大华股份2009—2013年市盈率走势图

如图4-6所示，同一时间，大华股份却在估值非常高的情况下，涨幅非常巨大。后期净利润增长也是非常快，完全是用自己的增长来抹平公司的高估值。

利润的稳定性很可能不能稳定输出，虽然说很多投资者关心利润，但还是多考察收入的稳定性。如果利润看着是在下跌，竞争优势没有明显减弱，那么稳定性还是存在的。资产负债表的稳定性才是根本，一旦收入、利润的下降导致资产负债表不稳定了，那么公司的危机就非常大。

资产负债表中全部都是资源。如果资源遭到严重破坏，不安全因素增多，就使得资产负债表出现随时变化的可能性。那么公司赖以成长的根基发生了变化，很可能公司一时半会好不起来。加上表外资源的动荡，公司想稳定下来难上加难。

资产负债表中的资产结构比例、有息负债比例和不良资产的占比等，是需要重点关注的内容。这些因素的不稳定可能导致公司陷入危机，此时考察危机当中的估值，要相当谨慎。

不安全因素经常出现在垃圾股当中，这也是为什么不能投资垃圾股的原因。对于那些垃圾股，经常会出现非流动资产占总资产的比例、有息负债的占比非常高。这样的现象如果持续，只会严重拖累公司。价值10亿元的生产性资产如何用1亿元的流动资金玩得转呢？不断向银行借款，背负巨额的利息。这些不安全因素让公司根本没办法好好经营，更别谈创造价值。无法创造价值的公司就别去估值了，纯粹是浪费时间。

当然对资产负债表里的不安全因素，我们在投资时要杜绝，而那些表外的不安全因素我们也需要杜绝。资产负债表更多的是判断有形资产的价值稳定性，公司的竞争力、品牌等这些无形的资源，需要通过与无形资产结合来判断。

4.5　溢价与折价

在证券市场上，每一家公司可以说在估值上都是独一无二的，整齐划一的估值好像从来没有出现过。在利润调节上，我们能够看出每家公司不同的利润对应着不同的估值。有时候一些表面比较负面的影响，在市场态势下却能够很大程度上影响公司长期的业绩。像公司的研发支出、未来潜在的利好等，市场会不吝啬地给出高估值。

（1）为了市场扩张或者增强竞争力，公司不断在研发、营销、引进人才等方面投入一系列的支出；

（2）扩大规模，提升市场占有率增加的资本投入；

（3）将亏损的业务剥离，谨慎对待一次性收益。

但是有些公司很奇怪，估值并没有像我们想象的那样高估或低估。像海天味业的估值很少低于40倍市盈率,招商银行的估值很少高过15倍市盈率。都是中国优秀的公司,估值的差距是不是太大了。为什么有的公司能够常年享受高溢价,有些公司的估值却只能一折再折。除了净利润的影响,还有哪些其他因素呢?

4.5.1 会计周期

一项业务就怕经营的时间很长,就像造桥铺路,可能需要个五六年的时间。这个时候如果投资者不加思考,按照公司的账面利润进行估值,很容易出现错误。会计报表编制的一个重要基础是会计分期,会计分期的意思就是人为强迫性地将公司的经营分割开来。中国的会计分期期限是1年,也就意味着每个公司的业务必须一年总结一次,不管业务是完成了还是没完成。

公司的经营周期是一般很长的时间,基本上囊括了计划、募集资金、建造、生产到销售的过程。只有公司生产达到预期的产能利用率时,才可以说公司的业绩充分释放了。不然整个过程中,公司的利润都有可能在这样的经营周期里隐藏着。单纯用一年来验证,很容易割裂公司的经营。可能有些项目的经营周期在一年之内,不过这样的情况出现得很少。

这个时候用市盈率去解决估值的问题就会出现误判,公司可能在一个项目上前几年根本就没有利润,或者仅仅是维持在微利。不能说桥搭建了一半就能通车收费,肯定要全面完工之后才能产生收入,这个时候公司的经营特征是利润得不到释放。那这样估值就会变得很高,造成投资者对这家公司的盈利能力出现误解。

这样的业务特征特别集中于基建和房地产行业里,尤其是公司的规模很小,在手的项目不是很多的时候。看待这样时断时续的利润,那就不能用市盈率来考察。只能以公司的订单量、完工程度和净利率来估算公司现在已经完成的利润和未来几年的业绩,这时就有很大的业绩预测波动。

4.5.2 价值创造周期

我们来看看本杰明·格雷厄姆是怎样看待估值的。网上对格雷厄姆在《聪明的投资者》里面那段经典的估值观点作出了总结：

是什么使得一家公司的价值达到利润的10倍，而另一家公司则达到利润的20倍？你如何保证自己不会因为明显乐观的未来转变为异常噩梦而支付过高的代价？格雷厄姆认为，有五种因素具有决定性作用。他将其归纳为：

（1）公司"总体的长期前景"；

（2）公司管理层的水平；

（3）财务实力与资本结构；

（4）股息记录；

（5）公司当期的股息支付率。

本杰明·格雷厄姆将影响估值的第一要素认定为"长期前景"。那么，什么样的公司长期前景看起来不错呢？

前景好代表着公司能够创造的价值超乎投资者的想象，至少可以说是价值的主要创造期间。这一段刚好对应的是长期价值创造的中段，公司所在的行业具有很大的发展空间，公司能够依据这样的空间尽可能多地占领市场。投资者关注的重点就是公司所能达到的空间和快速扩张的能力，分析公司能够实现多大的增长。发展空间是价值创造的第一重点，行业的空间不够，即使再优秀的公司都会触碰到天花板。只强调行业空间，不考虑公司的竞争力，也没有办法让公司成长。

为什么要考察公司未来的前景？其实跟人的成长是相同的。一份好工作、一份好成绩会令人刮目相看。因为这背后有别人对未来创造价值的确定性预期，虽然还未充分展现出来。反之一家有前景的公司总好过一家处于衰败的公司，至少看到的是希望。

在1977年巴菲特致股东的信中,给了我们评估公司的标准:"我们想要的公司是我们懂的生意,有良好的经营前景,德才兼备的人经营,非常吸引人的价格。"可见经营前景是他非常在乎的,那么该如何理解公司的经营前景呢?

财富是思考后的产物,同样业绩是公司前期布局的产物。业绩绝不会凭空出现在公司的报表里,想要高增长前期必须有先人一招的布局。理解公司的经营前景就变成了对公司经营战略的考察。

试想公司开发了一款新产品,投入市场有一段时间。但是产品还没有给公司带来更多的盈利,还在扩大市场份额。这个时候投资有一定的风险,尽管公司扩张很顺利,可是一直不释放业绩也是让人挺担忧的。我们不知道这款产品到底在未来会不会有很强的竞争力。现在的扩张虽然不错,这是通过公司不断地进行费用投入,甚至是亏损地投入造成的。

如果投放市场一段时间后还得继续维护市场,证明产品的竞争力不是太强,没有为公司的业绩作贡献。要知道,公司不可能围着一款产品不断进行投入。如果产品在市场上比不过别人,手上又没有产品储备,很容易在竞争当中败下阵来。所以,在产品价值初创期,很难清楚公司的产品能不能在未来产生利润,有强大竞争力。

我们要寻找的是在市场上有竞争力,能够自主地产生利润和现金流的产品。这个时候虽然还需要费用的投入,不过这些费用都是必要性的支出,不必刻意花大力气去维护市场。产品进入新市场有着完整的一套成功经验和造血机制,在未来的扩张中自然而然就会胜出。

巴菲特也说,评价估值的第一条标准是理解公司的生意,就是理解公司的业务。这是分析估值的前提,绝不是说用财务分析就能解决的。什么样的业务才能给公司带来高增长呢?

（1）发展空间大;

（2）拥有行业发展的关键性因素;

（3）优秀的经营运作。

在巴菲特的眼中,发展空间是滚雪球的赛道。发展空间太小,会让滚出来的公司规模没机会实现大增长。一个超长的赛道——行业发展空间对公司的发展有着至关重要的影响。有些公司可能做到了行业第一或者行业唯一,但业绩的平庸让其股价始终不给力。给人的假象在于:只要做到行业第一,公司就一定有很好的发展前景。其实不然,发展空间体现在两个方面:一是原有市场占有率的提升;二是未来行业增量空间的争夺,在竞争当中逐渐扩大市场份额。如果市场占有率不能提升或未来发展空间不行,即使公司成为行业第一,也不能增长。

有着很好的发展空间的同时,公司的产品竞争力也是一个非常重要的理解点。这样的竞争力只有区别于竞争对手,又很符合行业发展的实质,才能为公司的发展壮大提供动力。行业发展是原料,公司竞争力更多扮演的是发动机的角色。

不可否认的是,每个公司都有竞争力。但在发展关键的问题上构建起强大的差异,这才是其发展壮大的原因,能够为公司带来长期的超额收益,并且对手难以模仿。这些竞争力有:

（1）品牌、专利——对手无法模仿的无形资产;

（2）定价权、转换成本——客户黏性;

（3）产品具有强大传播性——客户越多价值越高;

（4）低成本规模化优势;

（5）独特的垄断性。

优秀的经营运作在前面介绍很多，评价的标准也很简单。这好比是车轮，三者完美结合才能让公司走得远。

当产品在不断扩大市场的同时慢慢释放出利润，这样就到了产品的成长期。这个阶段收入的增长带动公司利润的增长，公司无疑是最具有吸引力的投资标的。如果产品有着很强的竞争力，就可以为公司业绩带来持续性的增长。行业发展空间大能够为公司的做大做强提供一个很好的基础，自然牛股的雏形就完整地出来了。

4.5.3　成长才能获得溢价

成长是投资的永恒话题，相对于进行成熟公司的投资，投资成长型公司获利丰厚，但是也有很大的风险。成长型公司需要行业的发展空间和公司竞争力的配合，才能成为投资标的。我们无法从财务上看出行业的发展空间，但对于竞争力我们怎么从财务上看出呢？那让我们看看有竞争力的公司应该是什么样的。

公司肯定能赚到客户的钱，并且赚钱效率非常高。收入和扣非净利润的双增长，有时候可能会超过市场的预期。

能赚到客户的钱，证明公司留存的现金很多，不然收入是增长了，钱收不回来，那也不行。因此还要求应收账款占比小，预收账款占比多，流动资产的比例高。

既然产品好卖，那么供应商也会倾向于向公司提供更优质的原料和更长的赊销期。结果就是应付账款多，预付账款少。

产品既然卖得好，自然有其独特的地方。在产品有竞争力的同时，越强的差异化能带来更好的增长。

所以，市场对于公司的估值能不能给予溢价，是取决于公司未来的赚钱能力的。公司在未来的赚钱能力非常强大，行业发展空间很大，竞争力强，生意模式好，那自然会给予高的估值。如果公司什么都不行，自然市场会弃之而去，只剩下投机价值。

4.6 相对估值区间

前面的内容着重地分析了净利润的变化和公司未来前景，这就感觉以前的估值好像完全没用一样。其实不然，历史估值的走势是有相当大的说服力的。由于市盈率的变动幅度受到公司盈利的干扰，所以接下来我们尽可能地以市净率来思考公司的历史估值。

历史的估值采取的是一种后视镜看公司的方法。这种方法有一定的弊端，并不能反映公司未来估值的走势演变。可能很多人觉得看过去来投资，总有点马后炮的感觉。但是通过后视镜看公司的方法看公司还是很重要的，因为人性没有变化，始终在轮回。

在估值中，公司会变化，估值会变化，情绪会变化，投资者也会变化，但是千年的人性在股价面前具有稳定性。人们对待股市的态度没有太大的变化，这给后视镜看公司提供了依据。那么具体看些什么呢？看的是大众对当时的市场、公司状态的整体看法。

4.6.1 相对市场走势

看市场主要的目的是观察市场处于牛熊状态时，公司的最低/最高估值态势，以及相关的走势推演。这是一个很好的参照，当处于熊市时，公司的估值一般会处于低位区间。当处于牛市时，公司的估值一般会处于高位区间。如果在熊市的底部，公司的估值很高，公司的经营却是一个一般的水平，那么很有可能是公司遭到市场的爆炒。这时候尽量去回避这样的公司，算是一种明智之选。

图4-7　恒瑞医药2014—2019年市净率的变化曲线图

从图4-7中我们可以看到在2014年的熊市当中，恒瑞医药的PB在8倍左右。到了2018年市场走熊的时候，最低的PB值到了10倍，可以说接近上一轮熊市的最低估值区间。那这样的估值算不算是低估值呢？

恒瑞医药有一个很大的特点，公司的经营十分优秀，未来的业绩增长也是非常不错的，导致公司的估值很高。所以，恒瑞医药的估值在2倍PB以下的情况，确实在过去历史的走势中没有出现过。那么2019年2月份的10倍PB的估值算不算贵呢？

把时间定位在2019年2月份，市场从2018年的熊市阴霾中开始走出，快速地走牛。恒瑞医药的PB走势也随着市场一致性地波动，但是异常在于市场刚刚走牛，还未出现较大上涨时，恒瑞医药的PB就已经突破了最高区间。要想后视镜地看公司估值，首先就要确定在2018年1季度至2019年1季度这样的市场，过去是否有这样的走势？

找到的标的是上证指数2010年7月份走势、上证指数2012年底的走势和2012年底创业板指数走势、2014年底中小板指数走势。这四段指数的走势跟当前市场基本上是符合的，可以说具有一定的参考价值。通过历史数据，我们找出这四个指数所处时间段，恒瑞医药PB所处的区间。

2010年07月，10PB；

2012年12月，8PB；

2014年10月，8PB；

2016年02月，10PB；

很明显地可以看出当前恒瑞医药的估值比历史估值高一些，处在和2010年7月相同的估值。所以说，整体上恒瑞医药在牛市里的启动估值有点偏高。

可以看到恒瑞医药在熊市低点位置的估值都处于8～10倍的PB区间，这样的估值很出乎市场投资者的意料。本以为在熊市恒瑞医药的估值可能只有2～3倍的PB，但实际上，最低的估值也在6倍PB。那么恒瑞医药其股票在市场已经非常便宜的状态下，为什么还是看起来那么贵呢？

4.6.2 经营周期比较

就像2019年3月恒瑞医药的估值，已经处于高位的情况下，想要继续投资，那必须对公司的未来有相当大的把握，能够确定未来的业绩增速很高。如果公司未来一年的业绩能够使得净资产增长20%，那么相对估值也就下跌，回到一个比较合适的位置。如果公司未来因业绩出现亏损，公司的净资产遭到损失，其估值在未来会继续抬高。所以，当前位置的分析既要考虑过去估值的相对走势，也要考虑到未来公司的经营态势，只有综合分析才能获得投资结论。

考虑公司未来的经营业绩，就必须知道公司所处的生命周期，因为净资产的增厚是业绩积累导致的。公司的经营是有周期的，处在不同经营周期的公司，市场给予的估值是不同的。具体上，在公司的初创期和成长期市场给予公司的估值很高，在衰退期和成熟期给予的估值就很低。

4.6.3 盈利预期

诚然投资是对未来公司经营看好,估值只是作为一种辅助的判断方法。做到尽可能地在估值相对低位时,购买公司的股票,但事实是公司的估值未来可以创新低,也可以创新高。只能说在要购买的时点,投资人能否接受这样的估值。就像当前的恒瑞医药,估值已经达到最高点了,市场大概率还会走牛。此时如何抉择变得很重要。

2019年3月,恒瑞医药的估值已经接近五年的最高点。是股价一直向上带动公司的PB再创一个历史新高,还是在高位徘徊等待业绩出现提升降低公司的估值,还是走势向下、估值回到正常的区间里? 这三种情况都有可能发生,根据历史数据分析,我们还是尽量回避在这样高的位置进行投资。虽然可能会盈利,但是收益与风险相比并不高。同时,还要确定公司未来一两年业绩是否能够爆发,如果业绩能够爆发,现在持有只能说静待花开。

未来的盈利预期直接导致投资者对公司的投资偏好变化。如果一家公司现在的市盈率达到100倍,但明年的业绩增长达到10倍,市盈率在股价稳定的情况下变成了10倍,相应的市净率也开始下降(盈利导致净资产增长)。当一家公司现在的估值是5倍市盈率,公司在明年出现亏损,那么市盈率为负值,市净率开始上升(亏损导致净资产减少)。

所以说,公司现在的估值高低,需要投资者审视公司的未来。就像2019年初出现的猪周期一样,猪价的上涨是必然。但是在公司的报表里并没有体现出来,猪价也没有一次性上涨完。但是市场对这一结论很确定,猪价会大幅度上涨。此时,生猪养殖公司2019—2020年业绩的大幅上涨是必然。那么,对于牧原股份100倍的市盈率估值,还算高吗? 如果牧原股份在2020年的业绩增长10倍,估值马上降低到只有10倍的市盈率水平。

4.7 估值间的转化: ROE

市净率（PB）是价格与净资产的比值，市盈率（PE）是价格与净利润的比值。两者的链接点就是净资产收益率（ROE），所以考察的重点就是这三者: ROE、PE和PB（PB=ROE×PE）。

当然这个ROE最好是预期的ROE，计算过去的ROE意义不大。这就需要我们对未来业务增长推演，确定公司的ROE空间在哪里。也就是说ROE在未来的变化直接影响公司的估值，一家公司去年的市盈率高达100倍，ROE只有6%。今年公司业绩快速增长，年底时ROE达到30%。在市净率不变的情况下，市盈率的值下降至20倍，同时净资产此时获得增长，使得公司的股价有所提升（股价=市净率×每股净资产）。

在相对估值上留下了一个问题，不同的经营周期所呈现的估值是不一样的。在生命周期的初创期和成长期市场给予公司的估值很高，在衰退期和成熟期给予的估值就很低。具体是因为处于初、中期的公司有在未来创造高速增长的可能，给投资者惊喜。到了成熟期和衰退期，公司的业绩基本上已经定型，不会出现大幅起伏，业绩趋于平淡。甚至后期还会出现业绩亏损的可能，自然不能给予太高的价格。

公司的股价会在价值创造的主要阶段形成主升浪的走势；在价值创造的平淡期股价增速放缓，估值趋近于低估值；在价值亏损时股价进入下跌趋势，走进漫漫熊途。接下来我们用ROE、PE和PB三者之间的关系在不同生命周期的变化来解释估值的变化。

4.7.1 初创期ROE变化

初创期的公司特点在于赚不到钱,公司致力于对市场的开发,而非对利润的积累。普遍的情况是公司这个时候没有利润,或者利润是负的。没有利润的释放,公司的ROE就变得很低,公司的优缺点非常明显。

优点在于:

(1)公司的发展有很大的空间;

(2)公司当前在一步步扩大市场,收入增速很快;

(3)新的产品有望成为公司发展的主力。

但缺点还是挺明显的:

(1)经营的历史短;

(2)很难出现盈利;

(3)没有比较的对象。

正是因为公司的发展有很大的空间,市场扩张很快,所以公司的规模扩张是最具有潜力的。这一阶段估值最大的特点是非常高,市场价值远远地高于公司的账面价值。有时候高得惊人,让人很难接受这样的估值进行投资。估值高企的原因在于公司的成长空间非常大,甚至可以说是想象力无限。当然这时候进行投资是冒着很大风险的,初创期破产的公司可以说是非常多。

在这一阶段公司ROE变化幅度不大,处于很低的状态。公司的盈利一直得不到释放,但是需要不断融资。为的就是让公司渡过这段艰难的时期,成功释放利润。

初创期的公司在A股很少出现,A股的上市制度要求公司必须保持三年以上的盈利,这就将很多的初创期公司排除在外。随着注册制的推行,后期我们可能会遇到这样的初创期公司，当前真正值得讨论的还是成长期公司。

4.7.2　成长期ROE变化

成长期的公司，收入和利润开始双双增长，公司的主要价值创造阶段来到。经历了初创期的艰难，公司一直在扩大市场规模，利润倒是一点也没有回馈给投资者。到了成长期，公司的扩张放慢了脚步，融资的需求也大幅度缩减。这个时候，公司的ROE开始快速增长，并逐渐达到最高的水平。

这个阶段对ROE的考察在于其到底有多大弹性？未来ROE增长的弹性越大，其现有估值就会越高。当前的市场规模和未来的发展空间限制着ROE的弹性，当前市场规模越小，未来的发展空间越大，那么公司创造的价值会越多，ROE的弹性自然越强。也要看行业规模的大小，有些行业规模非常大，容得下巨无霸型的公司继续发展。

华为公布的年报显示，华为2018年全球销售收入达到了7 212亿元，2017年为6 036亿元，同比增长了19.5%，净利润达到了593亿元，同比增长了25.1%。我们惊叹华为在规模达到7 000亿元级别的时候还能保持这样高速的增长。华为注重研发，整个2018年华为在研发投入上耗费了1 015亿元，占销售收入的14.1%，而在这十年里华为总研发投入超过了4 800亿元。华为在不断介入发展空间很大的通信行业，华为的产品更是覆盖了通信的所有行业。

但更多规模大的公司想要继续成长就会变得非常难。一家规模到5 000亿元的公司要想再创出2倍以上规模的增长，且不说在时间上就非常长，更需要在一个海量增长的市场里取得绝对性的优势。华为能够继续增长是因为通信、电子消费行业市场非常大，而且还在增长，可是很多规模大的公司并不具备。相反，一些规模小的公司反而容易创造出更大的规模，只需要一般性的成功就能换来成倍业绩的增长，不需要公司有绝对性的优势。

4.7.3　成熟期ROE变化

公司一旦进入成熟期，ROE变得稳定起来。价值的主要创造阶段已经完成，成熟期更多的是大树底下好乘凉。现在业绩的释放完全是因为过去拼搏的结果。这个阶段公司的估值很低，因为公司的业务已经充分占领市场，大幅度扩张的可能性几乎不存在。而估值衡量的就是市场对公司未来的看法，没有扩展的市场，市场只能给出一个非常低的估值。

4.7.4　衰退期ROE变化

衰退期的公司是投资中需要尽量回避的，这样的公司赚不到钱的同时，还在毁灭公司的价值。公司在经历成熟期比较高的ROE之后，面临着市场逐渐淘汰公司产品的现状。这个时候收入和利润双双下降，ROE变得很脆弱，会从原来的稳定状态直接滑向谷底。

此时的估值体系也会随着ROE的突变，变得无法让人相信。市盈率从很小变得很大，甚至出现负值。市净率更是可怕，公司在衰退期很可能会毁灭价值，损害净资产，导致公司越来越贵。

任何一个公司的投资，无非就是确定未来ROE是什么样子。然后根据一些具体的因素去调整它。根还是不变的，变的是你需要考虑的变量更多一些。可能难度高一些，但记住，估值也是在上面的方法中进行衍生的。

4.8　发现错误定价

讨论了这么多关于估值的内容, 主要是围绕市值跟公司业绩的变动是如何带动估值变动的。总体的观点如下:

1. 在短期内

（1）短期的估值随着市值变动而变动, 市值涨估值就高, 市值跌估值就低;

（2）如果公司发布财报, 估值会突然间变动, 因为净利润和净资产发生了变动;

（3）公司获得了股权再融资, 市净率会变化, 市盈率不变。

2. 净利润的影响因素

（1）一次性收益的财务调节;

（2）主动隐藏利润;

（3）公司亏损;

（4）研发支出费用化;

（5）会计分期的影响。

3. 生命周期的影响

（1）导入期, 估值很高, 产品给予希望;

（2）成长期, 估值偏高, 产品开始释放业绩;

（3）成熟期, 估值偏低, 业绩稳定慢速增长, 到达最高;

（4）衰退期, 估值无法判断, 主要是公司亏损不知哪天是头, 市场不再看重。

介绍了这么多内容, 我们最终的目的其实很简单, 就是能找到错误的估值定价。尽量地买在"低估"区间,而不是在高位买入。

（1）正确定位公司每款产品的生命周期,作出一个准确的未来业绩预测;

（2）未来的业绩是需要高增长的,至少要创近五年的业绩新高。当前市盈率高不是重点,未来两年预测的市盈率越低越好;

（3）当前尽量买在相对估值低位,不能看见股价上涨就迫不及待地追;

（4）正确分析好当前业绩的释放和产能扩张情况,看是否是隐藏利润导致现在的高估。

第 5 章

投资对象

————————○————————○————————

前面的四章我们基本上都在讨论如何分析公司和评价估值，并没有涉及投资相关的内容。在理论上我们认识了如何评价公司的基本面和估值，可是投资是非常实在的实践过程，光有理论可不行。

能够快速找到符合投资要求的好公司，最好是低估值高增长的公司，这才是投资的重点。这一章主要将投资的对象按照产品进行分类，找到最值得投资的公司标的。

5.1 行业业绩周期

大部分公司的业绩是随着行业周期波动的，不是公司想要增长就能增长，公司必须在行业的框架下才能发展。一般来说，市场总是喜欢追逐业务欣欣向荣的公司，抛弃连连衰退的业务。资本很大程度上是淘汰旧产业，支持新事物的。

这种情绪表现在股票上，就是传统的业务即使赚钱能力不错，也无法获得很高的估值，有些甚至是个位数的市盈率。新产业兴起的时候公司规模很小，每年的投入巨大，导致根本没利润。可是市场并不在意这些公司的利润释放，在意的是公司未来的发展前景。

如果在2011年以不到10倍市盈率的"低价"买到了三一重工这些工程机械公司，随后出现的是持续五年的利润下滑，股价不断下跌。在股价最低的时候，三一重工的市盈率变成了5 000倍左右。

如果在2015年以60倍市盈率的"高价"，买入了长春高新。过了四年后股价上涨了2倍，市盈率依然维持在60倍。这段时间股价上涨的动力来源于业绩的增长，业务处于成长期，还有市场对于长春高新的未来业务发展的预期没有太大的变化。

所以，估值只能使我们以相对低的价格买入公司，获取较大的收益。但真正让股价持续增长的是对业绩周期的判断。如果一直处于发展期，股价自然迭创新高。如果未来有业绩下降的趋势，静态估值再低也没用。

5.1.1 业绩成长的判断

前期我们说了产品生命周期，行业供需格局的变化和公司自身的产能情况是影响产品的重要因素，接下来就是如何运用这个理论。事后总结非常容易，但是在股价开始进入上升趋势的时候。如何才能确定这样的业绩增长能够持续下去呢？

在选股的时候我们依据的是公司基本面开始进入上升的业绩释放周期，如果能持续那必然会导致股价从下降趋势转头进入长期的上升趋势。所以，在股价突破年线的时候，就应该将公司纳入股票池进行分析。相关的信号主要有以下几个：

1. 股价突破年线且均线进入多头

如图5-1所示，在2017年1月，三一重工的股价突破年线，均线开始进入多头趋势。在底部的时候成交量持续放大，非常明显。这是最明显的信号，意味着股价开始走入上升趋势中。可能是市场炒作导致的，也可能是公司业绩开始复苏导致的。

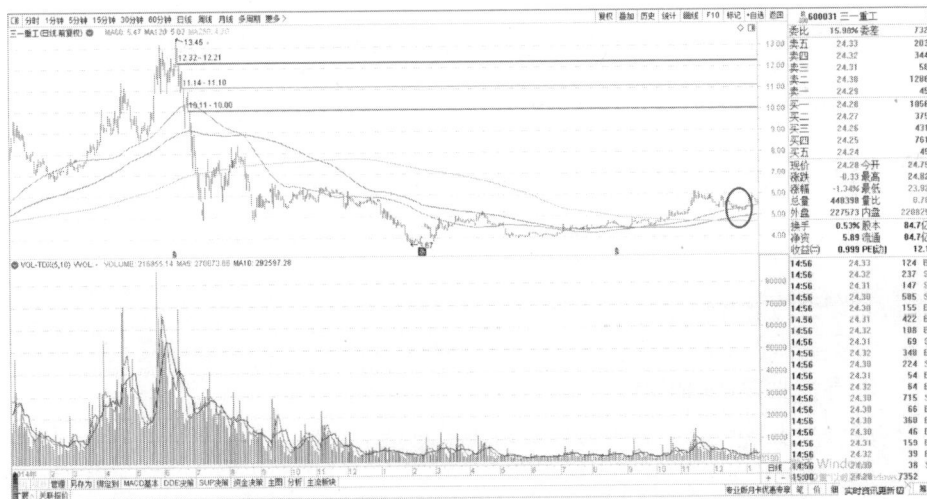

图5-1　三一重工2015-2017年股价走势图（前复权）

接下来的步骤就是确定股价的上涨是不是业绩增长导致，如果是，那么就必须持续关注下去，如果不是那就需要放弃。

2. 业绩增长的相关信息

首先自然是要看公司的财务报告里列示的数据。我们看2015—2017年三一重工的单季度收入和净利润数据，可以看到在2016年下半年的时候，公司的收入增长开始加速。到了2016年第四季度，公司的收入回到了2015年第一季度的水平，说明业绩开始有反转的迹象了，如表5-1所示。

2017年一季度可以明显看到公司的收入和净利润增长非常高。单季度收入同比增长79.40%，单季度净利润增长更是达到了728.89%这样的高水平。说明2016年公司的业绩确实开始反转，2017年进入了成长加速的时期。

表5-1 2015—2017年三一重工的单季度收入和净利润数据

	2015Q1	2015Q2	2015Q3	2015Q4	2016Q1	2016Q2	2016Q3	2016Q4	2017Q1
收入（亿元）	62.92	74.68	45.75	49.35	52.27	59.93	52.70	67.90	93.77
收入同比增长					−16.93%	−19.75%	15.19%	37.59%	79.40%
净利润（亿元）	0.32	3.03	−2.96	1.00	0.90	0.48	0.37	0.29	7.46
净利润同比增长					181.25%	−84.16%	−112.50%	−71.00%	728.89%

在2017年4月28日，三一重工发布一季度业绩报告，营业收入93.77亿元，净利润7.46亿元，单季度净利润同比增长728.89%，业绩出现高速增长。

接下来，我们就站在2017年4月份的角度，来检查一下公司业绩增长的原因是什么。如果是公司短暂业绩影响，那还是要放弃。必须要找到公司未来业绩还能持续增长的逻辑。

3. 寻找业绩增长的逻辑

最好的办法就是看券商的研究报告上是怎么研究三一重工的，如图5-2所示。在2016年底三一重工业绩反转的时候，市场并没有特别注意。因为三一重工跌了整整6年，基本上已被市场遗忘。随着公司一季报的业绩高速增长，市场开始关注三一重工。

日期	报告类型	相关品种	标题
2017-05-10	公司分析	三一重工 (600031.SH)	4月份挖掘机销量加速增长: 维持强力买入三一重工
2017-05-08	深度调研	三一重工 (600031.SH)	工程机械龙头: 王者归来! ——受益一带一路、军民融合; 对标美国卡特彼勒
2017-05-03	年报点评	三一重工 (600031.SH)	工程机械销售回暖净利回升, 业绩增长进入快车道
2017-05-02	年报点评	三一重工 (600031.SH)	2016年年报及17年一季报点评: 业绩逐季增长, 新业务前景广阔
2017-05-02	季报点评	三一重工 (600031.SH)	王者归来-工程机械龙头, 业绩有望持续超预期
2017-05-02	年报点评	三一重工 (600031.SH)	点评报告: 年报符合预期, 一季报业绩亮眼, 行业复苏强者恒强
2016-12-15	事件点评	三一重工 (600031.SH)	点评报告: 资产处置加速出清为转型扫除障碍, 彰显坚定转型决心
2016-10-31	季报点评	三一重工 (600031.SH)	业绩改善有望持续, 积极开拓新型装备领域
2016-08-30	半年报点评	三一重工 (600031.SH)	多项一次性因素导致业绩低于预期, 挖掘机业务趋势稳健
2016-08-30	半年报点评	三一重工 (600031.SH)	费用控制效果显现, 业务转型值得期待

图5-2　三一重工2016-2017年券商研究报告列表

经过对研究报告持续深度分析, 市场确定了公司的业绩增长逻辑和公司未来业绩还能不能持续增长。基建和地产开工的繁荣增加了对挖掘机的需求, 而许多工程机械厂在前些年的低迷中倒闭了, 导致行业供给有限, 最终使得三一重工的挖掘机供不应求, 催生了它从2017年至今的业绩上升。

在这个过程中投资者需要花费数月的时间来全面搜集资料, 学习和了解行业的产品制造流程、销售模式、上下游关系以及历史演变等。在这样的前提下, 慢慢形成自己的见解, 对行业的未来有一定的推演能力。

4. 注意事项

在这里也要注意, 挑选的公司尽量简单, 不能有太多影响业绩的变量。变量太多导致分析结论不确定, 最后信心缺失, 拿不住股票。同时一些变量是难以确定的, 也不要去碰, 比如业绩与石油价格挂钩的公司、高度依赖宏观景气度的公司等。

研究的结果必须高度确定, 有业绩在未来持续增长的可能。结论不能模棱两可, 特别是自己不确定, 这就非常麻烦。也不能随便分析一下, 要花费大量时间更深层次去进行分析。

5.1.2 主要的业绩类型

作为基本面分析投资者,一定要尽量寻找那些变量较少、确定性较高的公司和机会。接下来这三种确定性比较高的业绩类型,针对的都是主要为一种业务结构、只有少量业务的公司。

1. 业绩反转型

业绩反转型,顾名思义是前期业绩出现下滑,低估持续的时间比较长。可能因为行业周期的轮换或者自身的经营出现转变,导致公司的业绩开始出现反转。业绩反转型的公司刚反转的时候很难投资,因为不知道这种反转是不是真的会持续下去。尤其是行业周期导致的反转,一旦出现错误的判断,那很可能带来巨大的损失。

大部分公司都有着明显的周期,不具备长期稳定增长的可能。主要是因为行业供需关系的改变,供不应求到供大于求,再回到供不应求,这个周期循环往复。虽然就是供需关系这点事,可是大部分行业周期难以预测,业绩反转型的公司也要适度寻找,不是所有的公司都能做。

终端产品寿命长、下游需求范围窄等,都会增加行业的周期性。加上信贷周期、产能周期、库存周期等多重因素的影响,供需关系的演变就显得扑朔迷离。这就对普通投资者提出了挑战,要不就做那些刚需的行业,比如医药和消费。这也说明了为什么医药和消费行业的股票是普通投资者必须配置的,因为行业周期不强,也可以默认没有。或者做一些周期持续时间比较长的行业,让分析的结论在一段时间内能够很好地固定。

具体来说,我们应该如何寻找周期反转型的公司呢? 这是我寻找反转型公司一些简单的步骤,供大家参考。

（1）确认行业指数进入上升趋势

投资要有效率。普通投资者没有精准的分析工具，也没有特别好的资源投放。既然要做行业周期反转，那么就找那些刚刚站上年线，均线开始多头排列的行业指数。这确保我们能高效率地找到周期反转型的公司，而不是胡乱分析。

图5-3　水泥指数2015—2017年走势图

图5-3为水泥指数2015—2017年走势图，在2015年之后，水泥指数出现大幅下跌。到了2016年8月份指数开始突破年线，2017年1月份多条重要均线开始进入多头。这个时候我们才能对行业开始关注并分析，处于年线下的行业研究起来比较难，投资时机的把握能力差。

主要的逻辑是这样的，由于前期指数出现很大下跌，行业环境也显示出衰退和供大于求的态势。当指数的价格站上年线的时候，我们倾向于认为市场开始对行业的反转有一定的期待。或者是跌得实在太多了，导致虽然没有行业反转，但是太便宜了。

（2）搜集资料，确定反转逻辑

相关行业选择出来之后，接下来就是确定是不是行业周期反转导致的。通过对行业了解，找出未来影响景气度最核心的因素，判断出行业周期的重大转变已经出现。不管是行业需求的恢复还是供给侧的减少，只要行业的供需关系朝着供不应求的方向发展，并且能持续一段比较长的时间，那么就有必要去深入下去。

2016年开始的供给侧改革，让衰退的钢铁、水泥、化工和工程机械等行业强行降低增速和淘汰落后产能。行业内的供给能力发生了改变，行业内的公司该整合的整合，该淘汰的淘汰。供给侧改革后很多行业的产能开始从过剩转向供需平衡，加上政策的长期引导，那么这些行业的投资机会就凸显了。

接下来就是从这些行业中筛选更好的行业，其中水泥的行业格局是最好的。没有严重的恶性竞争，上市公司都有一定的区域壁垒。同时，工程机械的龙头公司也是不错的，需要技术和强大的市场，小公司难以竞争。最终，我们可以看到水泥和工程机械公司的利润改善得不错，股价在不断往上走。

（3）估值方面确定行业反转

估值指标确定行业周期反转，典型的就是"低PB分位+低ROE分位"，同时ROE已出现底部拐点的行业。因为，低PB代表市场对行业的估值并不高，特别是在行业指数已经出现大幅下跌的情况下。因为行业的盈利是不行的，所以评价盈利指标的ROE自然也在比较低的位置。

"低PB分位+低ROE分位"本身只能说明行业已经处于低估状态，不能说明一定会反转。有些被历史淘汰的行业，根本就没有反转的可能，就像煤油灯、马车一样。ROE已出现底部拐点表明行业的经营情况真的开始好转了，如果能持续下去，那么这个行业就值得投资。

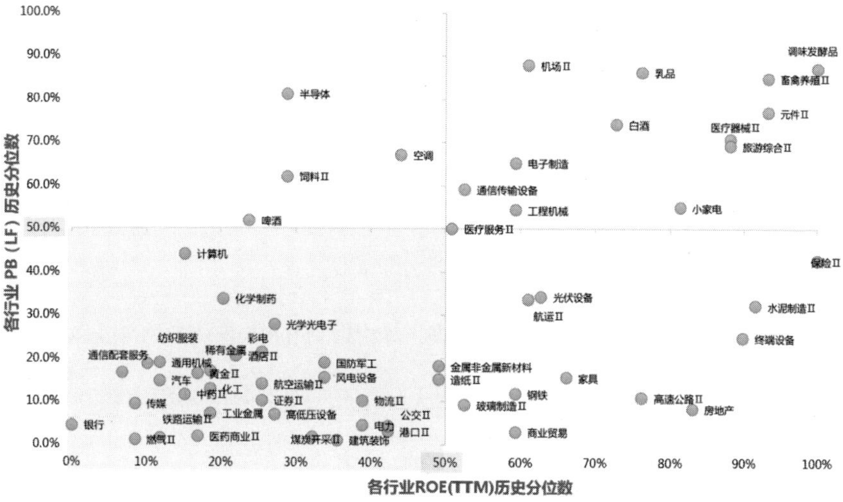

图5-4　天风证券2019年列示的"低PB分位+低ROE分位"，ROE已出现底部拐点的行业

通过图5-4列示的当前"低PB分位+低ROE分位"，加上考察这些行业的ROE稳定性，以及是否出现边际拐点，可以得出传媒、LCD面板、有色金属、电力设备与新能源、新能源汽车、建材、轻工和家电等8个行业，将有可能出现反转。

可以看出判断PB和ROE是否在低位其实很简单，最重要的是判断行业的ROE是不是能够在未来出现反转。这需要投资者对市场的前瞻性判断，也需要结合一些优质的研报数据。

2. 落难王子型

公司是非常优秀的，因为自身的经营战略出现问题，或者市场的大幅度杀跌，导致其估值非常低。这个低估是明显低于正常水平，而不是数字上的低估。最具投资价值的是市场大跌导致市场过分看低公司，或者一个不影响公司基本面的坏消息。公司的经营和护城河没有受到实质性的伤害，甚至经营周期都没有出现扰乱。

比如，从2015年到2019年初，格力电器出现了3次市盈率低于7的估值，但每次跌到这样的时候，公司基本面没有出现问题。因此，每次在这样的低位买入，基本上就是捡钱的机会。

这样的机会百里挑一的原因在于，本质上公司是处于经营的上升周期中，业绩释放没问题，护城河也没有问题。只是外部市场和内部的一些意外扰动，导致公司股价短期大幅度下跌，是市场出现恐慌导致的。

这种公司基本上以白马股公司居多，有着很好的赛道，公司的经营环境非常不错。只要确保股价是因为短期的情绪大幅下跌，那么就值得重点关注。

3. 产能释放型

最隐蔽和有大机会的，就是产能释放型的公司，即业务需求非常强盛，但是现有产能已经全部释放、在建新产能还没有释放的公司。一旦新产能开启，完全能够大幅度提升业务的销量和利润。有时候市场给了这些公司一个很高的估值，让很多人看不懂。

尤其是次新股，有些次新股的市净率常年在5倍以上，但是公司在上市一两年并没有业绩高速增长。这就是因为次新股募集资金之后，后期有巨大的产能，能使公司提升一个台阶，只要保证公司的未来产能能够被完全消化。

在新产能刚释放之前，公司的经营可能会很难看。新产能建设或者技术更新需要大量的资金，很多公司必须融资才能解决。而且新产能的建设时间长，原产能产生的利润有可能会持续不断投入新产能的建设中，导致公司的利润释放不出来。随着新产能开始投放，公司的开支减少、营收增加，利润端会表现出爆发性的增长。

鲁西化工是2016—2018年的大牛股，最主要的原因是从2017年开始，新的产能开始不断释放。如表5-2所示，在2014年—2016年持续产生巨额的资本开支，导致公司的利润释放出现很大的问题。连续的经营业绩不好导致市场不看好鲁西化工，股价一直"跌跌不休"。

到了2017年，公司的产业园基本完工，许多新产品的产能开始释放，经营现金流大幅增加。当年净利润同比增长670%，呈现高速增长态势。由于化工行业是规模化非常明显的，有大量的厂房生产线，导致这样的重公司的利润杠杆很大。以至于4倍的经营现金流带来了8倍的利润增长。

表5-2　鲁西化工2014—2017年各经营指标相关分析　　（单位：亿元）

	2014 年	2015 年	2016 年	2017 年
资本开支	21.52	30.00	24.90	35.32
净利润	3.62	2.89	2.53	19.50
净利润增速	17.00%	−20.17%	−12.46%	670.75%
净现金流	13.20	17.43	10.83	40.07

5.2　产品接力策略

前面我们讲到了生命周期理论和产品接力策略，那么我们就以这两个知识作为切入点，对公司进行分类。公司生命周期理论简单地说是公司的业务要经历投入（初创）期、成长期、成熟期和衰退期。这是在公司产品单一的情况下，做出的简单分类。但是我们知道公司的业务涉及的产品不可能只有一种，如果真这样经营风险实在是太大了。就连A股中最强大的贵州茅台，也是经营着两种不同的白酒。这就不可避免地要叠加不同周期的产品，分析的时候就需要对公司的产品进行拆解。

5.2.1　产品接力策略下的销售额

在A股中的公司一上市就在经营上有些年头了，度过了以前规模很小的发展阶段。大部分上市公司是经营多种业务的，我们的分析就不能单纯只考虑其中一种业务。只能说有侧重点地去考察公司哪块业务未来能够实现高增长，可能A公司我们需要分析的是公司的主业，B公司可能要分析的是公司刚发展的业务。

能够让公司更长久增长的方法就是公司执行产品接力策略。正是由于产品接力策略，原产品和新产品推出时间和拓展空间不同，造成了各业务之间的生命周期是不一样的。多种业务的生命周期如果一样，公司的波动就会非常巨大。或者产品的属性不是重复消费品，没有基础业绩，业绩波动的可能性就更大。就像A股当中的周期股，一旦产品的生命周期处于衰退阶段，就给公司的稳定盈利带来很大的挑战。

所以，我们还是要回归到前面所讲的内容：长牛股的基因——产品接力策略。只有产品不断创造出来，一个接一个被市场接受，公司的业绩才能持续稳定提升。

产品接力策略不仅仅是公司为了业绩能够稳定发展，也是公司的一种忧患意识。即使公司的一款产品在销售过程中出现业绩下滑，或者市场份额缩减，还会有其他的产品进行补充，避免公司业绩一落千丈。

产品接力策略最好的状态是公司的原产品销售量达到顶峰，新产品开始投入市场，接力公司的业绩增长。这样新产品在未来提供增量的收入，原产品为公司提供基础性的业绩支撑，避免了公司受到生命周期的束缚。公司的增长过程如图5-5所示。

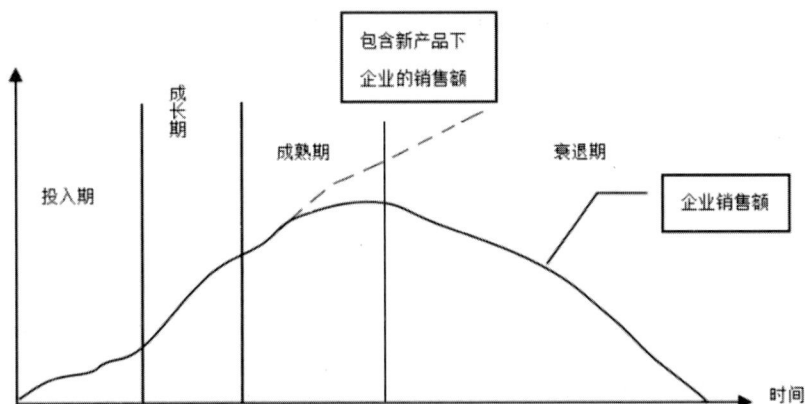

图5-5　提前引入新产品后公司收入对比

　　既然产品接力策略能壮大公司的规模, 提升公司的业绩, 自然很多公司都会这样做。理想状态下, 公司的产品线越多, 经营规模就会越大。每种产品给公司创造业绩的比例虽有不同, 但多种产品在一起组合起来能够使公司的业绩稳定增长。

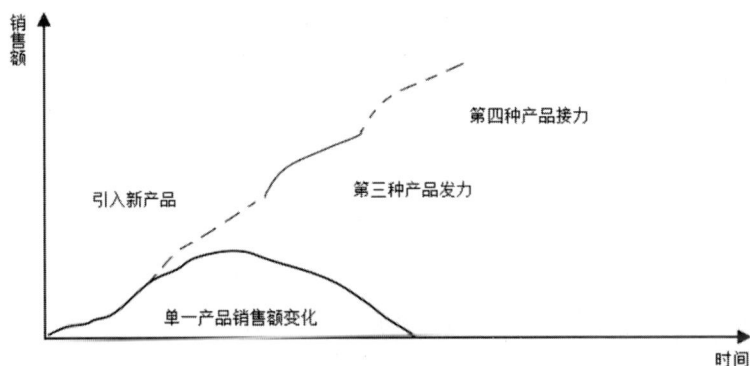

图5-6　多种产品对公司销售额的影响

　　图5-6是理想中的产品接力策略所形成的销售额图形, 现实中很少有公司经营规模曲线是这样的。其中的原因可能是行业衰退和整个经济衰退, 但更多的是管理层没办法保证每个新产品接力都会及时增厚公司业绩。新产品想要有

好的业绩, 不仅仅在于产品本身, 还在乎于市场的接受度和推出的时机。要是每个公司都能有这样成功的产品接力策略, 市场就不会有垃圾股, 甚至不会有造假的公司。

5.2.2 产品收入的反转

前面的这种产品接力策略实在是太完美, 现实当中并没有那样的未雨绸缪, 管理层的预见性也不会那么强。只有优秀的管理层会经常向市场推出新产品, 才能保证这样的销售曲线。即使是这样, 也会出现推出的新产品失败的例子, 这是不可避免的。只不过当公司成功后, 这些失败的产品就不值一提, 也是经营公司常见的现象。

更多的管理层是面对一种产品快速增长的时候, 集中精力去开拓新市场, 新产品的上市可能就要推迟。这也是一个不错的经营战略, 原产品拿到市场最大的份额, 成为行业龙头, 总比什么都做, 一大堆业务, 没有竞争力要强。只有顶尖的管理层才能在原产品和新产品上达到平衡, 更多的公司是能铆足力气干一件成功的事就很优秀了。

更一般的情况是, 原产品销售额在飞速增长的时候, 公司管理层会在原产品上花费大量精力, 获取更高的业绩和现金流。要知道公司面临的是激烈的竞争, 不是广阔的空白市场, 所以有利于原产品推广时, 一定要加大资源的投放力度, 增强产品的竞争力。不好的地方在于, 一旦原产品业绩出现下滑, 市场空间出现天花板, 没有新产品的接力, 那公司的业绩下滑也是很快的。所以我们更多的时候面对的是产品收入的反转, 而不是完美的接力, 如图5-7所示。

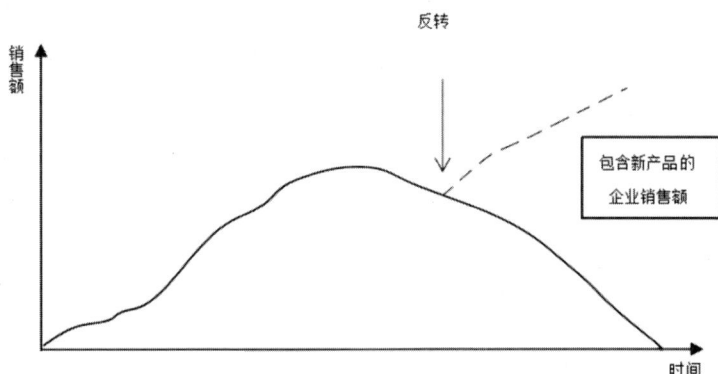

图5-7　产品收入反转

在市场当中，我们习惯把这种现象称为业绩反转或困境反转。这样的公司在A股里面太多了，不是每个公司的产品都能够一直稳定增长下去，尤其是那些周期性的公司，业绩更是起起伏伏。

业绩反转分为两种：（1）管理层在没有推出新产品情况下，原产品的业绩开始复苏增长；（2）如果管理层在业绩下降时及时推出新产品，就能够很好地拯救公司原本下滑的业绩。这两种情况下股价肯定是跌得很惨，后期股价随着业绩的增长而上涨，也不失为一种非常好的业绩增长逻辑。

5.3　不同的投资对象

在这里我们也看清楚了一点，基本面分析要落实到产品上，最好是对公司产品进行拆解。具体可以分为三种业务和所对应的不同生命周期：

（1）原产品——成长期/成熟期/衰退期：产品经营时间很长，过了成长期，进入成熟期或衰退期（产品经营时间不长，也可考虑在成长期）；

（2）新产品——成长期/导入期：视产品经营时间长短，分为导入期和成长期；

（3）在研产品——期待：产品还未问世，市场对产品的预期态度。

在这里我们不讨论在研产品对公司的影响，毕竟在业绩释放上还没有影子。新产品和老产品的不同组合，这是我们基本面分析的重点。

既然公司的发展是多产品同时进行或者接力，那么我们把每种产品的生命周期弄清楚，然后叠加起来，那基本上就能对公司的业绩做出一个粗略的估算。把业绩未来能增长的投资类型留下来，自然就找到了需要投资的公司。我在这里假设公司只有两款产品（A产品和B产品）进行组合，将这些组合进行分类，得出以下几种投资对象。

5.3.1　成长创新型（成长+导入）

这样的公司收入同比增长不是很快，因为A产品处于成长期和B产品处于导入期。在释放利润的节奏上，两者有着很大的不同。导入期的产品盈利水平不行，只能作为一个概念进行投资。成长期的产品业绩释放能力强，赚到的利润要支持B产品，总体业绩释放自然就变差了。

原有业务在成长期，能够很好地为公司创造利润。如果原业务的竞争优势非常大，那么就能够保证比较好的现金流。拥有富裕的现金流，公司在推广新产品上，就比较顺畅了，不会因为资金的问题，业务发展很慢。

不过危机在于新业务的发展可能会失败，这点是对成长创新型投资对象投资时必须要考虑的事情。公司的新业务不可能推出一个成功一个，成功了自然增厚公司的业绩，业绩增速非常高。但是一旦新业务出现问题，那么新业务既花了原业务赚到的钱，自己还亏损，导致双重亏损。

结合这种类型业绩释放的优缺点看，投资这样的公司有一定的风险。投对了具备很大投资价值，投错了亏损幅度很大，也是识别难度最高的。

刚上市几年的次新股很符合这样的特征。很多新股上市融资的钱投入原业务的新产能建设，一部分会投入新产品的研发。这样的结构虽然偏重于原业务，但在原业务获得大量支持的情况下，新业务发展也能够加速，在业务风险上没有那么高。

刚上市的公司，原业务获得的利润和现金流不需要回补新产品的研发，能够积累实实在在的利润。这个阶段公司在原业务和新业务上融到了钱，不需要担心产能建设出现的资金短缺，公司只要一心一意生产就可以。

融资获得的项目建设期一般在2~3年，随后就会释放出新的产能。尤其对于那些上市业绩不错，继续产能扩张的公司来说是快速增长的机遇。等到公司的新产能释放后，业绩会进一步高速提升。新业务的研发在两三年后开始发力，这样的组合成功了会获得超高的增长速度。

2015年万孚生物登陆创业板，主要产品可分为四类：

(1)妊娠检测，主要是判断是否怀孕；

(2)传染病检测，覆盖艾滋、肝炎、疟疾、流感等；

(3)毒品检测，市场主要在美国；

(4)慢性病检测，慢性病如心梗心衰、糖尿病等。

报告期内万孚生物的主营业务收入构成情况如表5-3所示：

表5-3 万孚生物2012—2014年主营业务收入构成情况表

项　　目	2012 年		2013 年		2014 年	
	金额(亿元)	占比	金额(亿元)	占比	金额(亿元)	占比
慢性病检测	0.18	7.93%	0.21	8.50%	0.45	12.33%
传染病检测	0.74	32.60%	0.69	27.94%	1.15	31.51%
毒品类检测	0.48	21.15%	0.78	31.58%	1.16	31.78%

续表

项 目	2012 年		2013 年		2014 年	
	金额（亿元）	占比	金额（亿元）	占比	金额（亿元）	占比
妊娠类检测	0.84	37.00%	0.79	31.98%	0.87	23.84%
贸易类		0.00%		0.00%		0.00%
其他	0.03	1.32%	0.00	0.00%	0.02	0.55%
总收入	2.27	100.00%	2.47	100.00%	3.65	100.00%

在研发项目上，包括彩色微球（胶体金，彩色乳胶）检测系列、荧光定量系统相关项目、电化学检测系统相关项目、原材料制备相关项目、光学检测仪器技术平台等项目。既有对原有产品的升级，又有新领域上的创新。公司的研发投入以及占当期收入比例情况如表5-4所示：

表5-4　万孚生物2012—2014年研发投入以及占当期收入比例情况

项目（单位：亿元）	2012 年	2013 年	2014 年
资本化支出	0.03	0.03	0.03
费用化支出	0.25	0.27	0.34
研发投入合计	0.28	0.30	0.37
营业收入	2.27	2.50	3.65
研发投入占比	12.33%	12.00%	10.14%

从万孚生物的募集项目上看，一方面是提升公司的产能和生产线质量，一方面是对原产品的升级和新产品的研发，如表5-5所示。

表5-5　万孚生物IPO融资项目细则

项 目	投资总额（亿元）	募集资金投入金额（亿元）	
		第一年	第二年
体外快速检测产品扩产和技术升级项目	1.08	0.69	0.39
营销网络扩建项目	0.81	0.36	0.45
研发中心和国家工程实验室能力建设项目	0.46	0.40	0.06
补充流动资金	0.80	0.80	
合计	3.15	2.25	0.90

有了充足的资金后，公司就开始大干特干。上市时万孚生物产品以妊娠检测和毒品检测为主，这两块业务的收入占了55%以上。上市之后妊娠检测和毒品检测业务收入比例不断下降，到2019年两项业务占比已经小于20%。慢性疾病检测和传染性检测收入比例不断提高，2019年已经超过50%。为什么会有这样的收入结构变化呢？我们来看看万孚生物这些年来的技术发展历程：

（1）2009年之前：以胶体金技术、彩色乳胶标记技术为主；

（2）2009—2016年：以荧光免疫为主的定量检测为主；

（3）2017年至今：新的化学发光、电化学、干式生化技术。

在招股说明书上，万孚生物明确了项目的使用意图。新增的产能主要用于妊娠和优生优育类、毒品类、传染病类和慢性疾病类快速检测产品。公司一边发展妊娠类和毒品类检测业务，一边也在加速新业务：慢性疾病检测和传染病检测，扩大这两类业务的规模。

如表5-6所示，随着公司产能在2017年的释放，新业务在不断增长，慢性疾病检测从2015年的0.76亿元增长到2019年的6亿元。占收入的比重从2015年的17.72%，增长到2019年的28.96%。在原业务上，妊娠检测和毒品检测收入比例一直下降，2019年已不足20%。但是这两类业务整体上也处于稳增长态势。

表5-6　万孚生物2015—2019年各业务占比结构表

项　目	2015 年		2016 年		2017 年		2018 年		2019 年	
	金额（亿元）	占比	金额（亿元）	占比	金额（亿元）	占比	金额（亿元）	占比	金额（亿元）	占比
慢性病检测	0.76	17.72%	1.06	19.31%	2.31	20.07%	4.20	25.44%	6.00	28.96%
传染病检测	1.51	35.20%	1.95	35.52%	3.06	26.59%	4.00	24.23%	5.80	27.99%
毒品类检测	1.17	27.27%	1.34	24.41%	1.84	15.99%	2.30	13.93%	2.30	11.10%

续表

项　　目	2015 年		2016 年		2017 年		2018 年		2019 年	
	金额（亿元）	占比	金额（亿元）	占比	金额（亿元）	占比	金额（亿元）	占比	金额（亿元）	占比
妊娠类检测	0.82	19.11%	0.89	16.21%	1.29	11.21%	1.29	7.81%	1.50	7.24%
贸易类		0.00%	0.19	3.46%	2.85	24.76%	4.41	26.71%	4.60	22.20%
其他	0.03	0.70%	0.06	1.09%	0.16	1.39%	0.31	1.88%	0.52	2.51%
总收入	4.29	100.00%	5.49	100.00%	11.51	100.00%	16.51	100.00%	20.72	100.00%

由于研发了传染病检测产品，在2020年上半年的新冠病毒检测当中，公司的检测试剂盒销量大增，这块业务出现大的增长。检测产品销往世界各地，导致2020年上半年万孚生物的业绩达到4.5亿元，同比增长达到120%。

后期万孚生物还将进入宠物疾病检测市场，市场前景广阔。公司已经上市了4款宠物检测产品，相信会成为公司未来新的增长点。

5.3.2　连续接力型（成熟+成长）

原业务已经很成熟，增长速度比较慢了，没有以前的高增长态势。最好的状态是在成长期后期将新业务慢慢推广到市场上，使得自身的经营效率达到很高的水平。这样公司的原业务还能持续增长几年，新业务在这几年中将慢慢占领市场。等到原业务的业绩增速减缓了，新业务的业绩占比开始上升，整体上公司的业绩增长处于一个稳定增长的状态。

最好的接力状态只能在极少数的公司里发生，可以说A股99%的公司都不具备这样的经营格局。既要平衡原业务的高速增长，又要在新业务上非常成功地切入市场，这需要对公司的产品属性、渠道、品牌等进行最好的经营安排和战略规划。考验的其实就是管理层的能力和对行业未来发展的信心。

恒瑞医药的发展路径就是典型的连续接力型，原产品虽然处于成熟期，胜在需求稳定性强。新产品已经推出一段时间，正在放量。这样的增长模型就很符合理想型的产品接力策略,公司的销售额在一步步提升。

5.3.3 缓慢接力型(成熟+导入)

连续接力型的公司很少的原因很多是行业、生意模式和管理层能力出现问题。有些则是公司对业绩释放时机的把握力度弱导致的。对于时机把握不好的公司,业绩的起伏就会变大。原业务高速增长后开始低速增长,新业务还没有上市或者正处于扩张阶段,没法给公司提供增量业绩。

这就导致了公司的业绩刚开始是高速增长,过了几年后开始低速增长。当新业务开始贡献业绩的时候,公司的业绩又回到了高增长的态势当中。

医药研发领域当中有两个最典型的公司,复星医药和恒瑞医药。恒瑞医药的增长之路我们研究完发现,它的增长属于连续接力型。而复星医药的业绩增长,更加符合缓慢接力型。

复星医药的业务分为三大板块,分别是医药制造与研发、医疗器械与医学诊断、医疗服务。医药制造与研发目前贡献的收入最多,占营收75%。

如表5-7所示,这些年复星医药的业绩增长呈现一个很明显的区别,2011—2016年收入和扣非净利润的增长速度非常快,尤其是扣非净利润的增长速度,达到复合增长26%左右。可是到了2017年收入的增长速度还是不错的,但扣非净利润的增长速度出现问题,呈现出典型的增收不增利,这是什么原因导致的呢?

表5-7 复星医药2011—2019年收入和扣非净利润增长情况

	2011 年	2012 年	2013 年	2014 年	2015 年	2016 年	2017 年	2018 年	2019 年
收入(亿元)	64.86	73.41	99.96	120.26	126.09	146.29	185.34	249.18	285.85
收入同比增长		13.18%	36.17%	20.31%	4.85%	16.02%	26.69%	34.44%	14.72%
扣非净利润(亿元)	5.65	8.61	10.26	13.31	16.56	20.93	23.46	20.90	22.34
扣非净利润同比增长		52.39%	19.16%	29.73%	24.42%	26.39%	12.09%	−10.91%	6.89%

复星医药的仿制药是其重要的利润来源，主打产品是辅助用药前列地尔和小牛血清去蛋白，是年销售额达5亿元的产品。受到4+7集采的影响，2018年经营小牛血清去蛋白的锦州奥鸿销量减少，净利同比下降39%。2019年更是被踢出了医保目录，对于公司是又一次重大打击。但因为海外收入的大增，加上新并购的公司，公司的收入增速还是不错的。

最为重要的是复星医药药品虽然多，但是没有明星主打产品。导致主要产品被带量采购影响之后，只能适度补充。加上研发和业务布局投入上升，部分参股企业亏损，费用增加，如控股子公司复宏汉霖实施员工股权激励计划报告期内列支股份支付费用、控股子公司奥鸿药业利润减少以及报告期内对控股子公司Breas计提商誉减值准备人民币8 000万元等因素的影响（2018年年报数据）。

在新产品上，复星医药的重磅药都处于研发阶段，并没有为公司提供业绩的支持，反而花费了大量的公司资金。公司研发的产品主要在以下三个方面：

（1）长托宁、万古霉素、曲伐他汀等新一类仿制药；

（2）单抗、小分子靶向药成为研发投入的主力；

（3）细胞治疗药物、first-in-class全新靶点分子药物。

这就是典型的业绩接力不上的特征，原有业务受到规模扩大或者行业等因素的影响，增速在下滑。新业务研发时间长，在原业务已经不能提供高速业绩的情况下，新业务迟迟不能给公司带来业绩，还会持续花公司的钱。这也是常态的公司增长历程，也可以称之为业绩反转类型。

5.3.4 期待型（衰退+导入）

更有甚者，原业务已经遭遇行业天花板，不仅不会增长，还很可能出现亏损。可公司新的方向上没有很好突破，新业务刚刚起步。这就导致了公司业绩一年比一年差，新业务业绩释放遥遥无期，原业务业绩让人看不到希望。

此时公司的希望就只能在新业务上，可能需要放手一搏。如果新业务再出现问题，对公司的打击那是致命的。投资这样的公司可以说是一场赌博，成功了赚点小钱，失败了亏大钱。

UT斯达康公司就是典型的例子，原业务不行的同时，新业务走了错路，导致公司的股价跌到了极致。UT斯达康刚开始的时候是做小灵通业务的，抓住了中国移动资费高的机遇，大力发展低资费的小灵通业务，迅速打开了中国市场。

公司的业绩自然一直在不断增长，连续17个季度打破华尔街增长预期。可是成也萧何、败也萧何，UT斯达康对小灵通业务太过执着，没有后续的新业务接力。中国市场逐渐饱和，移动运营商降低资费以及第三代移动通信前景明朗化，加上固话运营商中国电信和中国网通都开始减少对小灵通这种落后过时技术的持续投资，小灵通业务迅速萎缩。

当然每个公司都会有新业务储备研发，UT斯达康也不例外。2005年前后UT斯达康进行了多次的转型尝试，例如在日本、韩国等国际市场发展宽带窄带以及介入产品，收购加拿大Telos技术公司以及Audiovox通信公司的手机终端业务，眼睛也盯上了3G。而且对于3G业务，UT斯达康投入比例很大。可是事与愿违，中国市场选择了本上的TDSCDMA作为国家标准，没有选择欧洲版本的3G技术WCDMA，自此UT斯达康的3G业务完全失败。业绩自然越来越差，主业不行，新业务鸡飞蛋打。

5.3.5　反转型（衰退+成长）

一般的公司都会在原业务处于成熟期，业绩增长没以前那么高的时候，开始考虑对新业务的探索。新业务成功了，后期的业绩增长就有了保证，那就属于业绩反转类型；新业务失败了，后期的业绩一落千丈。

国内ATM设备的龙头广电运通，在ATM设备领域一直遥遥领先。随着移动支付发展迅猛、现金使用率不断降低，银行ATM装机量不断减少并伴随产品单价的下滑，量价齐跌的打击使得ATM行业景气度在2017年迎来阶段性低点，行业参与者在收入端普遍出现30%左右下滑。

原业务不行的原因是行业受到了巨大的冲击，而且这种冲击是不可逆转的。公司如果还坚持在原业务上，后期必然会被淘汰。2017年广电运通调整战略，选择聚焦于智能金融、智能交通、智能安全、智能便民四大领域。通过收购相关公司，加上增加研发投入并设立FinTech研究中心、成立人工智能研究院等机构，投入巨资到新业务上。

公司到2019年成功转型，原业务处于逐步缩减态势，新业务发展非常迅速。智能金融业务收入28.74亿元，占总收入的比重达到44.24%；智能安全业务收入21.47亿元，占总收入的比重达到33.06%；智能便民业务收入10.29亿元，占总收入的比重达到15.84%；智能交通业务收入3.06亿元，占总收入的比重达到4.7%。可以说广电运通的转型非常成功，解决了原业务未来无法持续经营的大问题。

5.3.6 注意事项

从这五种产品接力类型上，我们可以看到，原产品的需求稳定性非常重要。原产品所处的行业，产品属性如果在需求上不稳定，那么公司的业绩基石就会出现问题。我们经常看到有些公司的业绩几年一个轮回，前些年能赚10亿元，这两年只能赚个几千万元。其中的原因就是原产品经营的需求稳定性不强，导致公司的股价起伏非常大。

而在产品接力策略上，最看重的其实是管理层对经营方向和节奏的掌控。还是一句话,公司的强大是在正确的时机做了正确的事情,抓住了最好的机会。识别机会并付诸实施靠的是管理层的能力。表5-8为各种投资类型的特征。

表5-8　各种投资类型的特征

投资类型	识别难度	危险之处	关注的重点
成长创新型	困难●●●●	两种业务都在市场强烈的竞争中,就怕出现业务竞争力不足而被淘汰	两种业务的未来需求空间和公司构建的产品竞争力
连续接力型	简单●	风险不是很大,原产品需求稳定,新产品在发力	发展的节奏
缓慢接力型	简单●●	原产品的衰落和新产品的竞争力不足	原产品需求的稳定性,新产品竞争力
期待型	困难●●●●●	新产品竞争力不足	原产品的反转和新产品竞争力
反转型	适中●●●	新产品的后期发展空间	原产品的反转和新产品竞争力

5.4　扩　　张

公司永远是一个舞台,表演得成功与否就要看主角的担当。管理层是公司成长的一个重大因素,好的管理层能够看到行业的前沿,促使公司爬升到行业领先位置。差的管理层则能将一家好公司带入一处处危险的深渊。成功的公司总是有相似的品格,失败的公司则有着各种不同的问题。

管理层经营公司永远都在和未来博弈,不管是面对同行业的竞争,还是未来产品的迭代升级。总之,面对不确定的未来和竞争对手的挤压,管理层要平衡的因素实在太多。这也就是为什么大家都喜欢那些明星企业家,通过他们的演讲,大家仿佛感觉自己就在公司管理层,思路是那样清晰。当真的开始自己做的时候,又困难重重。

5.4.1　有害的扩张

公司的成长和人一样,需要不断补充知识,锻炼实践能力,才能在所在的领域有所成就。公司的成长需要经历资本的投入、产能的升级、新市场（新产品）的扩张和业绩释放。这是公司的一个业绩实现的过程。但对公司进行投入扩张还是利润释放，永远在管理层的脑中做着平衡。如果公司管理层能够把握住这样的平衡，公司业绩释放和业务的持续扩张将是一条非常完美的曲线。当这样的平衡公司管理层无法掌控的时候，随之而来的就是业绩的起起伏伏。

规模的扩张和业绩的释放永远是一对冤家，总是考验着管理层的决策能力。要扩张就需要牺牲点利润，牺牲掉现金流，因为扩张就需要烧钱。公司总是有着未来规模持续扩大的冲动，但现在的现金流和利润能不能支持公司的扩张，也是一个很大的问号。不扩张要利润、要现金流，公司的报表看着很舒服。但是危机也在持续不断地围绕着公司，对手永远要蚕食你可能的市场。公司不扩张，同行会抢先一步。不扩张即使现在有好的利润，未来没有扩张空间也只是饮鸩止渴。从长期来看，未来公司的增长会很难看，毕竟能一招鲜吃遍天的业务在当今商业社会很难出现。

公司的扩张不可好高骛远，一开始尽量不要设定一个非常高的目标。公司如果真的执行这样的目标战略，到头来会死在烧钱的路上。

1. 只求快速增长

这是最危险的扩张方式，尤其是在一个竞争激烈的行业中寻求快速增长。快速扩张的公司需要大量的资本支持，这个阶段很容易出现现金流短缺。一旦开始快速扩张，公司根本停不住脚步，只能疾驰向前。资本的本性是追逐利润，达到一定的规模、快速盈利，是资本投入的先决条件。一旦扩张不能带来这样的效果，墙倒众人推，公司扩张失败就成为一种必然。

快速增长导致公司失败的典型案例就是顺驰地产，在快速拉长战线、盲目在全国扩张后出现一系列问题导致破产。在2002年顺驰的销售额就达到了14亿元，这样的销售额在当时是数一数二的。但是管理层首先想到的不是如何高效率经营公司，而是准备在3年内赶超当时销售额有44亿元的地产龙头万科。

顺驰的扩张丢弃了最有优势的天津市场，在其他相对陌生的城市里快速拿地、快速开工、快速销售。目的就是能换回快速的回报，把公司的规模快速扩大。在接下来的几年里，顺驰以高价疯狂地在各城市拿地，也就是这个节奏让顺驰的现金流受不了。在快速扩张下，顺驰的问题明显地暴露出来了，即使2004年顺驰的销售额突破百亿。

顺驰最大也是必然发生的问题就是，高价拿了那么地，自然短期内无法有如此多的资金可以吃得下这块肥肉。管理层只能采用"五个盖子盖十个碗"的方式，用"蛇吞象"的野心在付款和回款差上来维持公司现金流的运转。于是就有了"快速拿地、快速开工、快速销售、快速回款"的经营策略，当然房地产公司以"快"取胜本身就是切中行业经营之道的。只不过，过分追求快，到最后是自掘坟墓。

但是这个战略的实施与管理层的执行力并没有很好地配合，顺驰过分强调人的"激情"。这使得公司最后的落实与先前的计划南辕北辙，也许这就是理想很丰满，现实很骨感的真实写照。

战略上的失败造成公司商业模式上存在巨大的缺陷。公司的负债率非常高，利润率过低，现金周转变得困难。抗风险能力非常弱，何况自身处在一个受经济影响非常大的行业里。

快速扩张就怕公司的资金链跟不上，一旦出现这个问题，就会发生连锁反应。那么我们该如何知道上市公司出现了这种现象呢？

第一：运营管理很难跟上。当公司快速扩张时，管理层内部的经营要保持同样的节奏和高效运转。小公司有小公司的解决之道，大公司有大公司的经营方式。可如果跨入大公司的时间过短，无法适应的经营模式会让公司管理层出现决策失误，毕竟管理层运营公司很多时候靠的是过去的经验。

不过投资人在这点上很难对公司的经营作出判断。在前期公司已经很成功的情况下，公司继续实施扩张计划，认为公司大概率会成功无可厚非。除非出现极大的战略失误，不然很多投资者没有能力去判断扩张到底会如何。

第二：支出在盲目扩大。顺驰这样高价位拿地，总有一天会受不了，且不说资本投入问题。支出的增长最终目的是换取更好的现金流动，如果只是增加公司的设备和人员，那么这样的增长是错误的。最怕的是不考虑经营后果的支出，一味想占领新市场，不去关心公司的承受力度。

第三：现金流危机。随着公司的扩张，现金的进进出出非常频繁，也非常庞大。具体在于支出是实打实的，而收入这块的灵活性就很大。销售收款可能给与客户很大的信用期间，这样的反差令对现金流的要求很敏感。公司的销售增长很快，但应收账款增长速度更快，这些公司的规模在报表里是不断增长，但拨开云雾来看公司缺失的是现金的流入，只是会计收入增长。普遍的认知是一个有收入有利润的公司不会出现危机，但是现实可不是这样。没有现金的日子才是最要命的，利润只是躺在报表上的数字而已。实际上，在这方面栽跟头的聪明人简直不计其数。

大家都能想象不断投钱换来的却是一张张白条的疯狂感觉。可能几次销售回款出现问题，公司就会出现现金流危机。这个时候继续支出那是必须的，可惜没有钱来投入。任何时候分析一家公司，都要紧扣现金流这个指标。不只是现金流情况，更要关心现金流的来龙去脉。公司现金的流入是否健康持续，流出的方向在未来是否能加强公司的竞争力，流出的金额公司能不能承受。

第四：客户服务没有跟上。有些公司的扩张会出现一些很严重的问题，如忽略对原市场的维护，一味追求新市场。客户的增加本身是两面的。一方面客户的增加能够使得公司规模有很大提升，但另一方面维护公司客户的成本也就不断增长。一旦在维护上出现问题，再多的增长也无济于事。如果一家公司在扩张的时候没有对产品和服务进行升级，只是一味扩张市场份额，一旦出现客户对产品的黏性减弱，可能就会出现新市场和原市场客户抛弃公司的产品的状况。

快速扩张很容易带来一个效应：公司的产品体验度越来越不好，这个时候对产品的升级是必要的。共享单车的出现解决了人们出行最后一公里的问题，对人们的生活有着非常大的帮助。于是自共享单车被全社会接受后，开启了全国的爆发式扩张。但是在这个扩张过程中，ofo单车犯了许多严重的错误：

（1）扩张太迅速，现金流压力一直存在，后期找不到融资方；

（2）单车成本太低，没有过多维护，用户体验感太差；

（3）管理层没有及时改正错误，作出最优的决策。

这是快速扩张中最容易忽视的内容，一味追求快，却忘了公司取胜的最关键因素——优质的产品和服务。产品跟不上，不仅仅是新市场的扩张起不到最好的效果，更大的可能是在原有的市场快速失去客户。也就是捡了芝麻丢了西瓜，将公司置于一个怪圈当中：扩张新市场的过程做得很快，原市场的份额也下降得很快。但是原市场所要维护的成本和费用却一点都没有减少，新市场又急需大量的资金补充。一边在补充能量，一边却在放血，发展到后期新市场开始出现问题。

ofo走的就是这条路，开辟新市场的速度很快，很多时候都是提前摩拜一步到一个新城市投放共享单车。但致命的一点在于ofo的单车损坏程度很高，用户体验非常差。比不上后进入的摩拜单车，更可怕的是摩拜单车一步步在升级，给用户的体验一次次提升。在佣金这块ofo也是落后于摩拜，总体上用户花在ofo上的金额大于摩拜。可以说是花了大钱换来的是厌恶的体验，自然后期ofo就经历了"退押金"风波。

同时管理层的决策一错再错。对于一个以规模化取胜的公司来说，应尽量多地改良产品和大量融资，使得产品在市场里形成强大竞争力，就像格力、美的在空调行业一样。先将产品做到行业领先地位，同时与大型资本合作。其次就是利用规模化优势淘汰小型公司或者产品质量差的公司，使得公司在这个行业形成一定的垄断。在ofo快速扩张的那个阶段，公司内部已经出现了大量的问题，并且，在ofo的内部也缺乏这样的专业化团队。

2. 盲目多元化扩张

多元化不可怕，但是需要时机。一家公司如果在原行业里已经做到了第一，接下去再去提升市场份额要花费很大的成本，那还不如换一个行业。最怕的是盲目多元化，做着公司一点都不擅长的业务。虽然业务种类很多，理论上可以屏蔽系统性风险。但是如果管理者对这些业务做不到精通地经营，运营效率提不上来，那还提什么增长呢？

公司多元化最好的选择是纵向一体化：在现有业务的基础上，向现有业务的上游或下游发展，形成供产、产销或供产销一体化，以扩大现有业务范围。首先，这些扩张的业务是公司在经营过程中经常接触的，供应商的水平、客户的需求这些都在长期耳濡目染中已被公司掌握了。切入这些行业对公司来说已有一定的经验，可对公司产品做进一步深加工，或者对资源进行综合利用，或公司可建立自己的销售组织来销售本公司的产品或服务。

其次就是横向一体化。在原业务出现停滞后，开展那些和当前业务有补充效应的业务，沿着公司的文化和技术去发展新业务。这样不仅可以继续扩大规模，还实现了降低成本，减少竞争对手的目标。记住公司的护城河：新业务最好与老业务有一定的关系，不希望看到新业务突然出现在一个新行业里。

最怕的就是在不同领域进行多元化，公司管理层又没有这样的能力。业务战线拉得太长、摊子铺得过大，必然要求资金、管理和配套的经营活动必须很好地配合。事实证明，凡是盲目多元化扩张的，很容易走向失败。凡是伟大的公司，走向多元化的路线都是有着专业化的基础。只有当懂得新行业的玩法时，才能推陈出新，慢慢形成竞争力占领市场。

专业性和专注度对于公司来说是非常重要的。新浪的微博、腾讯的微信和阿里的物流，都是在其核心业务基础上的创新和补充，与其核心业务有着很强的关联性。反观乐视开展的业务，不仅仅是烧钱这个大问题，上市七年烧钱1 500多亿元，更多的是这些业务的关联性实在太差了，没有进一步锁定客户。客户买了乐视的新产品，一旦用得不好，可能马上转投其他公司的产品。

3. 坏账、负债跑得太快

投资者能够直观从数据感知到公司扩张出现问题的地方，应该就是坏账，分为应收账款坏账和存货的坏账。以应收账款为例，在《投资第一课：零基础轻松读财报》一书中，我给出了一个概念：未回款比值。应收账款本期增加额与本期收入的比值（未回款比值）更能代表公司回款能力的强弱。本期未回款比值越大，表明公司在当年基本上没有收到多少现金，采用的是赊销方式做生意；未回款比值越小甚至为负值（应收账款本期增加额为负）代表公司的回款能力越强。此比值每年的趋势代表着公司每年回款能力的强弱变化。通过对公司各年度未回款比值的比较也可以知道公司在销售收款环节的能力大小。

表5-9　海康威视各年度未回款比值

（单位：亿元）

科目及指标	时　间						
	2010 年	2011 年	2012 年	2013 年	2014 年	2015 年	2016 年
应收账款	5.32	9.48	15.97	28.79	42.82	81.26	112.43
应收账款本期增加额		4.16	6.48	12.82	14.03	38.44	31.17
销售收入		52.32	72.14	107.46	172.33	252.71	319.24
未回款比值		7.95%	8.99%	11.93%	8.14%	15.21%	9.76%

从表5-9中可以看出，海康威视在2011年到2016年未回款比值稳定在10%左右，这样的比值表明公司当年产生的收入里只有10%没有收到货款，即销售回款速度上非常快，基本上不会出现大量货款拖延收回的情况。

这是海康威视的未回款比值。现在我们设想一家正处于急速扩张的公司，为了占领市场会做出什么样的举动呢？首先，肯定是争取到非常大的融资，只有钱够了才有市场扩张的可能；其次，就是生产产品和在新市场里建立销售网点，争取更大幅度接触客户；最后，就是销售产品给客户。给客户的赊销期就很值得玩味。

给客户很短的赊销期肯定不符合扩张的速度，短时间内就回款，客户对购买的兴趣也就不会那么大。赊销期一长虽然能够吸引更多的客户，可是钱放在客户那里，始终是有忧虑的。一旦赊销的金额过大，造成资产负债表里沉积大量的应收账款。钱都是白条这能接受吗？所以说，如果公司的应收账款过分增长，肯定不是好事。公司有销售但是没现金回来，很容易造成公司现金流的紧张。应收账款虽然是资产，但这个资产可能会要公司的命。

同时，背负繁重的债务的迅速扩张，也是非常不好的，在A股当中每年都有因为债务危机爆雷的公司。业务的扩张最考验的就是资金链，而现实情况是大部分公司手里的钱是不够的。如果要扩张肯定要扩大负债，必须从银行和债权人那里获取非常多的借款。这会导致公司看着业绩是高速增长的，可是增长的背后背负了庞大的债务。当前虽然没有问题，一旦信贷政策收紧，公司业务就会出现问题。无法产生足够的现金流覆盖到期债务时，债权人可能会申请冻结公司的财产，公司可能会突然倒下。

4. 并购带来的扩张

在扩张的过程，影响很坏的就是并购，最怕的就是眼花缭乱地并购。并购给公司带来的扩张是立竿见影的，高质量的并购能促进公司长期发展。可是为了短暂成长，在资本市场讲故事，盲目去并购，形成大量的商誉，大多在后期是要还债的。

乐视网和信维通信是2010年在创业板上市的，两者在并购和经营思路上的不同改变，导致公司截然相反的结局。两者曾经都是十倍股，只不过在2018年信维通信在创业板里成为创业板指数的成分股，乐视网开始了退市模式，成为垃圾股。

在2016年前乐视网是创业板的超级明星，这种明星模式给公司的扩张埋下了隐患。在上市的前两年，乐视网通过收入规模的不断扩大，吸引市场的注意，让乐视网成为一家想象力极为丰富的公司。这个过程中公司的市值不断增长，市场被乐视网提出的一个个概念吸引。

随着市值的增长，公司开始启动股权融资，以前说的那些概念开始落地。同时乐视网的市值增长，也带动了未上市的乐视影业、乐视体育等估值的提升。通过巨量增发，乐视网将这些资产装入上市公司里面。这个过程形成了大量的商誉，成为未来公司的巨大隐患。

接下来，乐视网在电商、电影和电视，在线上、线下和零售、文化、硬件等不同领域，都有相当大涉及，甚至有些成为乐视网未来的经营目标。这些领域对竞争力的要求差异巨大，并且在所有领域内都存在着实力强大的对手。乐视网却毫不犹豫地一头闯入。具体如下：

2011年，乐视影业成立，挖来光线影业的高管开拓线下。10月，网酒网成立，乐视进军酒类电商市场。

2012年，乐视超级电视推出，以补贴烧钱的方式，正式进入硬件市场。

2013年，乐视影业先后拉来19位明星股东，将半个影视圈纳入麾下。

2014年，乐视体育成立，再将11位明星拉来成为股东，另外几乎半个娱乐圈也尽入其中。

2015年推出了乐视手机，为了尽快获得市场份额，乐视手机以低于成本价发售。同时，为了获得供应链和渠道，乐视以21.8亿元买下了酷派。接下来，乐视以18.75亿元入股TCL电视，7亿美元收购易到70%股权，收购美国法拉第汽车并投10亿美元建厂。

这些业务在不到五年的时间里，统统都成为乐视网要经营的主要业务。进入的每一个领域都是那个时候比较热门的行业。只有在热门的行业，公司所说的扩张才能带来巨大的想象空间，才能推升市值，进而进一步融资。这一切都需要资金的支撑，从上市公司的股权质押、发债到定向增发，非上市公司一轮又一轮融资，都在为梦想制造巨大的泡沫。

可是这些行业的竞争者非常多，也非常强。在乐视网不断地加杠杆过程中，又没有一套很好的经营策略去有效获取市场份额。每一项业务都缺乏竞争力，在行业里只是二流水平，管理层缺乏这方面的整合经验。每一项业务都在烧钱，直到最后融资得来的资本烧光。乐视网走的路是通过以财务技巧配合资本运作，加上对风口的精准把握，不断并购公司来增大业务。但自身的实力，没法匹配扩张的野心。

在并购上，信维通信则走了另外一条路。从一开始信维通信就专注和做强主业，公司选择了LDS天线技术。刚上市的时候，信维通信的大客户是金立、OPPO、步步高这些小型的手机制造商。公司采取的也是比较成熟的低端技术，导致无法进入大型手机制造商的供应链。

2012年，信维通信以IPO方式超募资金1.98亿元，收购行业老大莱尔德（北京）100%股权。通过莱尔德的渠道、技术和口碑，信维通信进入了一流的手机供应商体系，实现了跨越式发展。

可是任何的并购都会给公司的整合带来压力，毕竟两者的经营环境、文化理念和市场等存在很大的不同。收购之后信维通信的业绩两年停滞，2012年微利，2013年亏损6 500多万元。要知道这次的收购是同行业间的，不是另外一项完全陌生的业务。到了2014年，随着智能手机的升级换代，天线的技术切换到了LDS。由于信维通信提前的储备和并购，顺利进入了一线手机制造商的供应体系。接着信维通信继续加强在这个行业的并购。

2014年，收购亚力盛，拓展连接器领域。

2015年，控股上海信维蓝沛新材料科技有限公司，介入无线支付和无线充电的领域。

2015年，数次增资艾利门特，布局MIM金属结构件领域，2017年实现100%控股。

通过这些并购，信维通信从单一业务，逐渐成为覆盖NFC无线充电、射频跳线、音射频的一体化、多业务的大公司。每次的并购和推出新业务，都能贡献出好的业绩。信维通信的每一次并购扩张都有条不紊，除了当下业务贡献最大的增长点，近期新业务的增长也是看得见的。在远期上一直坚守在自己熟悉的行业，不断进入关联的新市场，涉及的市场数量一直在增加。全部业务围绕着公司现有的客户、现有的技术生态，所在的技术市场越来越大。

5.4.2　公司存在的矛盾

诚然要想成为世界500强，持续扩张是非常重要的。可并不是所有的生意都能一直扩张下去，如果增长速度变慢，花费成本非常高，赚钱的效率就变得低了。业务到了这个阶段就不适合继续扩张。而且行业内的竞争非常强，有些行业根本就不适合很多经营者持续获得高收益。主要的原因有以下几个方面：业务自身的周期和技术变革，行业天花板及行业内竞争。

公司最先面临的问题不是赚取多少利润和现金流，而是竞争时时刻刻存在。公司之间的竞争，考验的是综合竞争优势——护城河的深浅。综合护城河深，公司扩张的速度和质量自然就好。那些综合护城河浅的公司，扩张起来很容易造成"增收不增利"的经营格局。

通过我们前面对护城河的研究，清楚地知道护城河是公司产品与客户之间连接的纽带。护城河越深，产品与客户之间的黏性越强。如果产品黏性低，扩张起来会面临重重困难。而且竞争优势不强的产品，很容易遭遇到对手的价格战。

其次就是每个行业的天花板问题，每个行业的天花板是不一样的。就拿假发制品公司的瑞贝卡来说，股价15年未创新高，其中很大一部分原因就是假发制品的行业空间就那么大。加上公司一直尝试假发行业的新模式，花钱经营促销等，导致公司的业绩市值在一个区间徘徊。不像保险行业，虽然比假发行业规模大几百倍不止，可是依然处于增长的态势。

扩张在未来能增长的行业里进行，相对来说就容易一些。能增长的行业意味着需求总体上是增长的，扩张的本质还是供给端的增长，这样扩张的产能能够及时地被消化。如果在不增长和萎缩的市场里扩张，可能要跟竞争对手进行激烈市场争夺。必须拥有非常强的竞争优势才可以抢到对手的市场份额，这相对来说不是很容易做到的事情。甚至很多时候就是因为后期激烈的竞争，才会有最终的几家绝对龙头公司。

解决了扩张的问题，接下来就是利润（现金流）释放问题，这是一对非常矛盾的问题。

如果选择扩张，需要牺牲掉公司的业绩和现金流，用原业务释放的业绩和现金流去补贴扩张带来的费用。如果选择不扩张进行利润（现金流）释放，要面临被竞争对手超越的风险。对业务扩张和利润释放的把握，考验着管理层，也考验着投资者。

第6章

赢在趋势

在第3章我们寻找公司护城河的时候得出一个结论：公司护城河因素越多，连接得越强。即促成牛股的基因越多，自然成为牛股的概率就越大，我们将其称为牛股基因组合。那么在技术分析上也可以套用这个规律：技术面促使上涨的因素越多，各部分连接得越强，后期上涨的概率就大。基本面更多的是对逻辑的推理，那么技术分析到底分析什么呢？

（1）技术分析是一种顺应趋势的大概率博弈，在趋势中作出自己最擅长的图形结构；

（2）技术分析的核心是看出主流资金的博弈，主流资金是进驻锁筹还是释放派送；

（3）技术分析的证据则是趋势、K线走势、成交量等表面数据，用这些数据预判资金未来的大概率博弈方向。

6.1 技术分析不是瞎猜

技术分析不是对未来的瞎猜，技术分析三大假设已经说得很清楚：假设市场行为包容消化一切影响价格的因素；假设价格以趋势方式演变，对于已经形成的趋势来讲，通常是沿现存趋势继续演变；假设历史会重演。

也就是说技术分析的前提都是假设，相当于说技术分析都是建立在如果的基础上。"如果……可能会……"这是一种基于假设的推论。既然是假设，就会在现实中出现很多演变。

（1）很多的市场行为不会在价格上体现；

（2）趋势的演变总有逆转的时候，就算在原有趋势当中，过程也有反复；

（3）历史的走势一定会重演，不过有两个方向，不是上涨就是下跌。

我们所能得出正确的结论恐怕是"历史的走势会重演"，其他的都只能是假设。依据历史走势会重演，我们要找出能大概率上涨的技术形态。按照一套正确的体系去分析，合理地假设，用概率的思维去预判技术走势，这样才算是技术分析。

既然不是瞎猜，而是有一套科学的技术分析体系，那三大假设对技术分析来说有何意义呢？我们一个一个来破解：

1. 假设市场行为包容消化一切影响价格的因素

其实市场行为很难消化一切影响价格的因素，有时候大部分投资者根本就搞不清楚影响价格的因素有多少。这个假设真正的意义在于，要求投资者对市场行为有一定的了解，知道哪些能够让价格上涨，哪些能够让价格下跌，也就是所谓的利好和利空消息。

在区分市场行为上，就已经把很多人挡在了门外。长期消息会影响长期股价的走势，短期消息对短期股价走势进行刺激。这些行为对股价的影响随时间的长短和确定性，呈现不同的转化路径。长期确定性的行为肯定能让股价长期保持增长，短期不确定的行为可能给股价的走势带来更多的变化。我们要做得更多是找确定性的市场行为，而不是寻找和识别所有的市场行为。

同时，过去的信息已经固定在过去的股价走势中，未来的市场行为（比如市场可能发布对未来公司业绩的预测）可能也在过去的股价中显示了一部分。这就要求我们要很好地区分，哪些市场行为还未消化，消化后能有多大程度的股价波动。这很像别人口中的预期，预期的实现程度有多深，还有多少没有实现。这就是股价和预期的博弈过程。

事实上，当前的股价对未来公司的消息预期更为敏感。公司签订了一份大合同，股价马上会连续大涨。可这些合同产生业绩的时间是在未来，不是现在。突发消息也会刺激股价短期大涨，使得股价短期的走势没办法预测。

2. 假设价格以趋势方式演变

当趋势形成后，价格会依照惯性一直持续到掉头反向为止。对于已经形成的趋势来讲，通常是沿原来的趋势继续演变。也就是说趋势是可以延续下去的，价格会朝阻力最小的方向延伸，也就是向已经形成的趋势行进。现实的股价走势当中，这样的假设只是截取了趋势中的一段，也就是所谓的"鱼身"。

底部和顶部的趋势可不在这个讨论范围里，可能在一段上升趋势里，趋势延续的时间占比达到90%，这也是投资者能赚钱的时间。最担心的就是买在了趋势的顶部区域，后期承受的亏损可是非常大的。在顶部和底部的判断上，就没办法用第二个技术假设了。

3. 假设历史会重演

历史走势会重演，并不是说一定朝着对投资者有利的方向，也可以是不利的方向。每一种走势历史上后期都会出现上涨和下跌，所以"假设历史会重演"这句话包含的可不是价格会在未来上涨，也有可能下跌。

正确认识技术分析，可能是要有一种概率的思维：技术走势当前就是这样，后期会面临上涨和下跌两种状态（历史走势实在太多了）。这就要求我们估算上涨的概率有多大，下跌的概率有多大；上涨的空间有多少，下跌能够承受的空间有多大。需要投资者积累经验去做预判，而不是拍脑袋无依据地认为股价往上涨。

假设一只股票在进行技术分析之后，得到如下的预判：上涨概率40%，下跌概率60%（1-40%）。上涨盈利为30%，下跌亏损幅度为9%。那么这笔交易能带给投资者的盈利幅度为：40%×30%+60%×（-9%）=6.6%。

技术分析是分析者靠自己的经验和运用科学的分析方法，得出一只股票上涨的概率有多大，依据概率进而决策能否交易。说到底，基本面分析和技术面分析只是工具，更有效率地使用工具是另一回事。投资者该怎么运用技术分析，更好地对投资进行指导呢？

（1）首先必须看清楚当下的真相是什么，这需要基本功，精准的读盘能力才是进阶顶尖技术高手的关键；

（2）其次是哪些技术形态才是你决策中能大概率赚钱的，总结出规律或形成肌肉记忆，不断试错形成稳定盈利模式；

（3）最后长期坚持和控制回撤，自然整体收益是不错的。

那我们该从哪些方面认识技术分析呢？要分析技术面，这些内容是值得我们讨论的，也是本章的重点内容。

（1）趋势：上升趋势，下跌趋势和横盘——走势的发散和收敛；

（2）K线走势：到底在趋势当中怎么走才是好的，怎么走是坏的；

（3）成交量：成交量在哪里放量/缩量是好的，哪里放量/缩量是坏的。

6.2　确定趋势

要做技术分析回避不开的就是趋势的力量，技术分析的第二大假设就是假设价格以趋势方式演变。只有顺势而为方才是技术分析的王道，做的就是趋势的延续。分析的目的其实很简单：找到上升趋势的股票，在阶段性低点买入。

可实际操作就困难重重，除了不能准确识别上升趋势和阶段性低点外，更多的是投资者不能在买入区间买，总是有些着急地买；或者买入后不进行止损，一直死拿着。

如何避免这样的尴尬局面呢？这就要求我们要识别出上升趋势，识别出阶段性低点，对自己的投资体系要自觉遵守。接下来，我们就围绕技术面的问题来展开，看如何才能发现一只买入后能大涨的股票。

6.2.1　识别出上升趋势

本书的风格是基本面和技术面结合，在上升趋势中找到最合适的买点。在上升趋势交易时间的确定上，本书立足于长期（至少半年），而不是短短几天时间的技术面。如果想将这样的上升趋势量化，可以参照《股票魔法师》这本书里关于第二阶段的定义。

（1）股价处于150日及200日均线之上；

（2）150日均线高于200日均线；

（3）200日均线上涨了至少一个月；

（4）50日均线高于150和200日均线；

（5）当前价格高于50日均线；

（6）当前价格比最近一年最低价至少高30%；

（7）当前价格处于最近一年最高价70%以上位置；

（8）股价相对强度不低于80；

（9）股价阶段性的最低点与最高点逐步抬高；

（10）价格增长迅速的交易周中，成交量突然放大。

在确定较长的上升趋势之后，我们就需要在这个长期趋势里寻找买点。这相当于在大趋势里面寻找小趋势，我们就有必要了解一下何为上升趋势。《期货市场技术分析》对上升趋势的定义为：只要相继的上冲价格波峰和波谷都对应地高过前一个波峰和波谷，那么市场就处于上升趋势中。这也就是说上涨的时候突破前期的高点，下跌的时候不能破前期的低点，如图6-1所示。

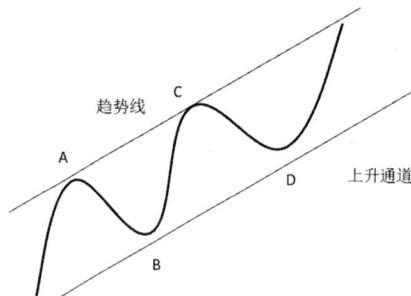

图6-1 上升趋势演示图

从图中我们可以看到，B和D对应的是上升趋势的波谷，A和C对应的是上升趋势的波峰。D处的波谷高于B处的波谷，C处的波峰高于A处的波峰。对应的AC线是波峰线，BD线是波谷线。

如果上升趋势在未来假定是延续的，那么我们的任务就是在上升趋势当中寻找买点。这就延伸出两种买入股票的方式：第一种是在波峰线到上一次波谷附近买入股票，俗称抄底。第二种是在波谷线到上一次波峰之间买入股票，俗称追高。

可是过去的走势我们是知道得清清楚楚，未来的走势是完全不知道。不管做抄底还是追高，都是当下对未来走势的预判。这就要求我们要解决两个问题：

（1）如何买得恰到好处，防止出现大亏损？

（2）什么样的技术形态后期大概率走牛？

我们讨论第一点，不管是抄底还是追高，都希望买入之后别承受太大的下跌。只有正确的买点才不会有止损的机会，但该在哪个位置买入呢？由于普通投资者的交易在几天内就可以完成，短期股价的走势是很难判断得非常准确的。这里给出一些参照点，仅供大家参照。

6.2.2　波谷的参照点

波谷的寻找其实很简单，只要D区域的最低点大于B区域的最低点，那么上升趋势是成立的。所以，D点可以在C附近，也可以在B点附近，这都没有违背上升趋势的定义。由于股价在这段时间的下跌幅度是未知的，这个时候我们就人为地确定一些参照点作为D点，那么这些参照点有哪些呢？

1. 波峰附近

第一个参照点顾名思义就是在C点附近，也就意味着当股价走到C区域时，稍微进行了一下调整就往上走了。此时的图形完全符合上升趋势的定义，这样的参照点是最强势的。

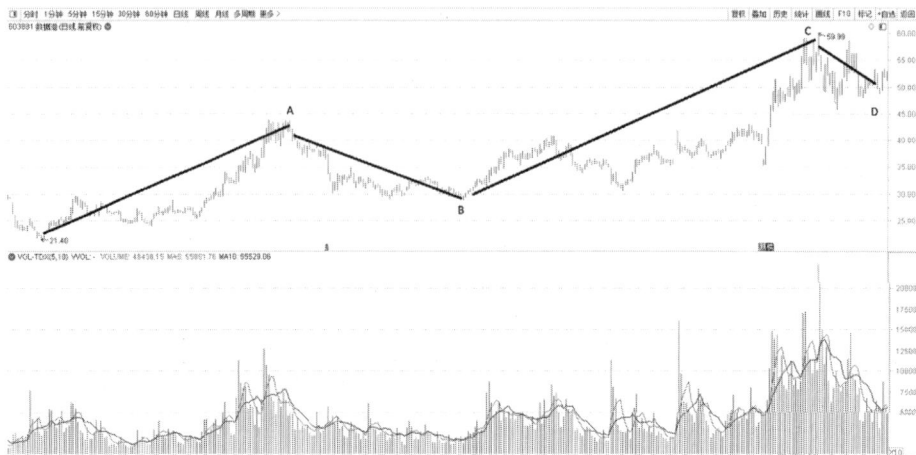

图6-2　数据港2019年10月到2020年4月的走势

如图6-2所示，我们以数据港2019年10月到2020年4月的走势为例。在2019年10月30日，数据港出现阶段性最低点21.40元（前复权），随后的股价没有跌破21.40元这个最低点。从图形上看到这一段时间数据港走出了一段上升趋势，非常标准。

到了2020年3月中旬至4月初，数据港开始从C点处下跌。但是跌幅不是很深，只跌了10%左右就到了D点。然后就开始不断上涨，这个位置就是买入的参照点。

这个参照点买入很容易失败，原因在于调整的时间和空间都没有到位。一只上涨一倍左右的股票，调整的空间仅仅只有10%～15%，在很多图形里是不够的，在波峰附近调整时间肯定也没有那样理想。

这就出现了在调整时间和空间上都略显不够的担忧，尤其是其他的参照点都在这个参照点下面。其他的参照点对于股票交易来说是大概率事件，是这个参照点跌下去的。所以，在这样强势的参照点处进行交易，需要接受的损失概率是很大的。

假设一只股票的价格到达C点附近，交易员准备在这个最强势的参照点

买入，得到如下的预判：上涨概率20%，下跌概率80%（1-20%）。上涨盈利为

30%，下跌承受亏损幅度为9%。那么这笔交易能带给投资者的盈利幅度为：

20%×30%+80%×（-9%）=-1.2%。

这笔投资的损失率并不是很多，不至于给投资者的资金造成很大的损失。可

关键在于如果投资者一直持续这个交易模式，那么下跌止损的概率很高。一次的

止损或不伤及资金，可10次里面8次止损，那对资金的伤害就大了。

2. 移动平均线

这是人们比较常见的买入参照点，每个人的看盘软件上都有移动平均线。股

价很多时候会走到移动平均线附近，出现波谷。常见的移动平均线有60日移动平

均线、120日移动平均线和250日移动平均线。最强的移动平均线参照线是60日

移动平均线，最弱的移动平均线参照线是250日移动平均线。从大量复盘的经验

看，股价跌到120日移动平均线的上沿止跌的概率大。

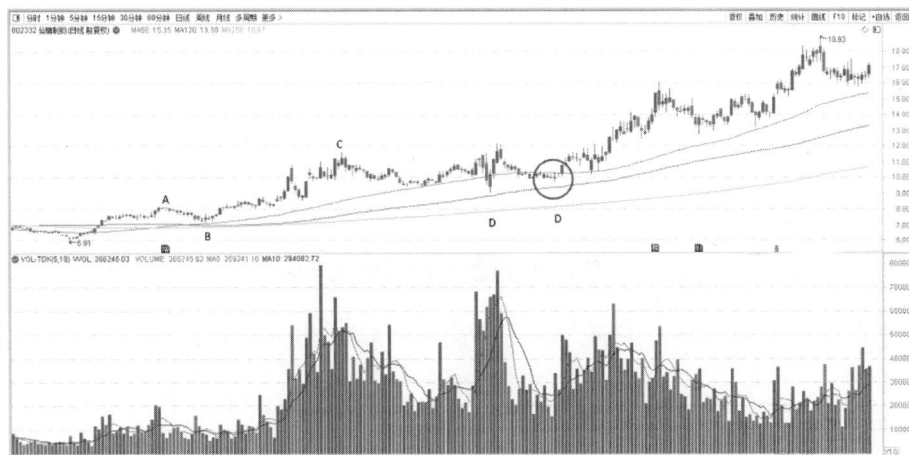

图6-3 仙琚制药2019年8月到2020年3月的走势

如图6-3所示，仙琚制药2019年8月到2020年3月，走出了一个比较标准的上

升趋势。在2020年2月4日和2月26日，出现了两个阶段性低点，距离120日移动平

均线非常近（图中两个D点的位置）。这可以是上升趋势的波谷位置参照点，在这两个地方建仓是非常合适。

我们可以看到，仙琚制药出现的买点是有两个时间段的，并非数据港一个波谷买点。所以说，波谷的买点有时候可能是一个，有时候可能会出现三个。依据移动平均线确定波谷，时间上是非常充裕的。股价在上涨前，有一段时间股价是围绕在均线附近运行的。

一旦股价在均线附近一直缠绕，必然会有很多的买点，这对交易来说是有害的，不能及时脱离成本区。这个特征受到股票自身走势和相关市场的影响，规律并不是那么好找，甚至每只股票都不尽相同，没办法找到规律。要知道一只股票在上涨之前的形态可以V形反转，也可以横盘整理。出现的阶段性底部可以是单底，也可以是双底和三底。

基本上大部分的参照点都是这样，有些是经过了一次马上启动主升浪，有些则是花了大半年的时间参与调整。这就要求交易者买入的时候要做好股价调整时间长的准备，也要做好股价跌破止损位的准备。总之，一切情况都有可能发生，随时要对行情保持警惕。

3. 前期波谷

这可能是最弱的一种走势，D点波谷的位置跟B点波谷的位置基本上相同，股价再跌一下就到了B点的下面，破了上升趋势。在这个点位考虑交易就有点赌博的成分了，一旦股价继续往下走，上升趋势就不成立了，需要止损。

这方面对交易者来说有好有坏。好的地方在于位置很明显，股价不能再跌了。买点即为止损点，买入后不用等，要么往上走继续上升趋势，要么下跌微止损出局。也就是说，在这个参照点风险和收益比是达到最大的，虽然跌下去止损的可

能性很大,但是止损的幅度很小。一旦往上走,那么赚到的收益是非常可观的。我们来算一算:

假设股价到了前期波谷B附近,交易者得到如下的预判:上涨概率50%,下跌概率50%(1-50%)。上涨盈利为50%,下跌亏损幅度为5%。那么这笔交易能带给交易者的盈利幅度为:50%×50%+50%×(-5%)=22.5%。可以看到盈利幅度是非常高的,甚至可能比其他参照点要更高。不过这要求交易者严格止损,不允许破了止损位还一直拿着。

像其他参照点可以适当放宽交易的区间,移动平均线参照点可以在60日移动平均线买入,也可以在120日移动平均线买入。买入区间虽然灵活,可也让买点有些模糊不清。如果交易者认为股价后期强势调整,可能在60日移动平均线上就可以买。如果交易者希望价格进一步降低,选择120日移动平均线。但有可能等不到股价碰到120日移动平均线上沿,股价就启动了,到头来没有交易。在前期波谷这里就没有那种纠结的情况,买点很明确。

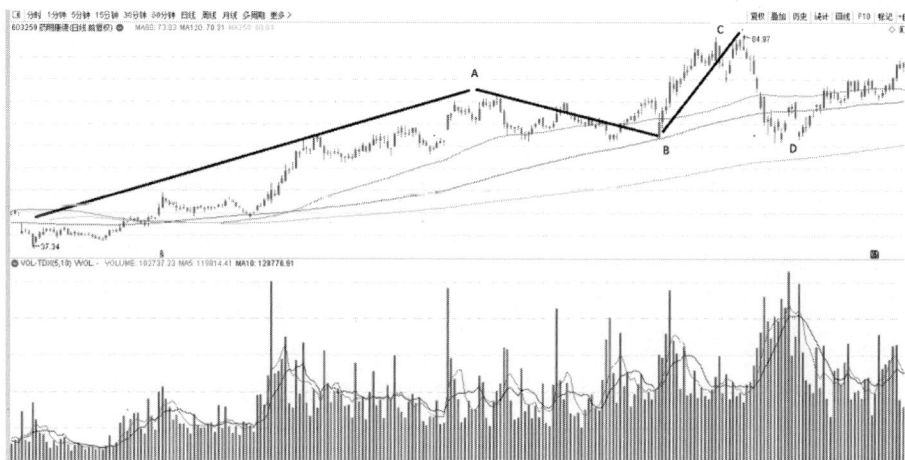

图6-4　药明康德2019年10月到2020年4月的走势

这样的参照点并不好找,药明康德是典型的例子。如图6-4所示,在2020年

3月20日附近，药明康德经过前期的大幅度下跌，股价逼近前期的波谷。虽然此时买点是到了，可是股价跌破了半年线，离年线非常近。加上下跌的过程中，都是放量的大阴线，表示资金在这块出现了流出。这些都是股价会跌破前期波谷的依据，也是让交易者难做决定的理由。

风险回报比在此参照点当然很高，这个参照点总体上看成功率很低。没有大量的经验和充分的自信，很容易在此不敢开仓。

4. 前期波峰

这个参照点属于可接受的强势位置，既没有C点附近那样强势，也不是在前期谷底B那样弱的地方。可以看到这个位置是经过了一定幅度的下跌，跌幅不是很深，算是强势。

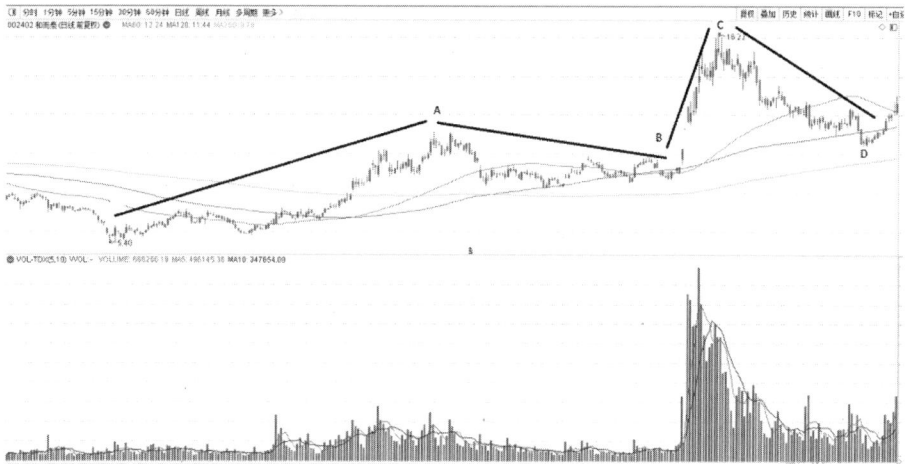

图6-5　和而泰2018年10月到2019年11月的走势

如图6-5所示，和而泰2018年10月到2019年11月这一年的走势就完美符合股价回踩前期波峰参照点的买入方法。和而泰在2019年9月份C点开始调整，两个月的时间一点点接触到前期的波峰。11月底调整的最低点跟2019年4月份的高点（A点处）基本处于同一水平线上，然后开启上涨走势。

这个在股票形态上称为"回踩前期高点"，可见是一种很常见的形态。虽然是常见的，但这个形态要想成功并非那么简单。需要大盘、板块的配合，而不是单单依据股票走到这个位置就可以买入的。

从1至4个不同类型的参照点，我们可以发现，参照点的不同跟左侧BC段的涨幅有很大的关系。BC段的涨幅小，最强的和最弱的参照点是可以重合的，其他参照点也混在一起；BC段的涨幅大，最强的和最弱的参照点距离非常大，买入的时候担忧的地方就多，这个时候倾向于在中间的参照点进行交易。

5. 波谷趋势线

这样的参照点重点并不是买点的确定，而是波谷趋势线该怎么画出来。波谷趋势线就是上升趋势当中各阶段性低点的连线，可能一段上升趋势当中有几个阶段性低点，只能大致连成一条线。这个时候波谷趋势线的画法相对来说就有点主观了，并非像定义那样的刻板。每个人的画线方法不一样，总体上能把握就可以。

基本确定了波谷趋势线后，就等待股价运行到趋势线附近，接着就是买入。任何的买点都是交易者实实在在等出来的，而不是随意地买入，没有计划。

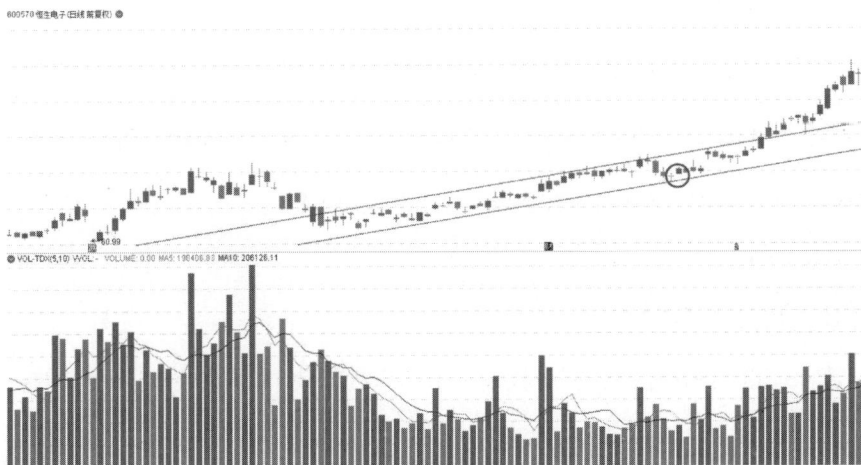

图6-6　恒生电子2020年3月到2020年6月的走势

如图6-6所示,恒生电子在2020年3月至4月走出了一小段上升趋势,我们将这段时间的阶段性低点相连,阶段性高点相连,可以很轻松地得到两条趋势线。在2020年5月25日股价刚好碰到波谷趋势线,收盘还收了一个十字星,典型的止跌信号。然后股价就开始上涨,进而突破了波峰趋势线,进入新的上升趋势当中。

6. 哪个参照点最准

通过上面的参照点分类,我们就找出了5个参照点。那么在具体的交易当中,我们用哪一个呢? 最强的参照点是在波峰C附近,最弱的参照点是在前波谷B附近。两者之间的距离就是上一波的涨幅,这个涨幅少说也有30%以上。所以如果两个点都买,那么两者的成本就相差20%以上,甚至达到40%。显然这样的交易办法是不适合的,如果只能两次建仓,最好两次的成本相差10%左右,这样才是最好的。

最弱的波谷参照点有一定的赌博成分,要求交易者有强大的止损能力。最强的波谷参照点与波峰重合,买入的时候很难看出就是波谷。这块更考验的是交易者的心理因素,毕竟刚开始调整就买入,调整的时间和空间都不够,很容易跌下去形成新的参照点。

这就在理论上帮助我们排除了这两种极端的参照点,都不是一般的走势,所以不具备普遍性。从交易的经验上看,移动平均线、前期波峰和波谷趋势线这三个参照点比较好用,交易者比较擅长,成功率也很不错。

6.2.3　波峰的参照点

大家可以明显地发现,在寻找波谷参照点的时候,对应着的就是技术面调整到位的买入方法,也可以说是抄底的买入方法。既然可以依据波谷来判断抄底,我们也可以依据波峰来进行追高买入。

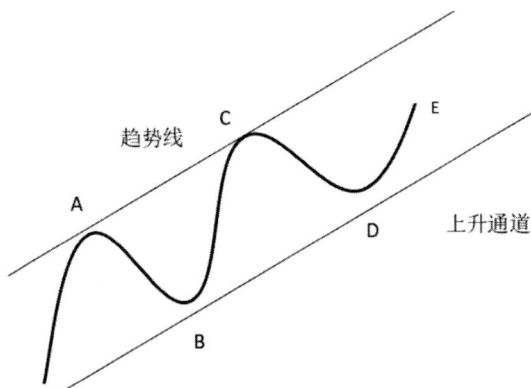

图6-7　上升趋势演示图

　　我们依然拿上升趋势的定义来找几个追涨点。如图6-7所示，B和D对应的是波谷，A和C对应的是波峰。D处的波谷高于B处的波谷，C处的波峰高于A处的波峰。现在股价走到了E点，在这个位置上有多少参照点供交易者进行追高买入呢？

1. 突破60/120日移动平均线

　　这是追高的一种典型的买入方法，股价突破重要均线后，显示出后期可能会强势上涨。同时波谷已经出现，这个时候买入可能就在波谷附近，追高的位置不是很高。

　　这个追高参照点对于大部分交易者来说是很恰当，属于进可攻退可守。一般情况下股价会大概率在120日移动平均线上沿出现止跌，形成波谷。股价要走上升趋势，必须先要突破60日移动平均线。

　　如果在60日移动平均线附近追高不成功，股价出现下跌。股价继续下探到120日移动平均线上沿，此时的120日移动平均线是往上走的。下跌承担的亏损幅度并不是很大，我们可以转变买入模式，进入抄底买入模式。

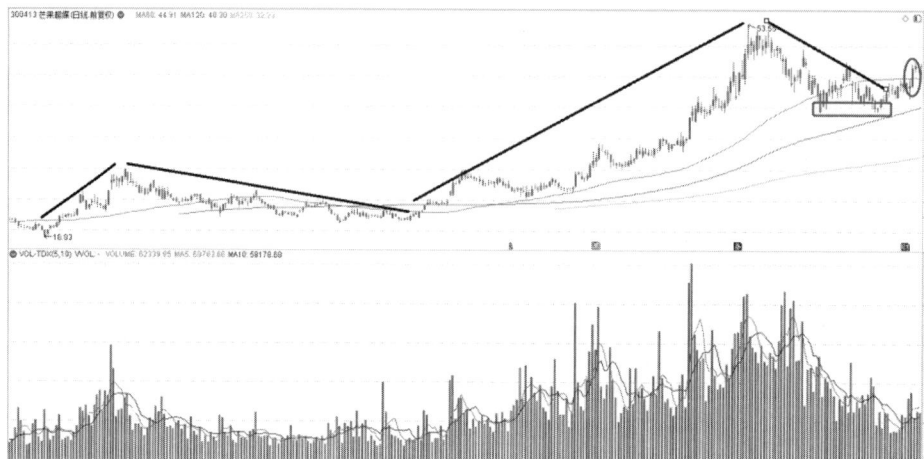

图6-8　芒果超媒2019年10月到2020年4月的走势

如图6-8所示，芒果超媒在2019年2月至2020年4月走出了上升趋势，在2020年3月16日跌破60日移动平均线。在3月26日突破60日移动平均线，此时出现追高参照点。随着行情的演变，股价开始出现下跌，并且还跌破了60日移动平均线，往下接近120日移动平均线。

此时我们的买入点从以前的追高模式，变成了抄底模式。在股价跌到120日移动平均线，我们还可以进一步依据波谷参照点来进行抄底。

2. 在波谷位置出现大阳线

这是离波谷最近的追高参照点，重要的不是寻找大阳线，而是以前说的，要接受最弱的走势。从前面的抄底参照点可以看到，波谷的确定很简单，跟前一次的波谷位置差不多就可以了，只不过找到波谷位置时股价已经跌去了很多。

不过庆幸的是，既然选择的是追高买点，自然波谷是提前出来的。只要出现大阳线，那就存在追高买入的机会。而这个波谷到底能不能成立，会不会继续往下走寻找新的波谷参照点，只能说在这个位置预测成功率不高，这一切是未知的，必须去实践。

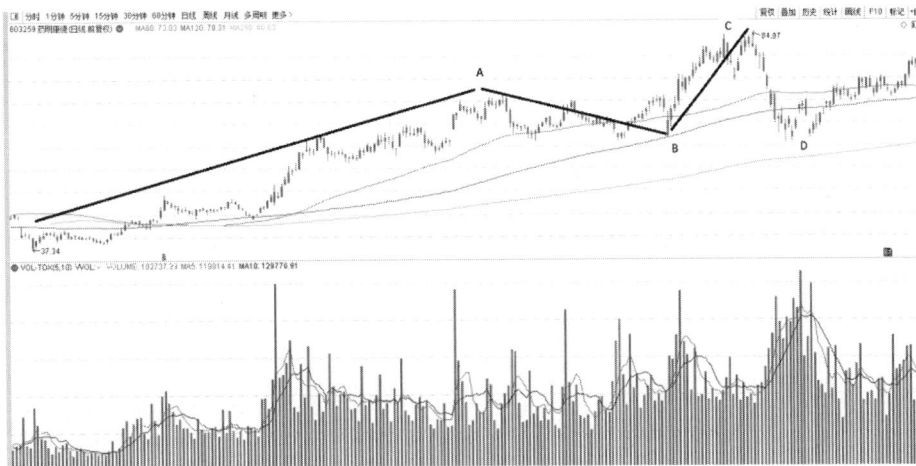

图6-9　药明康德2019年10月到2020年4月的走势

还是以药明康德为例，如图6-9所示，在2020年3月25日出现大阳线，说明出现了波谷追高参照点。后期经过10%的向下调整后，继续开始上涨。这个位置追高模式与抄底模式类似，赔率是非常高的。这时候涨起来大赚，但是跌起来可就不舒服。在波谷抄底，买点即卖点，很容易止损。追高在这里需要花的成本高，而且止损点会高。结合成功率和赔率这块，与其在这里追高，还不如在波谷进行抄底。

3. 在前期波峰位置出现大阳线

在波谷抄底参照点中，前期波峰属于一个比较合适的抄底参照点。股价在波峰附近强势整理，调整的幅度和时间不够，导致在这块进行买入赔率不是很高。跌到前期波谷的位置，又得考虑调整的幅度太大了。综合来看在前期波峰和移动平均线上，是比较合适的买点。

这些追高参照点都是抄底买点出现后，碰到大阳线和突破后进行的追高。所以不必纠结的地方是抄底位置的止跌企稳，担心的地方是追高点后面走弱。追高买入需要承担的是买点之后的股价下跌风险，得到的是买对之后的大幅上涨。

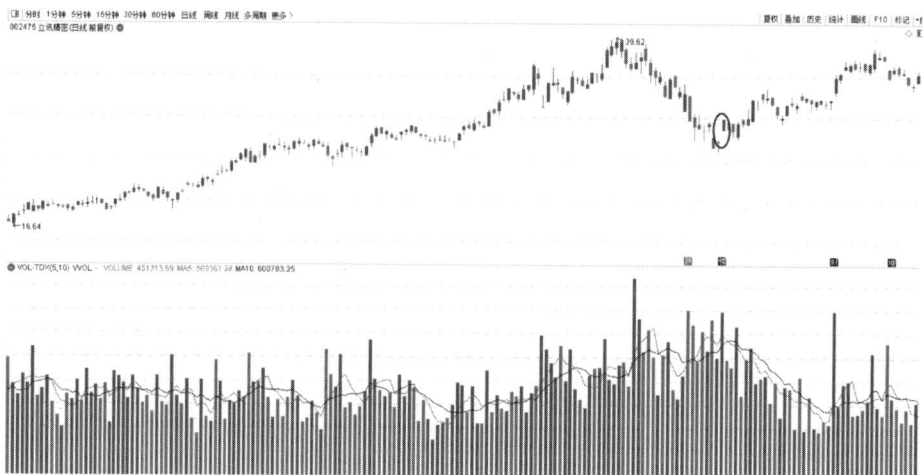

图6-10　立讯精密2019年10月到2020年4月的走势

如图6-10所示，立讯精密在2020年3月25日以放量涨停板的方式，而且以上午涨停的方式在前期波峰的位置进行突破。此后股价经过几天的盘整，继续以大阳线的方式突破。在小区间内走了一个非常标准的上升趋势，股价朝着前期新高不断上涨。

图6-11　朗新科技2019年10月到2020年4月的走势

不过也有失败的案例，如图6-11所示，朗新科技在2020年4月22日以近乎涨停的方式，在前期波峰附近做好了突破的姿态，后期的走势也相当健康。可是走着走着就出现持续下跌，最终跌破了这根大阳线，接着就是跌破了前期的波峰。这一路的下跌让这个追高参照点出现失败，股价最终在250日移动平均线上沿止跌上涨。

4. 在C点附近（口袋支点）

口袋支点其实就是即将突破前高时的起涨点，这个参照点的买入很多人都在用。当某根大阳线在前期高点附近出来后，标志着股票摆脱了底部的盘整，要开始涨了。口袋支点这个叫法应该是从《像欧奈尔信徒一样交易》这本书上出现的，如图6-12所示，但定义并不是那么清晰。

关键点和口袋支点

在极为精确的买入点购买股票，这是欧奈尔方法中极为关键的技巧，欧奈尔的"口袋支点"（Pivot Point）汲取自利维摩尔的"关键点"一词，利维摩尔曾提出了"反转点"和"持续点"的概念。通常欧奈尔的支点被定义为创出股价新高的点位，我们可以考虑在该点买入更多股票，虽然和利维摩尔的"持续点"概念相比，欧奈尔要略高一筹，然而他的"追盘日"（Follow-through Day）观点又和利维摩尔的"反转点"非常相似，可以用来确定在经过前期调整熊市后股市的反转趋势，它表明市场正处于由熊转牛的过程中。在杰西·利维摩尔的著作《股票操作方法》及威廉·欧奈尔的著作《笑傲股市》中，两位作者分别把"关键点"或"口袋支点"看作确切的买入点位，一旦股价触及这一重要的口袋支点/关键点，都是购入股票的良好时机。这种风险/回报方法最受投资者青睐。

图6-12 《像欧奈尔信徒一样交易》正文第12页关于"口袋支点"的内容

从上面的文字中我们可以发现，口袋支点并不是凭空出现的，而是从一层层的交易理念中提取出来的。这里总结一下口袋支点的几个特征：

（1）口袋支点汲取自利弗莫尔（即利维摩尔）的"关键点"，利弗莫尔的"关键点"与口袋支点的形态类似，又有一些不同，如图6-13所示。

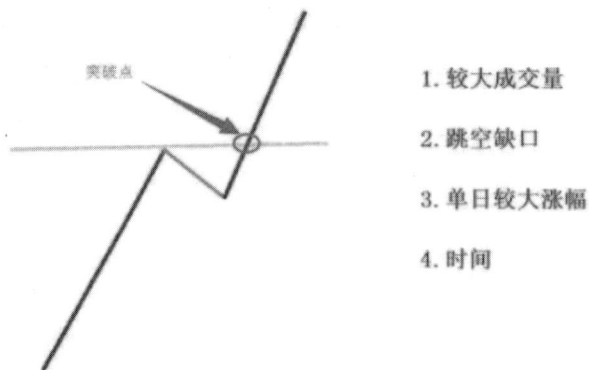

1. 较大成交量

2. 跳空缺口

3. 单日较大涨幅

4. 时间

图6-13 利弗莫尔的"关键点"

（2）口袋支点通常被定义为即将创出股价新高的点位，从这点上看，口袋支点是关键点的一种。口袋支点跟关键点是有区别的，口袋支点更多地放在杯柄图形态里，而关键点则适用于所有的类似形态。

（3）演化过程：利弗莫尔的"关键点"——杯柄图——口袋支点。

既然"口袋支点"这个叫法是从《像欧奈尔信徒一样交易》开始的，那么跟欧奈尔就有很大的关系。那我们进一步去探索口袋支点，看看它到底长什么样？在《像欧奈尔信徒一样交易》第123页上，我们找到了答案，如图6-14所示。

略时，我们发现了"口袋支点"买入点。简单地说，"口袋支点"或"在口袋中买入"就是一个早期突破的指示信号，在股票真正从基部突破达到新高价格水平的前一刻，我们可以用这个信号发现买入支点。

图6-14 《像欧奈尔信徒一样交易》正文第123页关于"口袋支点"的内容

口袋支点是早期突破的指示信号。这里的意思要形成突破才行，什么才叫突破，往上要过前期高点才叫突破；

价格达到新高的前一刻。口袋支点并不是突破新高，而是突破前那一刻。也就是离新高80%~90%的位置，这个位置出现放量大阳线才叫"口袋支点"；

是从基部突破的。这里的基部是什么意思呢? 既然本书的作者在欧奈尔机构里工作, 口袋支点或者直接师承欧奈尔, 或者是在欧奈尔体系基础上升级的。那么这样就不可避免地跟杯柄图有关。

也就是说口袋支点是建立在杯柄图的前提下, 这样的口袋支点更好。可是在《像欧奈尔信徒一样交易》, 我们看到的大多数图形不是杯柄图, 而是杯柄图的右侧, 如图6-15所示。

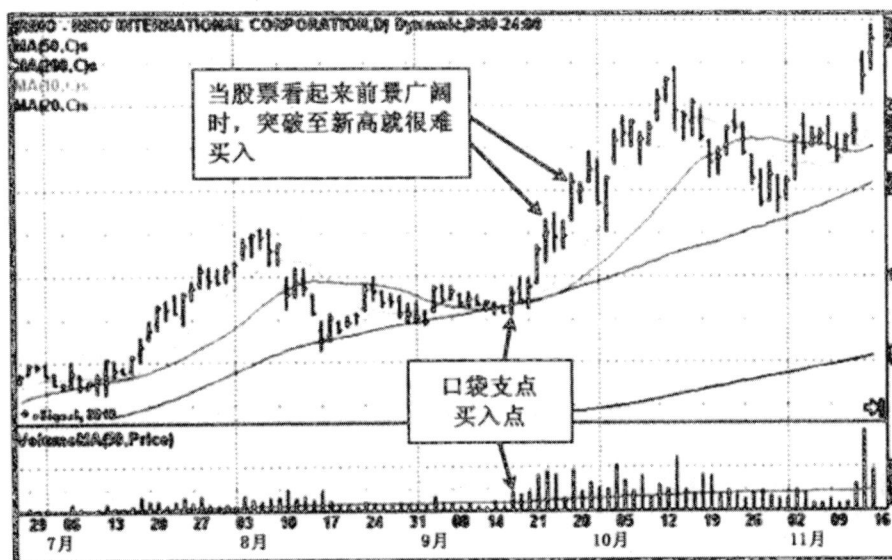

图6-15　《像欧奈尔信徒一样交易》正文第125页关于"口袋支点"的举例

真正的口袋支点在整个形态当中可能是这样的, 也就是欧奈尔的买入点, 形象化地起一个比较容易记的名字。图6-16是《笑傲股市》中的"带柄茶标侧面图"。

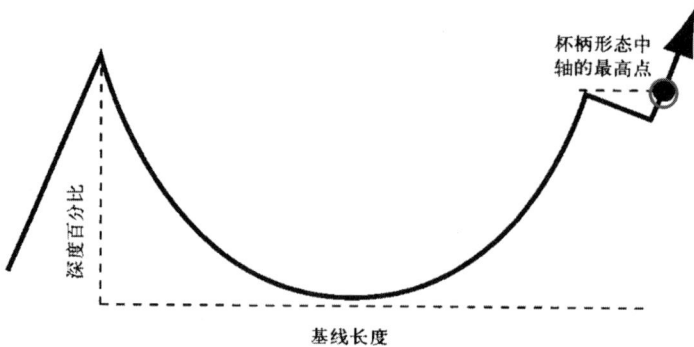

图6-16 《笑傲股市》（第四版）正文第113页"带柄茶杯侧面图"

既然"口袋支点"与杯柄图有关，那么在选择交易标的时，最好把CANSLIM法则也考虑进去：

C=可观或者加速增长的当季每股收益或每股销售收入。我们所选择的股票是那些当季每股收益同比大幅增长的，通常的增长标准是20%以上。

判断的标准有以下几个方面：营收快速增长，同比增长至少20%以上；扣非净利润同比增长至少25%以上，越高越好；年净资产收益率（ROE）>17%。

A=年度收益增长率。选择年度收益增长率至少为25%～50%的股票，真正值得投资的股票，在过去的三年中，年度收益都会有所增长。

N=代表创新。指新产品、新服务、产业新趋势以及新经营策略等。股价要想有惊人上涨，股票基本面就必须有新的变化。这个变化可以是新的产品或服务，使得公司的业绩出现增长。也可以是管理层的变动，给公司带来新的活力和新理念，或者新的产业环境、新技术等。

S=代表流通在外的股数，尽可能选择流通数量相对较少的。股本小的股票股本扩张力强，小公司成为大公司的可能性大。关注管理层持股数量较多的公司，和进行股票回购的公司。那些成交量的变化（量价配合），尤其值得注意。

228

L=代表领导股或强势股（RPS），就是要选择股价相对强度高的股票。行业龙头股涨幅惊人，因为它是真正的强势股。看上去价格高、风险大，但后续很可能再创新高。所以，尽量挑选RPS值在80甚至90以上的股票。股市中强者恒强、弱者恒弱是永恒的规律，一旦大盘跌势结束，最先反弹回升创新高的股票，几乎肯定是领涨股。

I=代表市场机构投资者的认同度或支撑度。机构投资者对股票未来走势起主导作用，机构投资人对股票的需求最为强劲，领先股的背后大都有机构的支撑。

M=市场走势，所谓顺势而为。要选择和大势走向一致的股票。当股市出现一定规模的涨跌时，四分之三的股票会显示同一方向。

也就是说，做口袋支点的股票，要结合欧奈尔体系：1）杯柄图的技术面为前提；2）符合CANSLIM法则。

既然说了那么多口袋支点，怎么样去定义或者寻找呢？这里我结合一些人的总结，给出口袋支点的基本指标：

（1）底部盘整：底部平台越平缓，越紧凑越好，最好不要出现V字的形态；

（2）前期趋势性上涨：最好这波上涨在50%～150%上下。涨幅太小杯柄图不够明显，涨幅过大后期的调整时间和空间就有很大的变数；

（3）向下调整：调整幅度在15%～30%，最好不要超过 35%。调整的时间越充分越好，消化前期上涨的影响；

（4）大阳线：最好涨停，最差也要 5%，需要一个标准的大阳线启动上涨突破（口袋支点）；

（5）成交量：口袋支点的成交量应该是底部盘整平均成交量的2倍以上。

5. 突破C点

这个算是最强的追高买入方法，前期波峰C点作为参照点买入，突破这个价位就买入，也就是突破新高买入法。比口袋支点更激进一点，同时这个参照点买入也更清楚明确。突破前高买入方法优点很明显，缺点也很明显。

在优点上：股价已经确定无疑地走上升趋势了，在强势的市场环境中，突破买入是非常有效的。如果股价刚扭转以前的下跌趋势或者横盘，突破年线，这个时候股价上涨积聚的风险并不大，创新高买入是可取的。

图6-17　新易胜2019年10月到2020年4月的走势

如图6-17所示，新易胜在2019年11月（B点）和2020年1月（C点）两次对前期的新高（A点）进行突破。由于创业板指数在2019年12月20日至12月30日处于调整状态。新易胜在B点的位置出现了大幅度的震荡，如果在B点买入会承担一定的风险。

当创业板指数走好之后，2020年1月新易胜再次冲击新高（C点），这一次才算是真正突破，进入主升浪。

在缺点上：容易形成双头走势，特别是在股价前期涨幅很高的情况下。在牛转熊或者在熊市的时候，突破前高买入很容易被套。一旦被套，亏损的幅度会很大。

图6-18　复星医药2016年10月到2018年8月的走势

如图6-18所示，复星医药在2018年3月和5月两次以突破新高的方式，想进一步扩大涨幅空间。但是在这个时候，前期股价涨幅非常高。加上2018年3月和5月市场开始受到贸易战的影响，开始出现下跌，进入熊市。个股的走势和市场环境都不支持复星医药进一步往上走，自然在6月份复星医药开始下跌之旅。

6. 净利润断层

净利润断层就是关于业绩增长的报告发布之后，股价第一时间出现跳空大涨形成的缺口，后期股价不断往上走，没有回补缺口。净利润断层形成有三个必备条件：

（1）关于业绩的公告显示净利润大幅增长，并且业绩的高增长必须是收入带动的；

（2）业绩发布的第一时间股价必须跳空大涨，甚至涨停；

（3）后期股价不能回补这个缺口。

如图6-19所示，2017年10月10日，金牌橱柜发布三季度预告，预计公司2017年1—9月归属于上市公司股东的净利润为8 435万元～9 238万元，比上年同期增长110%～130%。发布后跳空放量涨停，股价在后面不断创新高。

图6-19　金牌橱柜净利润断层K线走势

　　如图6-20所示，2018年4月23日，基蛋生物发布一季报，营收同比增长55.28%，所在生物制品行业平均营业收入增长率为19.44%，归属于上市公司股东的净利润同比增长62.69%，远超市场预期，第二天直接高开后强势封板，形成净利润断层。

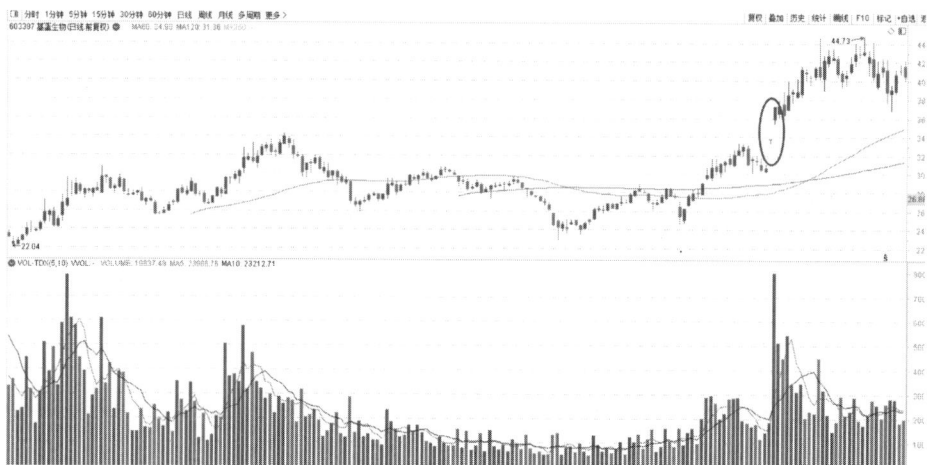

图6-20　基蛋生物净利润断层K线走势

当然不是所有的净利润断层买入后都会成功,如果是那样,所有的人都会这么干。失败的案例也是有很多的,在业绩高增长的股票上也会出现。如图6-21所示,2018年10月末立讯精密发布第三季度报告,前期还有业绩修正公告的配合。总之,在业绩增长上是没有任何的问题,算得上是高增长。

立讯精密:2018年第三季度报告正文	2018-10-20
立讯精密:2018年第三季度报告全文	2018-10-20
立讯精密:2018年前三季度业绩预告修正公告	2018-10-09
立讯精密:2018年半年度报告	2018-08-24
立讯精密:2018年半年度报告摘要	2018-08-24

2．前次业绩预告情况:公司于2018年8月24日在《证券时报》和巨潮资讯网(http://www.cninfo.com.cn)上公布的《2018年半年度报告》中预计:公司2018年1—9月归属于上市公司股东的净利润变动幅度为较上年同期增长25.00%至35.00%,归属于上市公司股东的净利润变动区间为135 270.47万元至146 092.10万元。

3．修正后的预计业绩

□ 亏损　　□ 扭亏为盈　　☑ 同向上升　　□ 同向下降　　□ 其他

项 目	本报告期		上年同期
归属于上市公司股东的净利润	比上年同期增长: 45.00% - 55.00%		盈利:108 216.37万元
	盈利: 156 913.74万元–167 735.38万元		

图6-21　立讯精密2018年三季度公告发布时间及前三季度业绩修正公告

在第三季度报告发布后的第一时间10月22日,立讯精密的股价高开放量涨停,可以说这一天的股价表现无可挑剔。可是股价仅仅上涨了一天,就直接跌破这根涨停板,奔着新低去了,如图6-22所示。

图6-22　立讯精密净利润断层K线走势

那我们就来梳理一下，是哪些因素导致了净利润断层买入法的失败。通过对失败因素的总结，试图寻找到一个适合我们买入的条件。

（1）熊市环境，缺口回补

在熊市当中，很多的股票都难以阻挡空头的力量。即使出现业绩的高增长，也难以扭转熊市下跌的环境。立讯精密虽然在2018年3季度出现了业绩的高增长，但是所处的中小板指数在2018年一直处于下跌状态。虽然立讯精密的业绩增长非常高，但整体市场处于熊市，再好的股票都难以有很好的表现。

（2）个股在下降趋势

个股前期的趋势是往下的，即使是净利润断层也难以马上扭转以前的下降趋势。也许净利润断层是个股摆脱下降趋势的一个重要驱动因素，业绩的高增长是股价上涨的源动力。可是针对一只已经处于下降趋势的股票而言，净利润断层只有一小部分能真正扭转下降趋势，进入到主升浪。大部分股票会随着个股和指数的趋势，继续往下走。

（3）业绩增长没有高增长

不是所有的净利润断层都会在后期成功的，我们所看到的成功案例都是走出来的，存在一定的幸存者偏差。大部分出现净利润断层的股票，后期的走势可能就走不出来，这块我们可能就忽略掉了。

其中的原因就在于，公司的业绩是不是高增长。在增长的数值上要高，单季度业绩同比增长达到50%以上。这些业绩的高增长必须是公司的主营业务造成的，不是一次性收益。

也就意味着公司所处的行业需求是增长的，产品的竞争力和产能是足够的。这样的业绩高增长才是推动净利润断层的最终驱动力，也是净利润断层的重要推手。

既然我们找到了净利润断层失败的原因，是不是可以总结一下成功的净利润断层股票到底有哪些特征。这些特征能不能为以后的选股带来帮助呢？接下来我们总结一下。

业绩高增长。这是净利润断层成功的核心，是第一个要考虑的驱动因素。这根大阳线所代表的就是净利润的高增长，促使股价跳空大涨。我们接下来以2017年涪陵榨菜为例，来细细考察一下业绩的高增长。

	本报告期	上年同期	本报告期比上年同期增减
营业收入（元）	793 040 171.26	607 257 154.25	30.59%
归属于上市公司股东的净利润（元）	171 951 578.21	115 884 621.88	48.38%
归属于上市公司股东的扣除非经常性损益的净利润（元）	167 213 851.53	110 069 140.55	51.92%
经营活动产生的现金流量净额（元）	194 696 489.03	125 178 444.16	55.54%
基本每股收益（元/股）	0.22	0.15	46.67%
稀释每股收益（元/股）	0.22	0.15	46.67%
加权平均净资产收益率	10.46%	8.15%	2.31%

图6-23　涪陵榨菜2017年半年度报告第7页主要会计数据和财务指标

如图6-23所示，在2017年7月28日，涪陵榨菜出具了2017年半年度报告。在第7页主要会计数据和财务指标上，我们可以看到：

营业收入半年同比增长30.59%，扣非净利润半年同比增长51.92%，经营活动产生的现金流量净额半年同比增长55.54%。从这三个方面的数值看出，涪陵榨菜的业绩确实是高增长的。

九、对2017年1—9月经营业绩的预计

2017年1—9月预计的经营业绩情况：归属于上市公司股东的净利润为正值且不属于扭亏为盈的情形

2017年1—9月归属于上市公司股东的净利润变动幅度	40.00%	至	60.00%
2017年1—9月归属于上市公司股东的净利润变动区间（万元）	27 628.26	至	31 575.16
2016年1—9月归属于上市公司股东的净利润（万元）			19 734.47
业绩变动的原因说明	销售收入增加，成本增加，净利润增加。		

图6-24　涪陵榨菜2017年半年度报告第20页对2017年1—9月经营业绩的预计

同时，如图6-24所示，在这份报告的第20页对2017年1—9月经营业绩的预计上，我们可以看到涪陵榨菜第三季度的业绩增长是非常高的。净利润变动幅度高达40%～60%，业绩变动的原因是销售收入的增加，是公司的主营业务造成的。在这样的业绩高增长条件下，净利润断层就有了核心的驱动因素：业绩。

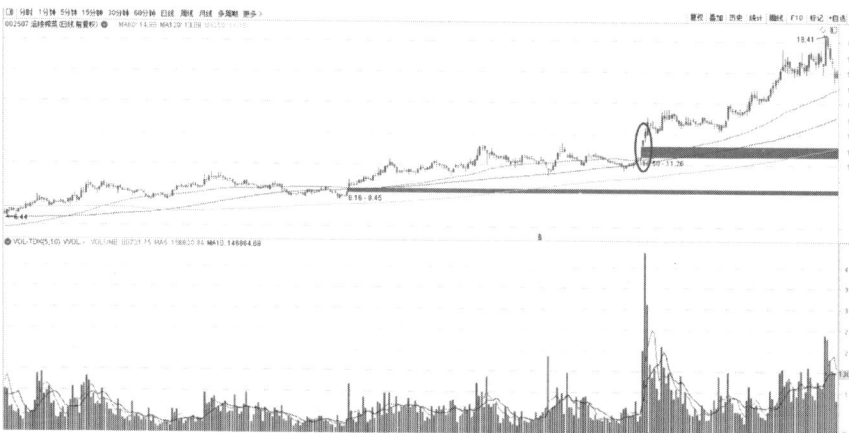

图6-25　涪陵榨菜2017年净利润断层股价走势图

个股和指数走势。从图6-25中我们明显看到，涪陵榨菜在2017年的走势是一个标准的上升趋势。60日移动平均线、120日移动平均线和250日移动平均线处于一个上升状态。阶段性的高点一个比一个高，阶段性低点一个比一个高。

在指数上，中小板指数在2017年也是一个标准的上升趋势。市场的环境走得就非常好，利于股价的上涨。这三者的合力，促使涪陵榨菜的净利润断层成功。

如何确定买入点。净利润断层的条件在于要符合业绩高增长，指数/个股走势向上，更重要的在于未来股价会不会继续往上走。买入点其实很好确定，这是追高买入，净利润断层出现的K线就是大阳线。

重要的地方在于买入后后期走势的预判，大部分净利润断层都会失败，在牛市里面也不例外。当出现净利润断层的K线时，我们要检查一下买入点清单：

- 业绩的增长是否符合高增长? 高增长的原因是否是受到供需关系的影响;

- 公司的基本面状况优秀，不是短暂的业绩恢复，而是长期业绩的持续;

- 股价趋势是否多头? 均线排列是否是多头;

- 此时市场的走势是否有利于公司股价持续上涨;

- 股价短时间内涨幅是否过大? 有没有短期调整的需要。

6.3　止　　损

不管是抄底还是追高，都面临着下跌的风险。有些买入点失败后下跌幅度非常大，这就要求我们在交易的时候设置合适的止损位。若想在股市里取得巨大的成功，秘诀并不在于要时刻做出正确的决定，而是在犯错的时候能将损失降到最小。

一个成功的交易者，即使选股正确率达到90%，不懂得止损，也会出现大幅度的亏损。相反选股成功率哪怕只有40%，如果能及时止损，也可以取得不错的业绩。止损是投资体系里面最重要的一环，没有止损代表着投资体系不完整。

6.3.1 重视止损

现实当中很多投资者懂得止损，可是不会这样做。碰到亏损幅度很大的股票，很可能就放着不去管，任其下跌。那为什么都知道要止损，但在现实中止损如此之难呢？

1. 不明白止损的意义

在整个投资生涯当中，投资者会交易很多股票，只有输少赢多才能让资金曲线一步步增长。所以在股市里必须有强有力的止损能力，为的就是防止资金出现大规模的损失。这才是止损在整个投资体系中的意义，可是在这一点上，很多投资者根本就不明白。

什么样的投资体系，就有什么样的止损条件。如果是长期持股者，可能在止损上不那么敏感。基本面出现问题后，不管这只股票亏损多少都会止损。趋势投资者可能对于止损的敏感度会很高，股价下跌超过自己投资体系的承受限度就会止损。

可是不管什么样的投资体系，都会牵涉止损。止损是投资体系中最重要的组成部分，可是很多投资者并不知道止损的意义，甚至不知道投资体系到底是什么？整天热衷于交易，没有意识去建立投资体系。

2. 对小资金的不重视

即使知道止损的意义，但是对小资金不重视，也是投资者吃亏的地方。大部分投资者对股票仓位的配置并不是平均的，总有那么一两只股票买着纯粹为了"玩"。这就导致了这些股票占总资金的比例不高，投资者不会特别在意。一旦出现亏损，对总资金的杀伤力是有限的，就不在意对这一部分资金的管控。

或者投资者拿着一小部分钱来投资，占整体资产本身就不高。花在股市里的时间不多，操作股票很随意，不重视这部分现金。对小资金的不重视也会导致投资者不能正确面对股票的止损。就那么点钱，止损不止损意义不大，这是投资者面对仓位低的股票的态度，自然在止损上就无法知行合一。

3. 执行能力不行

明白止损的意义固然重要，然而这并非最终的结果。事实上，投资者设置了止损而没有执行的例子比比皆是，导致悲剧经常出现。投资真正拉开差距的并不是选股能力这一项，更多的是选择错了如何及时处理。

选股这一点投资者可以弥补，毕竟每只股票都会上涨，多在基本面和技术面上确定就可以了。对回撤的控制力度把握不好，收益的结果可能天差地别。投资追求复利，出现亏损对复利是非常致命的。

更多人不止损其实是执行能力不行，不是不懂道理，自律性太差。很多人也知道趋势上已经破位，不止损的话资金会受到损失。每每到这个时候就会犹豫，总是想再看一看、等一等。导致自己错过止损的大好时机，亏损幅度加大。

有些时候止损非常频繁，前期的几次错误止损也会让投资者动摇止损的决心。导致下一次止损的时候，开始出现纠结的情绪。更多的困难是在执行环节，这是很痛苦的，是一个血淋淋的过程，不是书本里讲得那么轻松自然。表6-1为投资者对亏损幅度、回本涨幅的持股心态对应表。

表6-1　投资者对亏损幅度、回本涨幅的持股心态的对应表

亏损幅度	回本涨幅	持股心态	亏损幅度	回本涨幅	持股心态
10%	11%	期待反弹,亏损不大	20%	25%	有点心慌,可以接受
30%	43%	持股心态已坏,抱有幻想	40%以上	70%以上	任其发展,不管不顾

其实个人投资者在投资这一行需要做的东西实在太多,首先是对股票基本面和技术面的判断,很多时候需要投资者的主观认知。这个过程需要投资者的能力和经验,这都是后天学习来的。如果掌握了某个领域的尖端知识,自然学得快。如果一直在某个领域里学一些通用或皮毛的知识,那么可能20年时间都在这个领域绕圈子。核心知识的学习和经验的积累,对确定一只未来能上涨的股票很重要。

其次就是具体的操作过程,买卖点的确定,仓位的分配,交易以及处理止损过程。每一个过程需要独立思考,更需要很好的执行。炒股更多考验的是实践能力,理论知识只是基础。所以,我们看到很多知识很丰富的人,赚钱不行,就是缺乏实践能力。

可以说,投资者既是规则的制定者又是规则的执行者。这个时候对规则的严格要求和坚定执行就非常考验投资者。如果投资者没有自律的习惯,根本难以胜任这份职业。

6.3.2　止损方法参考

说了那么多,其实就是要认识到止损的重要性和坚定的执行。只要这两个困难投资者克服了,投资体系估计完成了一半,会取得一个很好的收益。接下来就出现了一个问题:如何止损?

1. 点位止损

这是最普遍的止损方式之一,股价跌破了哪个价位就会卖出保住本金不再进一步损失。这样的止损方法可以说适合所有的趋势交易,因为止损点位很明确,

在止损过程中最怕的就是止损点位模糊，导致一而再再而三放弃原来的底线。就拿波谷参照点抄底模式来说，抄底买入对波谷参照点的要求很明确，这就导致抄底买入模式总体亏损幅度不大。

举个例子，对于买入参照点是前期波谷而言，买入的地方就是卖出的地方。只要股价跌破了前期波谷的最低点，那么就可以止损了。如果按照60日移动平均线买入，股价破了60日移动平均线就可以卖出。具体点位止损就是很明确价位，刚好能跟抄底买入形成一个很好的配合。

止损的方法很多，投资者必须找到适合自己的方法。最重要的是要跟选股的成功率结合，最终的赔率才是关键。在每次买入之前，必须明确下跌幅度，到了就无条件止损。交易者最好拥有一个成功率很高的选股模式，不然止损多了也扛不住，同时保证盈利总点数高于止损总点数。

2. 下跌幅度止损

每次交易之前，明确止损距离成本的幅度是多少。假设股票的买入成本是10元，承受的下跌幅度是10%，那么股价跌破9元就触发止损。这也是最平常的止损方式，投资者常常用到。

拿追高买入模式为例，追高的确认K线通常是放量大阳线，只要跌破这跟大阳线的涨幅，或者跌幅超过设置的参数，就可以进行止损。就像突破新高买入，股价在前期已经涨了一段，追高相对来说是有风险的。这个时候止损就是为了防止追高追在山顶上，保护自己的资金。

3. 危机止损

如公司的基本面出现问题，是黑天鹅事件或者无故出现跌停封板。这个时候要第一时间找到股价下跌的原因，如果原因很关键，那么就需要止损。不管自己当前受到的损失有多大，保存实力，寻找下一个赚钱的机会。

4. 指标止损

指标止损的参考可以是平常可以用到的技术指标，比如KDJ、MACD等，可以是均线，也可以是交易者自己确定下来的指标。按照指标来进行买卖，比较程序化，点位止损和幅度止损也可以算是指标止损的一种。

指标止损最大的优点是克服了交易者情绪面的影响，不需要主观判断。以指标的信号作为买卖的信号，这就要求交易者所选的指标对资金曲线的增长有正向作用，不能乱找。找到胜率比较高，适合自己投资体系的指标进行止损。

5. 依据指数进行止损

股市上涨下跌的规律有时候很简单：大盘上涨的时候，90%的个股会出现同步上涨；大盘下跌的时候，90%的个股会出现同步下跌。对于持股多、仓位重的投资者，依据指数进行止损，这是一个不错的选择。

在2015年，上证指数和创业板的下跌非常严重，出现了50%左右的跌幅，如图6-26所示。此时如果在上证指数跌破60日移动平均线的时候就止损（止盈）出局，那么就不至于后期出现重大的亏损。

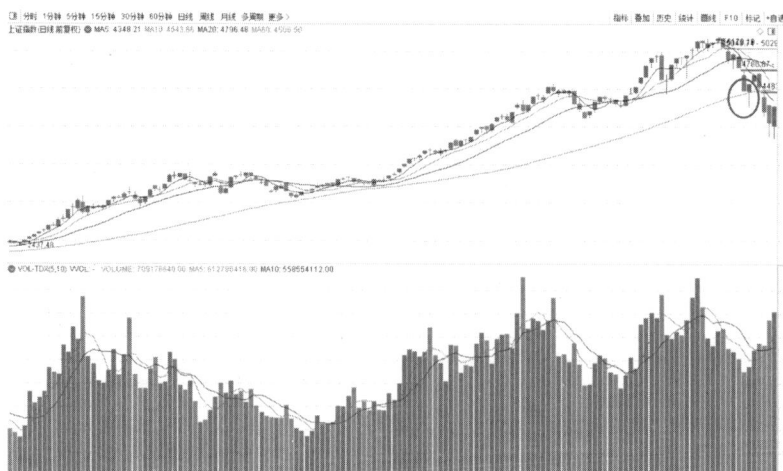

图6-26　上证指数2015年上半年走势图

6.动态止盈

前面说的都是买入后出现股价往下走,资金遭受风险时如何止损。当然也有赚钱止盈的时候,盈利的状态也是要锁定利润出局的。止盈的办法可以参考上面的一些止损办法,例如危机止盈、指标止盈等。这方面没有固定的止盈办法,适合自己的才是最好的。

既然设置了止损,交易体系才是完美的。我们也需要制定一个比较理想的止损位,不然多次连续止损,会打击交易的信心。最好的止损点其实就是买点,本金的损失程度非常低。同时也需要在止损上更加明确,拿幅度止损来说,即买完之后出现10%以上的下跌。比如按照半年线上沿5%左右位置买入股票,一旦下跌10%,直接击穿半年线,此时买入依据出现失败,自然就容易止损。最怕的就是标准不明确,或者一味降低标准。

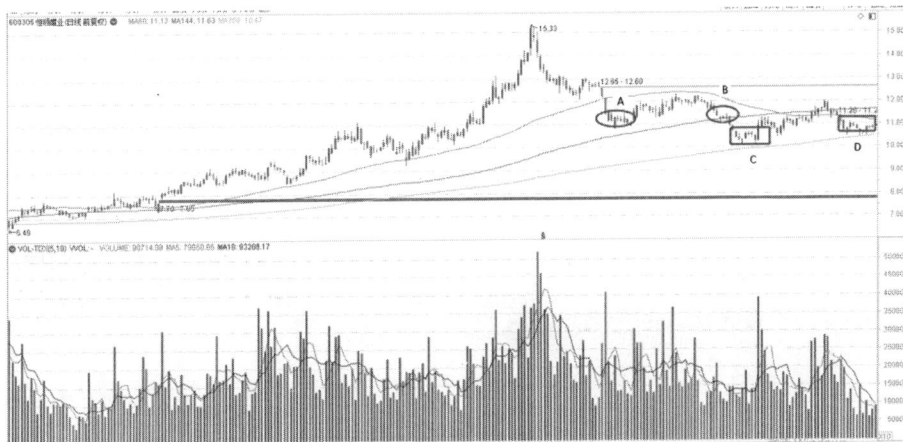

图6-27 2019年恒顺醋业股价走势图

如果投资者在120日移动平均线上沿5%左右进行股票交易,假设止损点是完全跌破120日移动平均线就卖出。如图6-27所示,在2019年8月初,在恒顺醋业股价走势图的120日移动平均线上沿买入股票(A点位置),在股价运行到2019年9月

26日（B点位置）时，完全跌破了半年线。这个时候就需要投资者毫不犹豫地止损。

如果投资者在250日移动平均线上沿5%左右进行股票交易，假设止损点是完全跌破250日移动平均线就卖出。在2019年10月中旬（C点位置）就可以买入，在2019年12月初（D点位置）就需要留意股价会不会跌破250日移动平均线，因为离得非常近了。如果没有，就说明止损点位未到，不需要止损。

6.4　支撑和阻力

支撑位是当价格到某个价位附近时，价格就很难跌破这个位置，出现于股价短级别下跌过程。阻力位就是当价格到某个价位附近时，价格就很难向上突破这个位置，出现于股价短级别上涨过程。

当然支撑位和阻力位的作用不是绝对的，股价也可以跌破支撑位，也可以突破阻力位。所谓的阻力位和支撑位，都是交易者自己的假设而已。既然是假设，一切以走势为主。支撑和阻力只是增加成功概率的一种方法，如果在支撑位停止下跌有向上的迹象，可以试着做多；如果破了支撑位，那么就需要止损出局。说得透一点，就是投资者买入的参考点。

支撑位和阻力位其实就是一个个股价前期明显的参照点，包括重要的K线、均线和平台等。我们来具体认识一些典型的支撑和阻力。

6.4.1　大阳线（涨停板）和大阴线（跌停板）

最简单的支撑位就是大阳线，最简单的阻力位就是大阴线。我们在选择上尽量以放量的大阴线和大阳线为参考标准。大阳线的实体部分代表买方力量强大，能够很好地抵抗卖方形成的压力。大阴线的实体部分代表卖方力量强大，能够很好地阻挡买方形成的突破。以大阳线为例，有两种走势值得我们记住。

1. 股价在大阳线上方运行

基本的走势是一根大阳线和几根在大阳线上方运行的K线，这属于最强的走势。代表着大阳线的支撑力度非常强，也是股价强势上涨的中继K线形态。

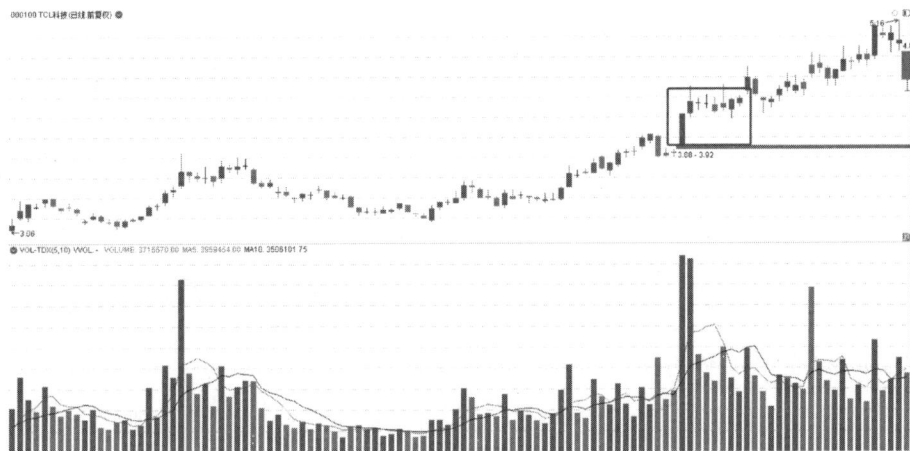

图6-28　2019年TCL科技股价走势图

如图6-28所示，TCL科技2019年12月16日出现大阳线，随后几天的走势都在这根大阳线的上方。这种K线组合在大阳线最高点完全支撑住了，很大概率上对后期股价走势有促进作用。

2. 股价在大阳线中间运行

基本的走势是一根大阳线和几根在大阳线中间运行的K线，这属于大阳线支撑的一般走势。代表着大阳线的支撑力度还算可以，股价后期上涨的概率相对大些。

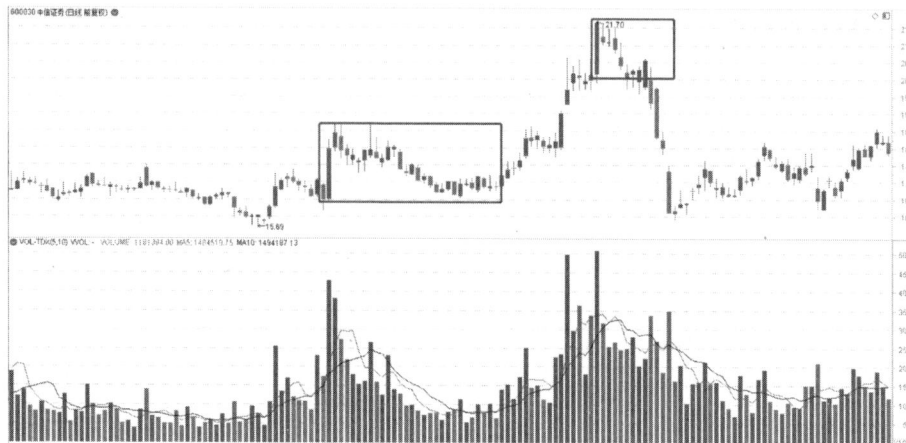

图6-29　2017—2018年中信证券股价走势图

如图6-29所示,中信证券在2017年和2018年出现两次股价在大阳线中间运行的形态,在2017年11月21日放量大涨8.4%,之后股价一直在这根大阳线的中间运行,到了2018年1月2日开始进行突破。

在2018年1月24日放量大涨8.06%,此后的K线走势也在大阳线中间运行。不过2月6日以一根大阴线跌破宣告大阳线支撑位失败,股价开始出现急速下跌。

对于大阴线这根阻力位的K线来说,在其K线实体中间和下方,都意味着股价难以突破这个阻力位。一旦真的突破这根阻力位K线,预示着买方力量开始强大。一直不突破K线,也预示着卖方的强大,一时难以抵抗。

6.4.2　重要均线

支撑位和阻力位更多表示的是交易者的一些买点和卖点的参考。没有什么绝对的支撑位和阻力位。这其中重要均线也在扮演着非常典型的支撑和阻力的状态,主要分为均线多头支撑和均线空头阻力。

1. 均线多头

均线多头排列是短期均线依次在长期均线上，显示市场是在一个强势上升趋势当中。K线能够在20、60、120、250日均线附近处都得到一定的支撑，买点以重要均线的支撑点为买点，下破均线支撑进行止损。

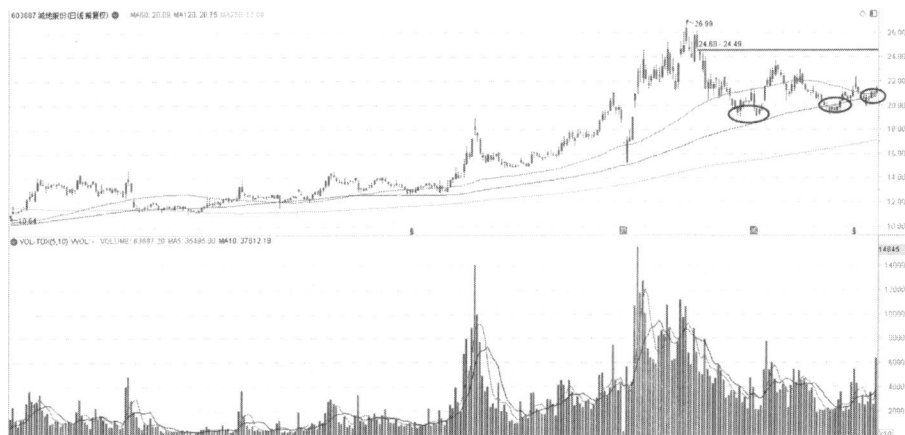

图6-30　城地股份2019—2020年股价走势图

如图6-30所示，城地股份2019—2020年的股价走势图上，我们首先可以看到60日移动平均线在120日移动平均线上方，120日移动平均线在250日移动平均线上方，这就是典型的均线多头排列趋势。这样多头排列是股价在2019年持续上涨导致的，也显示出股价现在处于上升趋势当中。

其次，4月中旬、6月初和6月中旬时间段内，城地股份的股价回调到了120日移动平均线上方。在这个重要均线位置上出现了强烈的支撑作用，股价反复在这个地方调整。

2. 均线空头

短期均线运行在下，中、长期均线依顺序运行在上称均线空头排列，表示市场呈弱势特征。均线空头排列多根均线呈向下的圆弧状，各条均线可视为一个个阻力。

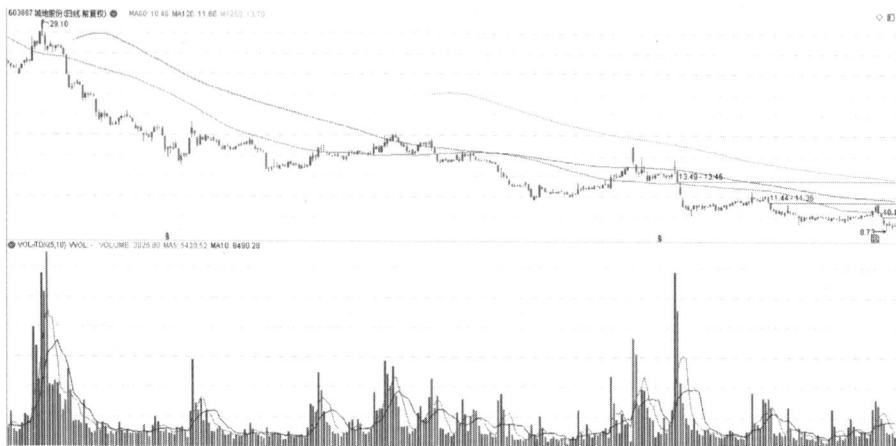

图6-31　城地股份2017—2018年股价走势图

如图6-31所示，同样是城地股份，在2017—2018年均线是一个非常典型的空头排列走势。60日移动平均线在最下方，其次是120日移动平均线在60日移动平均线上方，250日移动平均线在120日移动平均线的上方。

我们可以看到每次股价要突破到120日移动平均线附近时，总是出现下跌，没有突破完成。证明这根120日移动平均线对股价有着很大的阻力作用，卖方的力量还是很强大，买方一时无法突破，形成上升趋势。

6.4.3　前期波峰波谷

在《期货市场技术分析》一书中所研究的支撑和阻力更多的是针对前期的波峰波谷，这里也沿用书上的理论。前面谈到的上升趋势的波峰波谷，其实对应的就是趋势的支撑位和阻力位。

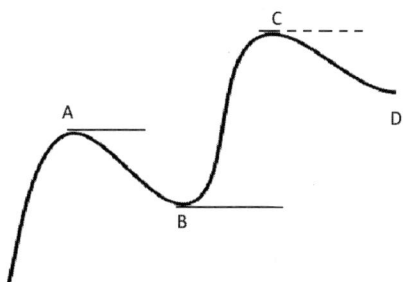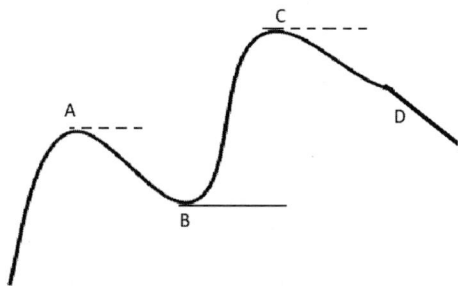

图6-32　上升趋势中的支撑位和阻力位

图6-32是上升趋势形成过程中的股价走势图（D点还未形成，上升趋势还未确定），当前的股价走势有两个支撑位和一个阻力位。A点和B点是支撑位，C点是阻力位。在D点股价的方向有两个，我们一个个地分析：

1. 股价到支撑位

如果股价继续下跌，那么就会达到跟A支撑位一样的价格附近。此时股价跟A支撑位之间就会出现博弈，就像一个弹簧球遇到A支撑物。如果A支撑位足够坚挺，股价会继续往上走，不破A支撑位。

如果股价把A支撑位跌破了，那么A点就成了阻力位。股价要往上涨，就要突破A阻力位。股价如果持续下跌，就会碰到B支撑位的抵抗，如此反复。但是如果股价要延续上升趋势，B支撑位是不能破的，股价一旦跌破支撑位没有出现及时回升，就意味着上升趋势的终结。如图6-33所示。

图6-33　上升趋势中的支撑位和阻力位

所以说，支撑位和阻力位是动态变化的，不是一成不变的。支撑位有可能成为阻力位，阻力位也有可能成为支撑位。

2. 继续上涨

当图a的D点开始上涨时，就会碰到前期高点C的阻力。如果突破回踩成功，那么C点就是支撑位。如果碰到C点往下跌，那么C点就成为一个比较有效的阻力位。后期的上涨还是要经受C点的阻力，突破之后才能继续往上，延续上升趋势。

当然支撑位和阻力位还是有很多，大家对其用法和习惯都有很大不同。只不过要明确的一点是，支撑和阻力只是人为的界定。不存在绝对的支撑位，股价跌到此位置的时候，一定会向上反弹。一切都要视具体的股价走势而定，技术面切勿执迷，没有什么百分之百确定的技术分析。

第 7 章

重要的技术形态及波浪理论

了解完上升趋势图形之后，明确了买点的参照位置，为我们的买入提供了依据。可是上升趋势的定义太过笼统，松散的图形可能就预示着失败。第6章涉及的技术面案例都是成功的，可是在实际操作过程中，太多的不确定性就会导致图形走向失败。所以，我们有必要来看一看一些经典的上升趋势图形，从中获取一些技术面上的经验，不能闭门造车。

同时技术分析当中，对波浪理论的阐述也是一个重点。本章尽量将基本面和波浪理论进行结合，来寻找出基本面和技术面都符合的股票。

7.1 重要的技术形态——杯柄图

在介绍口袋支点买入方法的时候，对于左侧的技术图形是要严格要求的。不是所有的图形出现了口袋支点都可以买入，前面最好是杯柄图，这样的口袋支点才值得参考。

欧奈尔在总结了过去所有的高速成长股票的图形后，得出一个结论：很多股票在大涨之前都会构建一个杯柄图形，并且后期会形成突破。它的结构轮廓看起来像一个带把手杯子的形状，如图7-1所示。

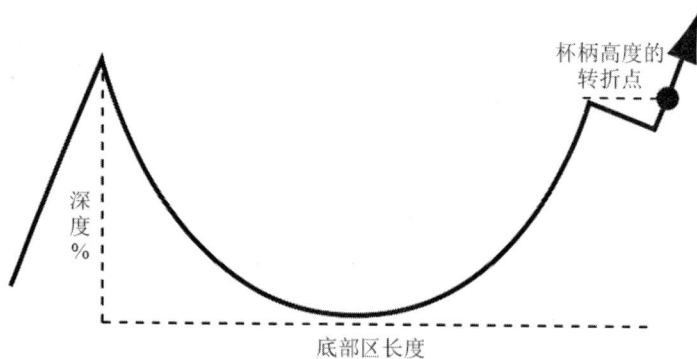

图7-1 杯柄图结构

为什么欧奈尔的杯柄图在技术形态上这么成功呢？在大环境上涨或平稳的状态下，个股前期已经完成了一波凌厉的上涨，开始出现调整的需要。此时个股需要资金巩固，以便进一步进行中级上涨。

欧奈尔在《笑傲股市》一书中写道："在正式投资一只股票之前，必须要求其显示上行势头。"《笑傲股市》开头就给我们展示了一百张大牛股走势图,都具备了杯柄图的形态。走成杯柄图这个很容易,可是具备哪些条件的杯柄图后期上涨的潜力更大呢? 我们好好细分一下杯柄图的各部分,对不同的杯柄图进行量化评价。

7.1.1 茶杯形态(U形非V形)

就杯柄图左侧的茶杯形态,我们该怎么量化评价,才能断定茶杯形态走得好呢? 也许在《笑傲股市》里能够找到清晰的答案。

1. 茶杯两侧平滑,成交量变化

就茶杯形态而言,凡是左右两侧都应平滑移动。不应出现锯齿形边缘,也不能一周波动幅度达到10%～15%及以上。同时茶杯左侧下跌缩量,右侧上涨放量。

平滑移动的标准就是随着股价的运行,在茶杯的左侧应做到低点比低点低,高点比高点低。茶杯右侧应做到高点比高点高,低点比低点高。也就是说可以画出一个非常标准的趋势线,如图7-2所示。如果茶杯平台应两侧能够很好对称,成为一个标准的茶杯形态自然最好。

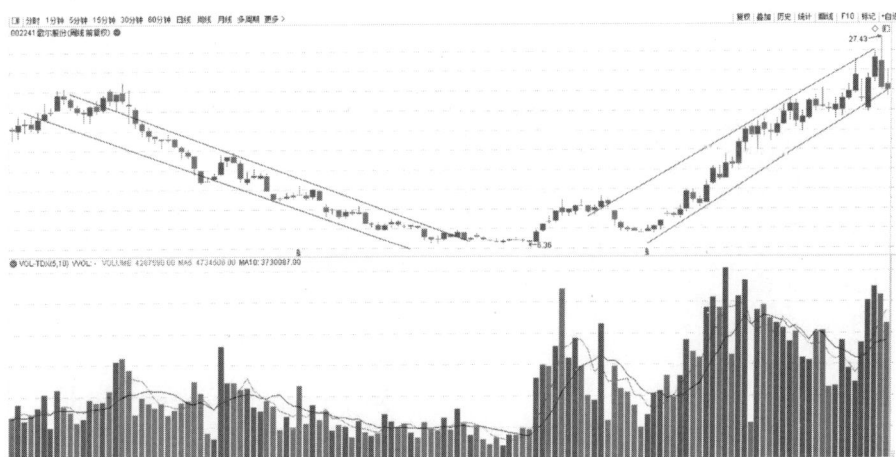

图7-2 歌尔股份茶杯形态

在形成茶杯形态时，底部尽量以"U形"进行一定调整，而不是"V形"直接上去。最好在杯型底部有盘整的走势，使得股票进行必要的自然调整。

在成交量上，左侧下跌时候能出现均匀缩量是最好的，右侧上涨阶段均匀放量最好。在个股的一小段趋势里面，大阳线放量，大阴线出现缩量。

如图7-2所示，歌尔股份在2017年11月份开始下跌，此时的成交量很大。随着下跌幅度越来越大，成交量越来越少。同时出现上涨的周成交量比下跌的周成交量大，不过也在均匀缩量。

在2019年2月开始上涨，底部的时候放量明显。随着股价越长越高，歌尔股份的周成交量也在不断放大。在阴线调整的几周里，处于缩量调整的状态，反映出成交量随着上涨下跌和阳线阴线在不断变化。我们要找的就是成交量往好的方向上变化的股票。

（1）茶杯基底形成于总体市场调整

我们可以看到，歌尔股份的下跌是从2017年11月份开始的，到达底部的时间是2019年1月份。那么对应的中小板指数是怎么运行的呢？如图7-3所示，中小板指数也是从2017年11月份开始调整，到达底部的时间是2019年1月份。可以看出这根本就不是巧合，而是个股随着指数的走势，走出的同方向的走势。

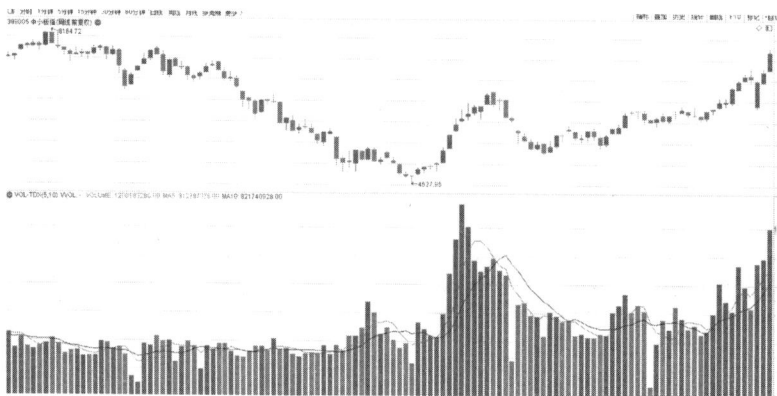

图7-3　中小板指数周线调整

在《笑傲股市》第111页中欧奈尔说道："基底"就是经过前期的上涨之后的一段价格回调并筑底的区域,它们大都(80%～90%)形成于总体市场的调整过程。可见底部的形成时间是与指数的运行息息相关的,并不是股票随意涨跌。

(2)茶杯形态的持续时间与空间

从歌尔股份的茶杯形态形成我们可以得出一些经验:大部分股票杯柄形态的持续时间跟指数有关系,指数下跌的时候个股处于茶杯左侧的下跌状态。指数见底的时候个股也会出现底部,甚至会提前出现底部;指数上涨时个股走出茶杯右侧的上涨趋势。

在时间上并不难确定,个股的走势跟大盘息息相关。大盘在上涨的时候,大部分个股会上涨;大盘下跌的时候,大部分个股会下跌。80%～90%的价格形态都形成于市场调整阶段,就需要我们认真识别大势的趋势性行情。可能会出现独立于大盘的个股走势,此时在时间上不能跟大盘走势对应。这些股票的茶杯形态持续时间就需要交易者特殊对待了,时间的判断上就需要靠经验的积累。

在空间上,个股的跌幅和涨幅受到市场和个股基本面的影响,呈现出的涨跌幅空间是不一样的。不过要出现右侧的上涨,上涨的幅度至少要30%以上。还需要伴随相对其他股票的优势,也就是比其他股票涨得好。未来业绩确定性很强,增长高速的公司自然股价涨得厉害。未来业绩确定走下坡路,公司经营出问题,前期涨得太多,股价跌幅自然大。

(3)茶杯的普遍形态

茶杯的形态大部分情况下是不对称的,杯柄图重点的地方在于上升趋势的确立。杯柄图更多的时候是一个理论模型,现实当中的股价走势不可能完全按照模型标准地走下去。我们就来看看有哪些标准茶杯形态的变形。

1. 左侧高右侧低

这种图形经常出现在趋势扭转的时候，前期的趋势是下跌趋势或横盘，通过一段时间的涨幅，将趋势扭转过来了，这段趋势就是茶杯形态的右侧。这样的图形经常发生在股价在第一浪的时候，股价前期经过长时间下跌，有些股票的价格下降幅度非常大，甚至有70%以上，此时左侧的深度非常深。

股价才刚刚上涨，即使上涨幅度超过一倍，也无法超越前期下跌高点。有些股票的上涨幅度可能只有50%左右，那就更不可能超过前期下跌高点。所以茶杯形态就成了左边高右边低的状态。

如图7-4所示，新天然气2019年4月从最高点24元开始下跌，到2019年8月初才止跌，最低点是14元，中间的跌幅达到10元。出现14元最低点后，股价开始上涨，到2019年11月到达阶段性高点21元。

此时可以看到茶杯形态并不十分对称，右侧比左侧低。可是这并不妨碍我们确认它是茶杯形态，因为茶杯形态只是一种模型，注重的是上升趋势的确立。如果右侧的走势能够确认是上升趋势，这才是后期杯柄图成立的前提。

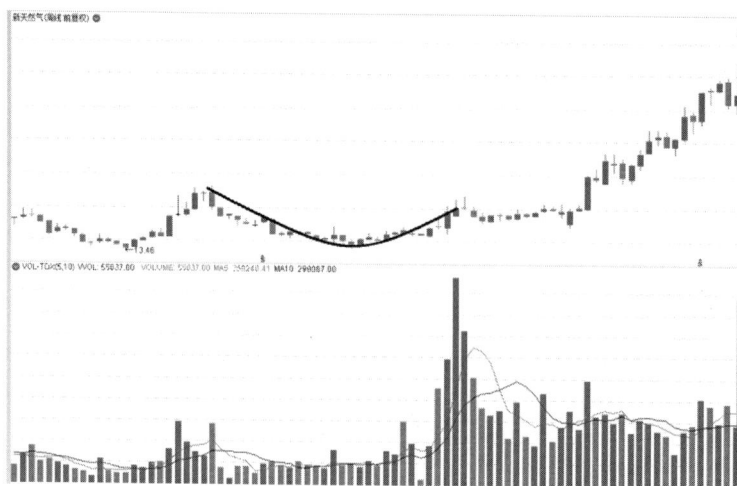

图7-4 新天然气茶杯形态

2. 左侧低右侧高

茶杯型右侧比左侧高的案例很多,基本上是处于第三浪的调整阶段。股价已经扭转了一段时间,开始启动主升浪。在主升浪阶段的调整就容易形成左侧低右侧高的茶杯形态,而这种形态是非常健康的。

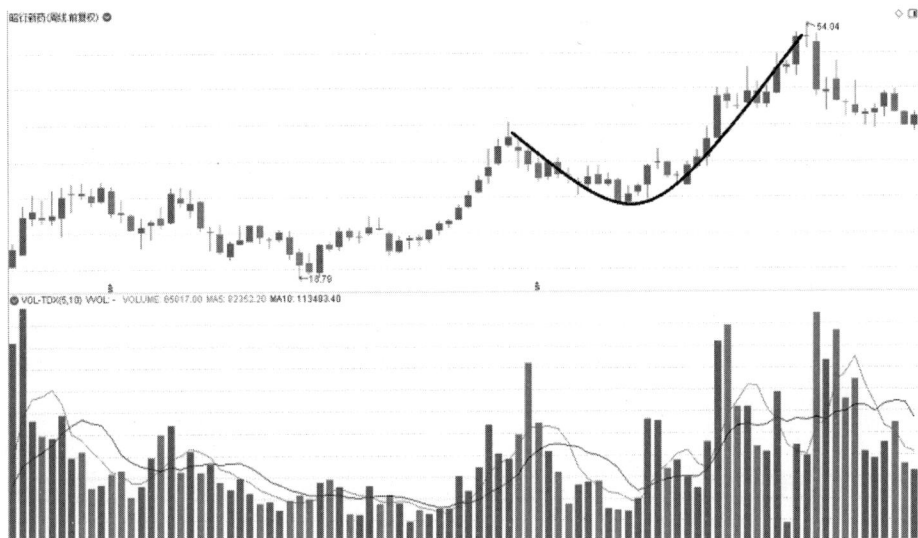

图7-5 昭衍新药茶杯形态

如图7-5所示,昭衍新药2019年3月突破历史新高后,在37元附近开始出现调整。到2019年6月才止跌,最低点是29元,中间的跌幅达到8元。出现29元最低点后,股价开始上涨,到2019年10月到达阶段性高点53元。

此时昭衍新药的茶杯形态是右侧高、左侧低,而且右侧比左侧高很多。从右侧的走势看,昭衍新药不管是幅度还是K线走势,都非常令人满意。

7.1.2 杯柄形态

考察完茶杯形态后,进入杯柄图最重要的内容——杯柄形态。茶杯形态是过去已经存在的事实,在那个地方我们没有收益。杯柄这块却影响着我们的开仓买入点,持有收益。杯柄呈现何种特征,后期上涨的概率会很高呢?

1. 调整时间与空间

杯柄结构是股价从茶杯形态右侧开始调整形成的图形,杯柄结构调整得好坏直接影响后期股价的走势。杯柄结构在调整的空间上,从茶杯右侧高点到调整的低点,回调幅度在33%以内。如果在这个地方还往下跌,个股的走势就越来越弱。凡事都有底线,回调幅度达到30%以上的股票基本上快要把前期的涨幅跌没了。这就不是一只要上涨股票的走势,要想后期出现大涨,回调的力度不能太大,否则就破坏了好不容易起来的上升趋势。

杯柄最低点出现在茶杯右侧的上半部分,从均线上看最好不要破120日均线(即半年线)。调整的最低点破了半年线,这个杯柄形态就走弱了,筹码流出得太多,很容易失败。熊市的时候杯柄的调整比较多,牛市的时候杯柄的调整比较少。当然调整幅度也跟前期的上涨有关,如果前期上涨幅度过高,杯柄处的调整深一点也是可以接受的。

空间上不好把握的地方就是回调的幅度,时间上不好把握的地方是什么时候开始回调、什么时候回调结束。最普遍的判断办法是大盘下跌的时候,个股开始出现杯柄调整。大盘开始上涨的时候,个股的杯柄调整结束。再考虑个股的一些特征,可能在时间上有一些独特的地方。

如图7-6所示,从恒立液压2017—2019年股价走势上我们就看出来,股价调整时间的极限可能会持续一年左右。恒立液压第一次调整开始是在2018年1月10日,调整结束的日子是2019年1月10日,整整持续一年。

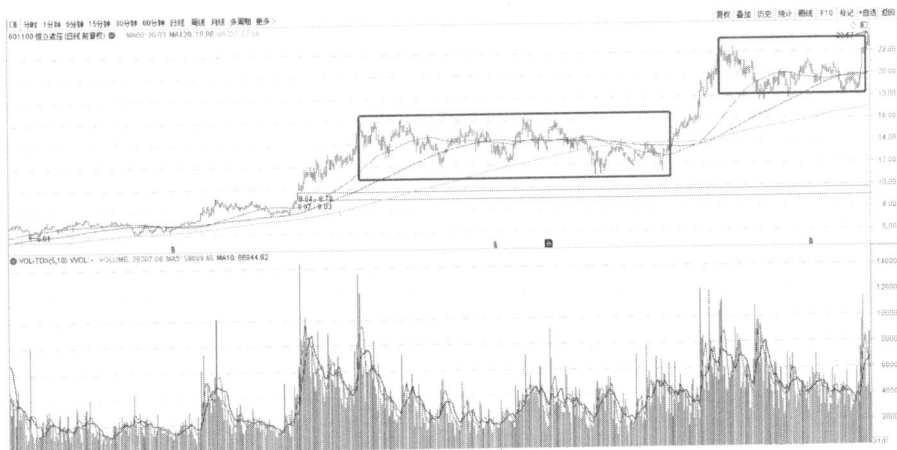

图7-6 恒立液压2017—2019年股价走势图

2018年恒立液压这样的调整,在于2018年全年都处于熊市当中。上证指数在2018年1月达到最高点3587点之后一路下滑,直到2019年1月才出现大涨。恒立液压在这一年里,一直在茶杯形态中上方33%以上的区间内运行,甚至在调整的某期跌破了年线。

第二次开始调整的时间在2019年3月末,结束时间是8月末。大盘在4月中旬开始调整,正好与恒立液压的调整相符。6月份有一次短暂上涨,恒立液压并没有跟着上涨。到了8月底市场再一次进入上涨,恒立液压经过充分调整,也开始进入主升浪。

所以在调整的时间上,要依据个股的特殊性和大盘的趋势,进行综合判断。不能教条地认为应该调整多长时间。有启动迹象的股票第一时间要注意,不要错过。

在经验上,可以认为股价跌破60日移动平均线后,在其下方运行一段时间后突破60日移动平均线。这个时候我们试着认为个股的调整大概率要结束了,再结合大盘的趋势,进行综合判断。

2. 调整形态

在杯柄的调整时间和空间上需要结合业绩增长、大盘趋势和投资经验，这个分析过程就很复杂。接下来我们要看的是调整的形态，调整阶段个股的走势是千变万化的，自然形态上有很大不同。具体看到底有几种典型的形态呢？

（1）V形

这是标准杯柄图形态，右侧杯柄形态先是直接下跌，然后直接上涨。这样的图形在股市里比较多，随着调整时间和空间的变化，V字的形态呈现也不相同。调整幅度很小的情况下，可以看成是横盘整理，调整幅度很大时可以看成是深V形。调整的时间越长，V形越来越扁平化。时间越短V形越明显。

如图7-7所示，芒果超媒就是典型的V形调整，在2020年2月7日开始出现调整，2020年4月13日以十字星结束调整。前期的上涨幅度达到145%左右，调整的幅度是26.4%，调整的时间是两个多月。

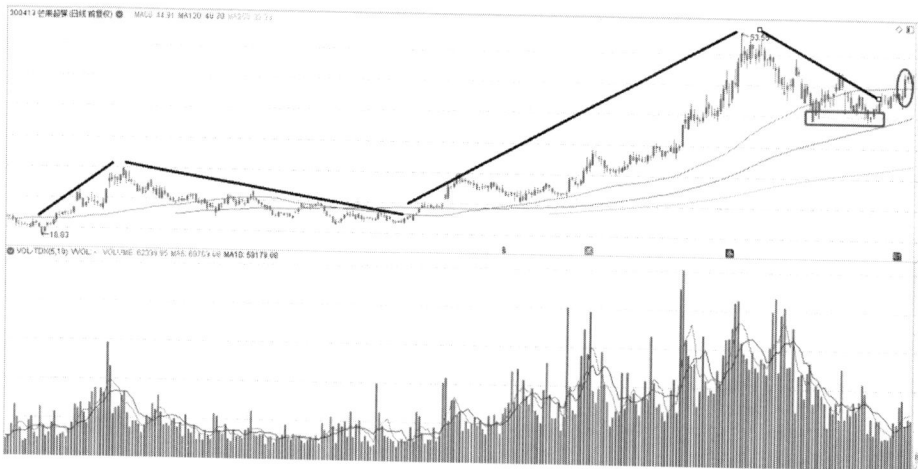

图7-7 芒果超媒2019年—2020年股价走势图

按理论涨幅和调整的配比看，杯柄处的调整时间和空间很短，而且是直接下跌到位。在120日移动平均线上沿止跌企稳，然后直接主升浪上涨。在4月15日大盘整体开始向上,芒果超媒受益于大盘的走好,在4月13日同时与大盘调整到位。

（2）双底

双底调整形态也可以说是W底调整,说明有两个底部。这个W底形态最好在小级别趋势上形成一个上升趋势,第二个低点比第一个低点高,第二个高点比第一个高点高。这样的杯柄调整形态在股市里是最多见的。

如图7-8所示,艾德生物在2019年10月18日开始出现调整,走出一个非常标准的双底形态调整。两个底部分别在2019年12月30日和2020年3月23日,以突破60日移动平均线结束调整。前期的上涨幅度达到70%左右,调整的幅度是20%,调整的时间长达五个多月。

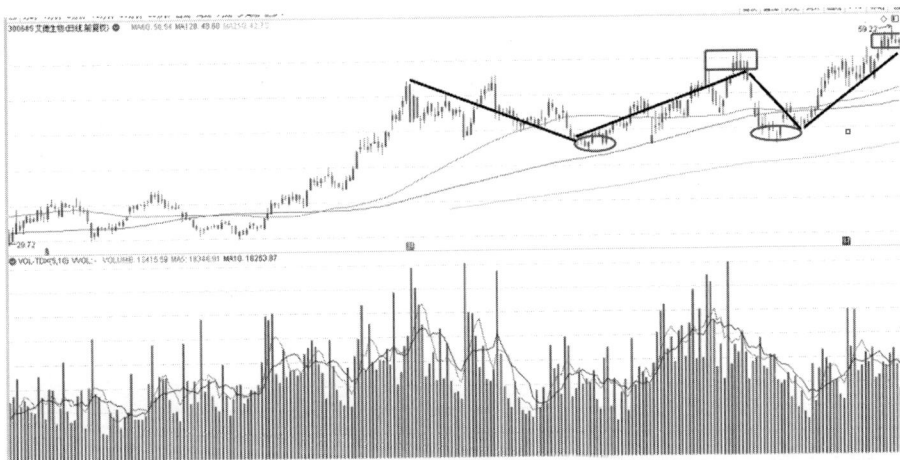

图7-8　艾德生物2019年10月—2020年4月股价走势

按理论涨幅和调整的配比看,艾德生物的调整时间和空间很充分,特别在时间上这样长的调整抵消了在空间上的窄幅调整。不过调整的时间长,代价就是破了120日移动平均线。由于调整的幅度不大,120日移动平均线处于上升状态,跌破问题不大。

当然第二个底部的价格如果跟第一个底部差不多,在调整幅度不大的情况下可以接受。最担心的就是第二个底部的价格比第一个底部低，意味着底部并没有有效形成，股价还在探底过程中。双底型的买点其实很好找，如果是做抄底模式，那么前期低点是最好的参照点。如果做追高模式，可以在股价突破W底的高点时进行买入。

（3）L形底

L形底形态注重的是底部的横盘震荡，震荡区间非常窄，可能只有10%～15%左右。这样的窄幅震荡从周线上看，各周的收盘价基本上都在一个水平。刚开始的下跌过程可能会出现20%的下跌，整体形态像一个"L"形。

如图7-9所示，兆易创新在2020年2月25日开始出现调整，由于前期的涨幅非常大，导致出现的调整也非常深。连续五周出现放量阴线，直到4月3日开始止跌横盘，走成了一个很标准的L形底调整。

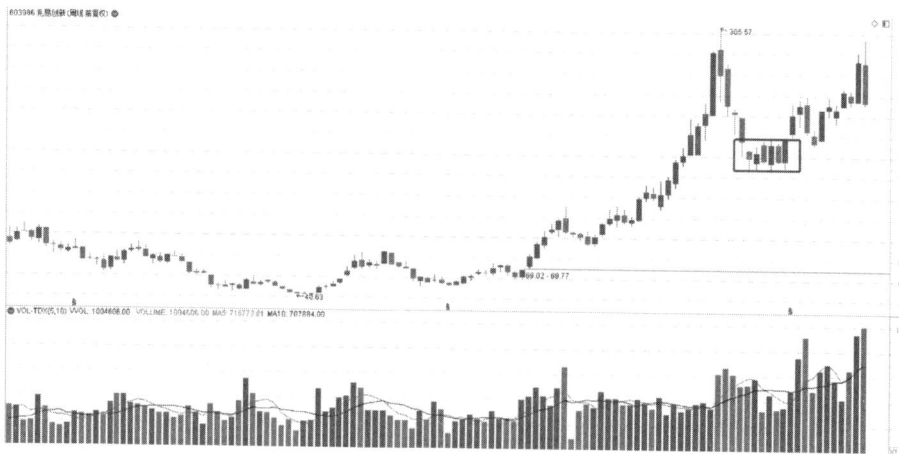

图7-9　兆易创新2019年10月—2020年4月股价走势

（4）方盒子/高而窄旗形

这两种调整形态非常类似，都是上涨之后的短暂调整。方盒子形态在时间上持续4～7周，调整的空间只有10%～15%。高而窄旗形比较罕见，股价大涨一倍后，出现短暂调整，继续拉升形态。

这种形态最大的顾虑就是调整的时间和空间不够，对于上涨幅度很大的股票而言，调整的时间和空间自然要够。太短的调整可以不认为是调整，在当时上涨过程中很难看出来。有时候跌幅10%两天就能完成，这样的调整本身不是很明显。即使看出调整了，由于前期涨幅过高，投资者预判其调整幅度会很大，调整的时间比较长。在调整幅度和时间不够的情况下，投资者很难有信心在这样的高位买入。

如图7-10所示，司太立从2018年10月股价开始走入上升趋势，一直涨到2019年11月。这期间的涨幅达到250%，可以说一年的时间这样的涨幅非常大。在这期间司太立仅仅是一些短暂的调整，甚至没有出现大幅的调整。

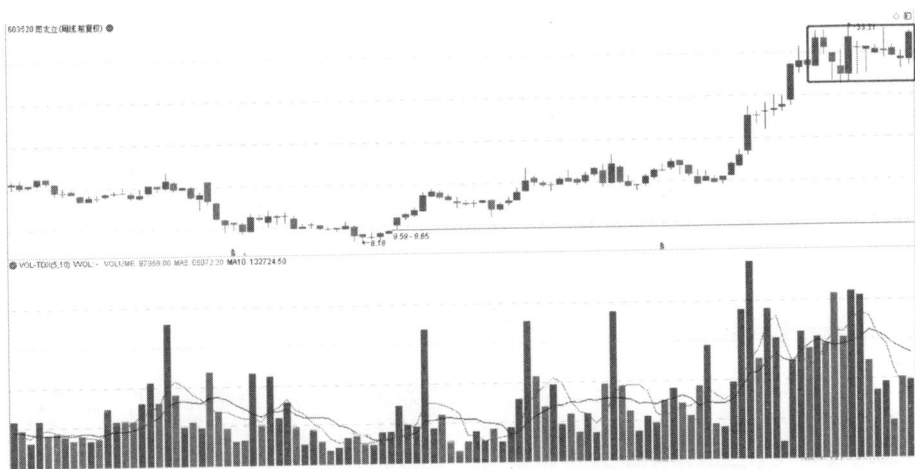

图7-10　司太立2019年10月—2020年4月股价走势

在2019年11月到2020年2月，司太立开始横盘调整，跌幅非常窄。在日线上看，调整的时间很长，导致在后期破了60日移动平均线。可是看整体的调整，下跌空间也只有20%左右，调整的时间充分，空间上有一些不充分。

如图7-11所示，盐津铺子的调整更让人难以看出是有调整的节奏，在2020年3月仅仅四周调整，就在前期已经大涨100%左右的情况下，继续大涨。这四周的判断更多认为是上涨阶段的休息，而不算作一种调整。

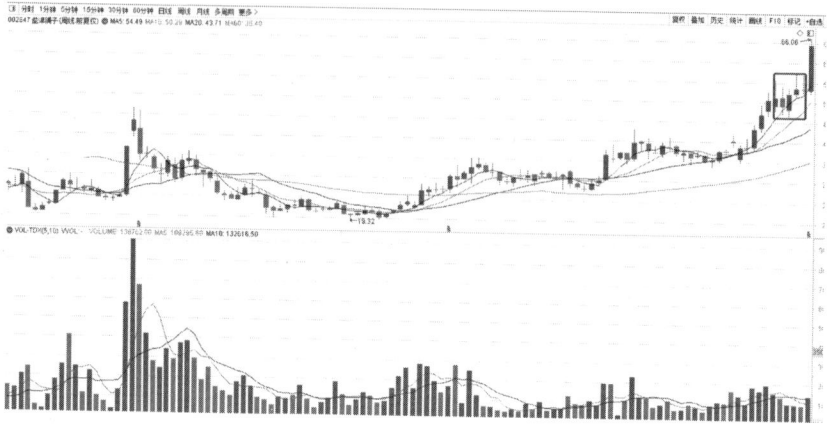

图7-11　盐津铺子2019年10月—2020年4月股价走势

7.1.3　失败情形

技术分析本身讲的就是概率，不管有多少成功率的图形，总会出现失败的情况，杯柄图也不例外。失败的图形是非常有必要去研究的，这能更好地避免买入那些大概率亏损的股票。

1. 调整结构松散

股票后期如何走，关键还得看大资金的意图。如果大资金进去了不出来，自然后面是准备往上涨；如果大资金进去了又马上出来，自然后期肯定对公司不看好，股价后面涨不上去。说到底股票也可以看作一件商品，当商品开始值钱的时候，大家就会买入，形成供不应求的局面；如果商品不值钱，大家就会放弃，需求锐减，自然价格下跌。

一只股票大涨之后出现小幅度回调，而且是缩量的回调，那么大资金认可股票未来的价值。现在的回调只是一种等待，为了后期更好上涨。如果资金不看好股票的价值，在股价上的反映就是大幅度下跌。

为什么杯柄的调整幅度最多是33%？如果继续往下调整，那么就把前期茶杯右侧的涨幅全部跌了回去。加上这样无休止调整，股价的强度和资金的认可度降低了。杯柄图能走出来的毕竟是少数，这样的案例很多。

如图7-12所示，闰土股份从2017年7月成功地突破前期横盘区间，在11月回调到年线和前高位置止跌（红色圆圈处），进入上升趋势。到了2018年3月，到达这轮上升趋势的阶段性高点。在此后的下跌过程中闰土股份的走势就开始松散，加上大盘开始走熊，没有延续上升趋势。

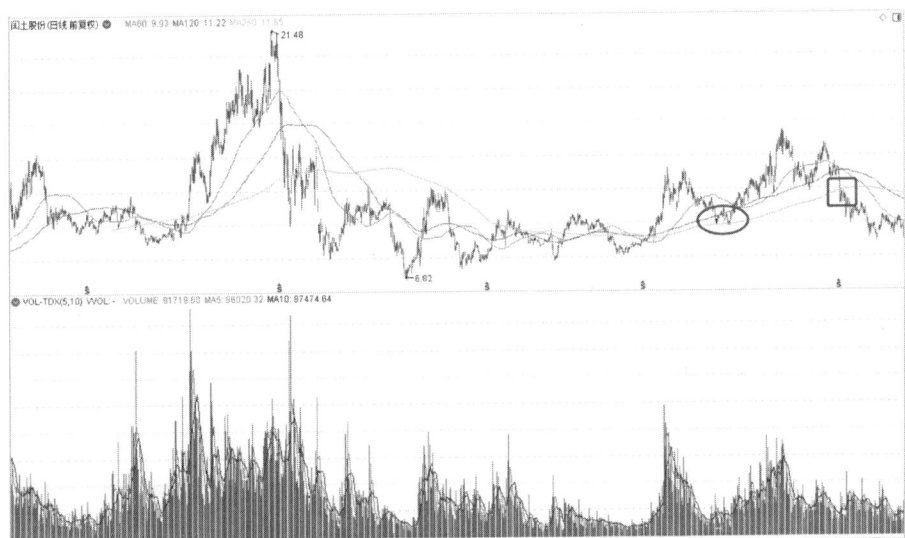

图7-12　闰土股份2015年6月到2018年8月的走势

在下跌过程中，闰土股份没有在5月底创出新高，导致上升趋势开始走弱。此时证明闰土股份还在上升趋势的调整过程中，并没有继续突破新高。在调整的过程中出现了四根非常大的放量大阴线，杀伤力非常大。一旦出现大阴线，整个调整过程必然会有些松散，如果大阴线过多，调整过程基本上就失败了。特别是6月19日的那根跌破年线的放量大阴线，基本上预示着已经在最后的强支撑位上完全失败。

2. 指数空头

在止损时就已经说过，指数出现下跌的时候，90%的个股都会不同程度地下跌。杯柄的调整阶段大部分时间是与指数调整时间相同的，甚至可以说95%的股票随着大盘上涨而上涨，随着大盘下跌而下跌。

从这个规律出发，如果指数进入熊市，大部分股票也是要进入熊市的。这就导致有些股票的走势前期经过大涨后回调很容易失败，这是大环境导致的。杯柄图后期能够走成，很重要的条件是市场处于一个多头趋势中。在空头趋势里面，资金会发生很大的分歧，往往不利于股价往上涨，更多倾向于下跌。

3. 意外情况

一只股票能够向上走，需要基本面、技术面和市场的配合。一旦基本面和市场出现重大情况，想要股价继续走好，根本不可能。所以在关注技术面的同时，基本面的信息也要了解十足，防止出现大利空，导致上升趋势失败。

7.1.4 买入参照点

对于杯柄图买入参照点，我们可以沿用上升趋势的买入参照点。这个时候，我们选用的买入模式依然是两种：抄底模式和追高模式。从杯柄图整个形态上看，可以看作是一个非常完整的上升趋势形态。如图7-13所示。

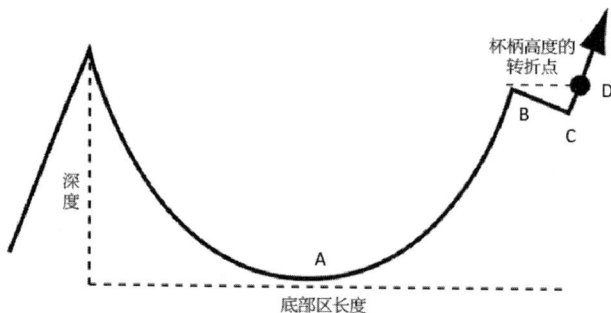

图7-13　杯柄图显示上升趋势

如果要做杯柄图，前提条件是股价会走成上升趋势。那么C点是不能跌破A点的，如果我们要求C点的跌幅不大，可能还要求C点不能跌破年线。在买点的选择上，可以有这些参照点：

抄底买入参照点：60/120日移动平均线；茶杯右侧的大阳线。

追高买入参照点：突破60日移动平均线；口袋支点；突破茶杯右侧高点。

7.2　重要的技术形态——利弗莫尔形态

谈技术分析，就不能忽略利弗莫尔，可以说他是技术分析的祖师爷，有很多地方值得我们借鉴。我们先看看，他是怎么做技术分析的？

7.2.1　技术分析总体过程

这是很多初入市场的投资者很少做的内容。技术分析需要大量的案头准备工作，不是临时起意。利弗莫尔的准备工作有哪些呢？这个决策过程到底有哪些环节呢？

（1）观察市场走势，市场不好，不入市操作。只在市场走势多头的情况下进行操作；

（2）跟踪强势板块与相关的龙头股，等待市场走好开仓；

（3）小资金试仓，涨时加仓，进行严格资金控制；

（4）买入前确定好止损止盈价格，趋势良好持有不动，趋势不好进行止损止盈。

利弗莫尔在买入一只股票前，是要判断市场环境的，只有市场好了才说交易。很多投资者，特别是新入市的股民，在这块就没有约束，时时刻刻都会满仓。一旦在市场环境不好的情况下满仓,肯定会遭受亏损。很多股民的想法是,拿着股票就行,市场的下跌我不关心。其实这是没有意识到股票运行的规律,导致盲目持有。

市场环境好的时候重仓持股,市场环境差的时候轻仓。很多技术面大师在这块是非常统一的,熊市持股胜率非常低,无异于赔钱。持有现金的能力比持有股票更考验投资者,持有股票是股民很容易做到的,持有现金则不然。持有现金意味着这部分根本就没办法赚钱,持有股票还有赚钱的希望。殊不知市场不好的时候,持股大概率是亏钱的,赚钱的概率非常渺茫。

在解决完市场走势后,就是如何选股。在市场好的时候,利弗莫尔选择是强势板块和相关的强势股。记住这一点很关键。利弗莫尔做的其实是市场多头趋势下的领导股,而不是一般的股票。

等待市场出现信号,开始进行交易,包括试仓、加仓和确定好止损止盈价格。认认真真地执行好仓位控制和止损止盈,就是为了在这次的操作中赚钱。接下来我们具体分析一下利弗莫尔的大作手操盘术。

1. 确定股价上涨的必然性

如果你对某只或某些股票形成了明确的看法,千万不要迫不及待地一头扎进去。要从市场出发,耐心观察行情的演变,伺机而动。

事实上我们不能因为股票而做股票,而是要看到其中的确定性上涨才交易这只股票。如果不能很有把握地确定股票后期是上涨的,那就是交易者胡乱操作了。要大概率知道股票在未来一段时间的目标价是多少,诚然这个判断是很难的,需要投资者积累很多基本面和技术面的经验才能完成。

这一步是最难的,如果100%知道一只股票在未来一段时间能涨,那么无论怎么买,只要比目标价低买入就能赚钱。所以,我们更应该对股价走势预判提高概率, 概率越高持股的信心就越强, 交易这只股票赚钱的概率就大。

这又衍生出一个问题: 每个人买入股票之前, 都是看好的, 都能找到买入的理由。这些理由当中, 哪些能支撑股票的确定性看法呢? 那就是科学的系统分析, 从市场、基本面和技术面等各方面对股票的未来进行预判。

2. 等待信号

在确定完股票确定性的上涨概率后, 就进入买入阶段。买入需要股价活跃起来, 如果股价不活跃, 虽然在低位买入, 可是等待的时间非常长。被折磨得疲惫不堪, 早在行情发动前就已经抛掉了原来的头寸。这里的信号主要有两个:

(1) 市场开始进入多头, 下跌的风险不大。既然大盘进入多头, 开启上升趋势, 那么大部分个股会开启上涨趋势。

(2) 个股开始活跃。股价要进入非常强势的状态, 通常伴随着放量大阳线和创新高这样的特征。突破重要的均线也是一个比较不错的信号, 总之股价活跃起来, 投资者很容易敏感起来。

一个具有投机者的本能又具备投机者耐心的人, 就一定会设法建立某种准则, 借以正确判断何时可以建立初始的头寸。

3. 设置好止损位

在买入阶段就要计划好止损, 虽然说在买入之前对于股价上涨的信心是很好的, 可是再优秀的交易者也会看错股票。公司基本面出问题或者市场开始走熊, 股票再看好也是一厢情愿。所以在买入的时候, 止损位就必须要设置好。为的是不亏损太多, 防止看错后出现亏损20%的可能。

小心守护账户里的资本, 绝不允许亏损大到足以威胁未来操作的程度。留得青山在, 不怕没柴烧。

4. 让利润奔跑

股票在买入之后出现下跌，那么自然就止损走了。如果买入后股价上涨，这只股票的表现对头，市场对头，就不要急于兑现利润，而是让利润奔跑。这样的前提是市场的表现没有任何迹象引起你的担心。

成功的投资者或投机者事前必定有充分的理由才入市做多或做空的，必定根据一定形式的准则或要领来确定首次入市建立头寸的机会。

7.2.2　利弗莫尔交易方法

当我在行情记录上看到某只股票的上升趋势正在开展时，会先等待股价出现正常的向下回撤。当股价一创新高便立即买进，在恰当的时机追随这个趋势。同时，如果买入后处于亏损状态（未到止损位），就不要继续跟进。

1. 行情启动时

当行情开始的时候，最显著的特征就是价格的上涨和形成非常巨大的成交量。随之而来的就是出现回撤，在下降的过程中成交量远小于前几天上升阶段。但是要注意这种回撤是小幅度的，不能出现巨大跌幅，或者放出巨大成交量，这对行情未来的延续有很大的阻力。

如图7-14所示，2016年3月16日紫金矿业以放量涨停的方式开启行情，随后几天一直处于回调当中。回调的过程在这根涨停板的实体内部，意味着整个回调过程的跌幅在10%以下。股价越靠近涨停板实体底部，成交量越少，整个回调过程没有一天成交量是超过涨停板的成交量的。

等回调调整到涨停板实体底部时，市场开始走好，个股的股价开始上涨，成交量开始放大，重复前面的走势。在这个过程中，股价一步步创出新高。

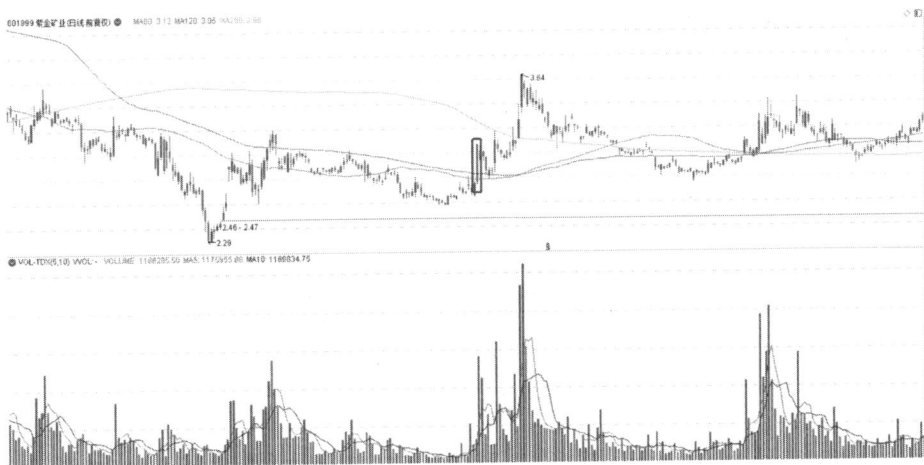

图7-14　紫金矿业

2. 关键点

股价开始放量大涨后缩量下跌，回撤的幅度也符合标准，接下来的问题是在哪个点买入，买早了还处于下跌的过程中，买晚了股价已涨起来了。

第 8 章

三种价值

在股市中投资，我们经常会被三种价值所迷惑：账面价值、市场价值和内在价值。这三种价值对于我们分析企业来说是最应该弄清楚的。具体的三者联系有这样一个经典的比喻：不断行走的主人牵着一条活蹦乱跳的小狗，在绿树成荫的公园里散步。主人的走走停停代表着内在价值的成长过程，小狗的活蹦乱跳代表着市场价值围绕在内在价值旁不断波动，小狗留下的脚印则是账面价值对内在价值的一种记录，而长长的曲折小道与绿树成荫的公园则是三种价值赖以生存的环境。

8.1 账面价值

账面价值是学习和研究企业价值的起点，是最直观了解企业的一种方式。正如记录小狗的脚步那般，账面价值更多的是一种对过去的总结，其最大的作用在于投资者对企业过去经营的探讨和对未来发展的预测。

那么到底什么才是账面价值呢？我们该怎么运用？要知道公司要想运转就需要生产、交易和投融资。这些过程涉及现金和货物的交换，这就是公司内在价值的成长过程。账面价值就是记录这三个过程的，只不过是将这三个过程能够货币化的资源和事项列示在财务报表中。企业的绝大部分资源都存在于企业发布的财务报表中，这需要我们很好地理解账面价值的记录本质与内在价值的成长过程。

账面价值是分析企业内在价值的基础，如果对账面价值（财务指标和三张报表）完全不理解，那么分析起来根本就没有方向。投资者需要重视这个最简单的"价值"分析。

如果依据账面价值就能够彻底将企业分析弄清楚，那么会计人员是最好的投资者，可事实并非如此。所以账面价值存在的弊端非常多，缺点很明显。

1. 历史成本记录

账面价值第一大弊端在于不能完全反映企业资源和盈利的变化。它是按历史成本法计量，一般只会测试账面价值的减值，对增值迹象不予太多关注。

这种方式很难反映一些资产的真实价值。最有代表性的是存货，特别是白酒行业特殊的存货价值。进入酒窖之前在生产车间加工成初始白酒，初始白酒的价值就是白酒企业存货的账面价值。随着时间的推移窖藏的白酒越来越值钱，不过对于投资者与外界报表使用者来说还是原来的存货账面价值，并没有体现出增加的那部分价值。

当然这不是最严重的，白酒成本虽然以历史价值计价，但是真正的价值会反映到售价上。最严重的是一件资源的减值没有办法及时反映出来，特别是一件商品在行业竞争中出现大幅度减值行为，不过企业又能卖得出去。这就不会出现给企业进行存货减值的充分理由，可能还是会继续使用原来的账面价值。这样就给财务报表使用者造成了一个假象，企业产品在市场上的竞争力依然很强，但事实并非如此。

作为内在价值的记录者，账面价值确实有很多缺陷，只能记录而不能用于对企业未来的经营作出规划。分析企业最重要的就是如何抓住关键性的线索，建立主要的投资逻辑。画龙画虎难画骨，外在形象的临摹很容易，达到惟妙惟肖的水平都可以，甚至于在上面涂出更艳丽的颜色。内在价值就是这个"骨"，企业内在价值的本质和规律确实从账面价值那里不容易把握。投资者分析能力高就在于，通过账面价值的分析，从这些表层现象中勾画出企业的轮廓，最后直达企业经营的本质。

2. 货币计量属性

账面价值与内在价值最大的区别在于其很多的资源企业是拥有的，但是没有办法以货币形式计入财务报表。大部分时候决定企业出色盈利能力的资源，并不会出现在报表里。更多的是在财务报表外游离，看得见摸不着。比如说知名的品牌、优秀的管理层和独占的专利等，现代社会在对这些资源的衡量上并没有找到一种很好的办法。

社会的进步在于资源交易的便利性，最便利的是将资源进行货币化。有些资源不能实现货币化的原因是其独特性，一部分独特性资源是企业最根本的竞争力，给企业发展增加了一层保护。试想如果这些独特性资源（表外资源）能够货币化，那么企业的竞争力就很容易被模仿，只要花钱就能得到，而事实并非如此。

很多人可能用"经济价值"来衡量这些表外资源。现在有很多人逐渐认识了这些"经济价值"，但还没有发展到了解"经济价值"的具体内容。相信在不久的将来，投资者对这些资源的认知会越来越明朗。

这是账面价值最大的弊端——核心资源不能货币化，能够形成核心竞争力的一般都是竞争对手无法模仿的。如果核心竞争力能够用货币来计量，那么竞争对手只要付出相同或者多于企业构建核心竞争力成本的数额，就可以获得企业的核心竞争力。这在现实当中是行不通的，既然是核心竞争力就必然有不可模仿性。

例如一个好的企业管理人，能够用工资计量他的价值，但其给企业创造的价值又岂能用工资来衡量。一项专利技术，可能计入的时候仅仅是创造时的成本，但给企业创造的价值是源远流长的，不是那些账面价值就能说得清楚的。这些核心资源的真正价值，企业用简单的货币是没办法计量的。

3. 经营是动态的

企业的一个重要特征就是持续性经营，但账面价值往往反映的是一个很短暂的时间内或者一个时点上企业的经营态势。这是投资者分析企业最大的误区：企业的经营是动态的，但参考的账面价值是静态的。这两者的冲突很可能导致投资者产生一个错误：用静态的数据去评价企业动态的经营。

当然企业的经营有一定的惯性，在一定条件下是可以用财务报表中的数据去分析企业的。只不过值得注意的是，账面价值只能够反映企业经营的一小部分，绝大部分需要投资者自己去发现。

账面价值并不能很好地预测企业业务的进行，不管是原业务还是新业务，更不能预测的是管理层的经营战略。古井贡酒20世纪90年代主张多元化发展，企业先后投资了矿泉水厂、酒店等，还参与了啤酒和葡萄酒业务。到了2000年集团旗下的公司多达30多家，涉及了20多个行业。这样的多元化不仅导致了白酒品牌的弱化，古井贡酒的竞争力逐渐减弱，在财务方面也呈现出业绩持续下滑状况，甚至出现了2003—2004年连续两年的亏损。这些对于账面价值的分析就很局限。古井贡酒的多元化过程实际上很失败，后来企业进行高端化和品牌化打造后，企业的发展之路又上了一个新的台阶，账面价值是越来越好。

原本是一家经营不错的企业，在企业的发展战略出现问题后，财务报表上的账面价值随着战略的失误，呈现出的姿态是越来越差。如果是依据账面价值进行投资，而不与企业的业务扩张、经营战略绑在一起综合分析，投资的结果可想而知。

账面价值投资最大的坑是管理层对财务报表的修饰，甚至出现造假行为，一旦出现这种情况，投资者可谓是损失惨重。2001年发生的安然事件使投资者损失惨重，安然公司曾经是世界上最大的能源、商品和服务公司，一直受到投资者追捧。由于安然公司盲目扩张，导致公司实际处于亏损状态。安然为了掩盖事实，开始使用财务造假蒙蔽投资者。窟窿越来越大，无法弥补，最终以破产收场。持有安然公司股票的投资者，蒙受了重大损失。

当然企业的经营有周期性，经营态势和业绩释放都有着一定的规律。短期静态的账面价值不能够完整反映其经营周期，特别是房地产行业，建造房屋的周期是3~5年。对于一个小型房地产企业来说，每年的财务报表反映的账面价值可能完全不同。可能今年亏损明年盈利，这些都是整个经营周期最重要的组成部分。真正需要关心的是其业务的经营周期，而不是简单的报表数据。

这就是账面价值存在的几个很大的缺点，只能从一个层面反映企业的状态，不能够窥一斑而知全豹。但账面价值是分析企业的基础，是探寻内在价值的起点。一般分析企业都是以账面价值为中心点，继而慢慢地向账面价值的各部分内容进行辐射，开枝散叶般接近企业的内在价值。真正的账面价值分析注重将财务与业务相结合，将这些数字一个个展示出来，然后对未来进行预测。

投资企业是一个很复杂的过程，基本上是在垃圾里寻找黄金。真正的投资者面对的不是发现一家好企业，更多的是排除不适合投资的企业。这个时候对企业财务报表的分析至关重要，这也是投资者在不能对企业调研情况下最有效率去发现好企业的方式。虽然账面价值只能反映过去的经营状态，但未来的发展离不开过去的经营实践。

4. 账面价值的诱惑力

我们经常喜欢通过公司的账面价值（财务数据）来评价一家公司的好坏，可是有时候偏偏就在财务数据很好的情况下，选到了一家坏公司。怎样才能越过财务数据的坑，识别出真正好的公司呢？

（1）深入理解财务的基础知识。要想从财务数据中选择优质股票，前提是财务分析必须会，各会计科目代表的意义必须清楚知道；

（2）将财务分析与公司的业务、上下游情况和日常经营相结合，不能单纯地分析财务数据，要知道财务数据只是经营下来的证据，不是经营的原因；

（3）财务数据的分析是基本面分析的一个部分，并不是基本面分析的全部。而且财务分析是滞后的，业务经营的确定性预判才是基本面分析最重要的部分。

投资更多的是利用自己对生意的经验去判断公司的好坏, 有时候我们并不需要了解茅台的财务报表就知道茅台肯定是一笔不错的生意, 赚钱的公司。因为能从茅台的产品年年涨价和供不应求的市场中感知出来。如果投资者都不清楚公司的生意是怎么做的, 生意好不好, 单纯分析财务只能说是"呆会计"。公司的业务和财务必须在投资者心里很好地结合起来, 再对公司的产能、供需关系进行进一步分析, 确定公司未来的增长。

8.2　市场价值

市场价值更为人熟知, 不管是长期投资者还是短线交易者, 无时无刻不在关注市场价值。技术分析和基本面分析还会依据市场价值来作出投资决策。一个最重要的特点是市场价值真实性是绝对的。证券市场虽然每天都在变动, 但是每个投资者都是依据这一绝对确定的价值进行买卖决策。也是衡量企业经营态势和投资者盈利的一个重要标准, 无论如何经营和投资就是为了让企业的股权增值。

1. 大部分人为它疯狂

市场价值最大的优势在于其波动性非常强, 能够高效率地对股权价值进行变现。但这也是投资者亏损的重要原因, 在投资圈里这叫作"流动性诅咒"。对于投资而言区分股市失败者和胜利者的决定性因素是投资上的自律。事实上每个投资者在交易的过程中, 时刻都要遭受到"市场先生"的报价。一会儿高一会儿低, 使得投资者感觉自己有能力做这样的短期差价。这就是投资的万恶之源: 流动性诅咒。

价值投资很简单，但不容易，最大的不容易便是对"市场先生"报价的无视。这是人性的缺失，总是希望获得很高的收益和过高估算自己的能力。需要我们的注意力离开盘面去思考和实践投资中出现的别样信息和理论。价值投资的本质就是以适当的价格买入一家能够不断赚取真金白银的企业而做股东。

但不管怎么说，现实的股市状态就是短期交易的频率非常高，长期投资的观念在中国现在慢慢地建立起来。短线交易者注重的是一段时间内的股价波动，长期投资者注重的是基于企业价值的变现。

不过，股市有一种现象是很多人的投资决策的依据与市值波动的原因是不一致的。这种现象就是一种"错误者的奖励"。所以，很多人都会用多种办法去进行分析，或者用错误的方法进行分析。当然，错误的方法总会有一天被纠正过来，但是可能出现的损失会非常大。认清市场价值对于投资者来说是一件很不容易的事情，需要不断实践与学习，同时需要对价值投资进行深度思考。

2. 对经营者的奖励

股市的一个事实在于投资者亏损连连，这是每个股市里都普遍存在的现象。究其根源就是投资者不懂得如何控制仓位和认识风险，胡乱操作，并且不能克制。

但股市的一个重要功能是满足企业的融资需求，让资本充分流动。这也会带来一个超级造富效应：企业的创始团队会在上市后获得百倍甚至千倍的财富增值。阿里巴巴于2014年9月6日向美国证监会提交的招股说明书显示，对外确定其发行价区间为60美元/股～66美元/股，测算阿里巴巴估值在1 542亿美元～1 698亿美元。阿里巴巴合伙人团队成员由原来的27人增加至30人。在阿里巴巴成功上市后，这30人都有可能在一夜之间成为亿万富豪。一旦阿里巴巴员工在IPO限售股解禁后套现，大量的亿万富翁将会诞生。不仅是经理，就连软件工程师、销售和营销员工都能从IPO之后的解禁股套现中受益。

同时，股市超级造富效应也会激励创业者，要知道企业前期的投入在上市后能够增值百倍，也能在资本市场便捷地进行融资使得企业进入一个新的发展期，继续带动企业股东财富的增长。虚高的估值和牛市效应也会让创业者做好企业，以便进入这个股权变现市场。最值得一说的就是美国的互联网泡沫，虽然泡沫破裂后导致很多人倾家荡产，但其中的益处就是极大促进了互联网的蓬勃发展。当然，前提是适度。

1994年互联网真正走进了公众的世界里，在越来越多的人接触和使用网络后，互联网才开启了双向即时沟通的最大能力。这样的即时沟通连接着交易双方，拥有宣传、发布信息等一系列的新功能。这大大降低了交易成本，同时提高了获取信息和沟通的效率。

当时互联网的飞速发展让这个市场需求充满想象的新产业笼络了大量的资金，不断有商业模式兴起，大量的新颖概念公司如雨后春笋般出现。企业在获得未来发展需要的大量资金的同时，初始投资者通过互联网泡沫完成了股权增值。创始人、风投也因此赚得盆满钵满。而这种赚钱效应吸引了越来越多的企业进入这个行业，美国也成为互联网行业发展最快的国度。

适当的泡沫并不可怕，那次在互联网泡沫破裂之后，又过了几年美国成为全世界最大的互联网国家。整个行业也就中美能够玩得转，其他国家根本没有抓住这场信息革命。现在的头部互联网企业都是在那个时代创立发展的，到现在已经成为世界级的企业。

8.3 内在价值

账面价值只能部分反映内在价值,市场价值的锚定对象就是企业的内在价值。当今世界对待企业的内在价值一致的看法是企业未来经营期间内自由现金流折现得出的价值。它是一家企业在其余下的寿命中可以产生的现金的折现值总和。

这句话古老精髓但又有缺陷,并不是让我们精确计算未来一个企业的现金折现值,它是一种估计值,而不是精确值,是一眼定胖瘦。它是在利率变化或者对未来现金流的预测修正时必须改变的估计值。这也就是芒格提到的,从未见过巴菲特拿着计算器去算过一家企业的估值。

1. 模糊的内在价值

股价(市场价值)就像是主人手里牵着的一条小狗,时而跑到前面时而跑到后面。但始终逃不脱主人手里的那根绳子,围绕在主人身边走动。这就是市场价值与内在价值之间的关系,市场价值永远在波动中靠近内在价值,又远离内在价值。

但是不同于狗和主人的关系,市场价值永远是确定的,小狗始终在不停运动。而内在价值永远是参不透的。主人的下一步走向何方真的猜不透。内在价值涉及的变量实在太多了,经营企业是一种艺术般的行为,而非科学般的精确计算。

狗是活蹦乱跳的，随着自己的心情来来回回，只是主人的面目蒙上了一层面纱。千万别试图计算企业的内在价值，因为无法计算准确。

2. 内在价值在不断变化

这些年通过市场人士对会计报表的认知，已经逐渐演化到以利润表为主的投资观点之上了，而非用现金盈余来衡量。这样就很影响我们对于内在价值的认识，更别谈掌握内在价值。

企业的内在价值到底是什么？让我们回到生意盈利与亏损的本质来探寻这个贯穿投资生涯的词汇。在一般人眼里经营一家企业能赚到钱，就是年底收到的现金在剔除掉成本费用后剩余的，即盈利。

如果用现金的观点看企业的内在价值就显得合理。经营企业最终的目的不在于账面上出现多少的净利润，而是回到企业手里的现金够不够多？会不会影响企业的持续经营。所以说知道了企业在存续期间内每一年的现金收回额，扣除通货膨胀、机会成本和损失等因素，总体回收到的自由现金流就是企业的内在价值。

可是残酷的事实让我们不得不承认，企业每一年产生的自由现金流是无法知道的。你永远不知道明天将会发生什么，更何况未来一年的企业经营状况呢？通货膨胀也无法得知，如果哪一天出现恶性通货膨胀呢？所以说关乎未来的事情都是无法得知的，自由现金流折现则是一个包含未来的公式，而且未来占据绝对因素。内在价值永远在变动，无法算出来。

现在的困境在于企业的内在价值是由未来经营决定的，以现在的经营理念和分析手段根本没办法探知。但账面价值、市场价值与内在价值往往具有一定的联系，能不能通过账面价值来窥探一点点内在价值的影子呢？股价是未来几年内价值的折现，依赖的是未来收回的自由现金流，市场价值反映的是投资人对企业未来的期待，账面价值反映的是过去的经营态势。接下来让我们走进这三种价值，探寻其中的奥秘。

第 9 章

认识账面价值

账面价值最大的作用在于从点到面地认识公司，勾勒出公司的基本轮廓。投资者从公司财务报表上能够得出的一部分经营特征和结论，这是认识公司的基础性信息。投资是一个不断试错的过程，账面价值的分析更多是在排雷，主要的目的不是找到一家好公司，而是一眼排除掉坏公司。

通过对公司账面价值的分析，遇到符合投资者标准的公司时，再结合行业数据、公司业务经营和管理层考察等因素综合判定公司的基本面。那么怎么样才能全面对账面价值做出一个正确的分析呢？利用财务报表分析公司时，主要从以下几个方面出发：

财务结构分析：判断经营态势，资源协同发展；

周转能力分析：产能利用率最大化，多快好省地赚钱才好；

获利能力分析：竞争优势的体现，区分公司的重要标准；

成长能力分析：不断扩大规模才能拥有明天；

现金流分析：真实赚钱远比账上的利润重要。

9.1 财务结构分析

对财务结构的分析主要针对的是公司资产负债表中的内容，主要的目的是理解公司资产负债的组成情况，通过这些结构进一步评价公司资产负债的安全性和优质性。通过财务结构分析，看清楚公司在行业内是否处于一个优秀的地位。结构分析就像体检测量人体的一些基本特征：身高、体重、视力等。这是一项必不可少的分析。

9.1.1 资产结构分析

资产是那些会给公司带来经济利益的，公司现在能够控制的可用货币计量的资源。由于货币计量的原因，其实公司的很多资源根本无法进入资产负债表里。比如公司管理层能力、公司的文化、创新能力等。这些资源有的只能用获得成本计量，有的则根本无法用货币计量。所以这就有了表内资源和表外资源之分。

对于表内资源——资产，在《投资第一课：零基础轻松读财报》上有着详细解读。其中最为重要的就是对资产结构的分析，将资产按照不同性质划分，大致分为：经营性资产（流动资产）、生产性资产和投资性资产。这里投资性资产在大部分公司的经济活动中占比很小，不算考察的重点。

1. 经营性资产

经营性资产在总资产中的占比一定程度上体现着公司经营能力，比重越高代表公司的经营能力越强。

经营效率=经营性资产（流动资产）/总资产

从这个公式我们可以知道，公司的经营性资产越多，经营效率就越好，公司获取的收益也就越好（在一定范围内）。表面上看，制造业公司生产经营的是各种不同门类的产品。本质上看，公司的经营就是现金不断地在原材料、半成品和商品之间流动。这些都能在经营性资产里反映出来。

公司的经营活动，主要就是采购、生产和销售。这些过程直接与经营性资产挂钩，一旦公司的经营性资产占总资产的比例不是很高，参与生产的原材料和可供运转的资金就会出现不足，对公司的周转能力造成非常大的影响。

一旦经营性资产不足，能直接导致生产性资产不能发挥出充足的产能，很可能遭到停滞，不能为公司赚钱。经营性资产越多，说明公司的周转能力越强。意味着生产的产品很快可以卖掉，可以进行再生产，大大增强了公司的盈利能力。

当然，我们并非说经营性资产越多越好，也要看经营性资产的结构。如果经营性资产的大部分是应收款项或存货（严重影响现金流动的科目），那就证明这家的经营实力并不怎么样。虽然说应收款项是公司的经营性资产，但这些资产掌握在别人的手上，公司根本无法进行经营活动的周转。所以还有下面一个公式，进一步验证公司的经营效率。

现金效率=利好现金流动的科目/经营性资产

现金效率越高，说明公司能够快速变现的经营性资产就越多。经营性资产很多时候是满足短时间内的公司经营需求，产品的采购、生产和销售过程是每天都要发生的，每天都需要现金的周转。试想如果公司的经营性资产不能够及时变现，那么经营过程存在问题，产品周转自然不利索。

2. 生产性资产

生产性资产主要服务于公司的生产能力，我们知道的生产线、厂房和品牌专利等都在公司的固定资产、无形资产和在建工程里。生产性资产占总资产比例并不是越高越好，如果比例过高，很容易导致产能过剩。太少严重影响公司的产能扩张，造成盈利不足。同时市场真正看重的是资产的优质性，这一方面是账面价值没办法反映出来的。

生产效率=生产性资产/总资产

其中最值得注意的是商誉，它是企业整体价值的组成部分。在企业合并时，它是购买企业投资成本超过被合并企业净资产公允价值份额的差额。本身就没办法在生产过程中起到作用，但收购资产对象主要是看重产品，绝大部分计入生产性资产当中。

看公司的生产性资产，绝对不能只看账面价值，更多的是要看一些表外的内容，如产品的竞争力、产能的先进程度等。好的产品自然能够有好的产能扩张，有好的经营资产。更多的是不能只盯着表内的资源，而是考虑表外资源。

为什么有些公司的应收款占比会这么高？有些公司的固定资产居高不下？除

了一些行业和天生的缺陷外，表外资源其实在很大程度上影响着公司的资产负债表。表内资源并不能反映出公司最重要的资源，表外资源才是其发展的核心。让我们来认识认识公司的几种重要表外资源。

1. 创新能力

创新能力有很多种，有对产品进行升级改造的维持性创新，有开发新产品的颠覆性创新，也有对生产技术的创新，更有对商业模式的创新。总之，公司的创新可以是多方面的，只不过有影响力度之分。

创新是公司发展的动力，但是也不要太神话这种能力。现实中很多标榜为创新的公司，都在创新中死亡了。就是因为其创新能力不被市场接受，没有找到市场的需求点，空有产品而无市场。创新需要与需求结合，与营销结合，不能只强调创新。

考察公司的创新能力，在报表上直观可以找到公司每年的研发支出。研发支出占收入的比重和研发支出的规模，可以作为衡量公司的创新能力的重要指标。如果研发支出占收入的比重很高，代表公司很重视创新带来的收益。研发支出的规模很大，也能说明这一情况。

2. 战略与文化

一家公司没有战略，很难高效率成长；如果没有文化，公司的成长最终还是会掉队。两者在公司发展的过程中很重要，但在资产负债表里根本不会体现出来。

营销（卖出更多的产品）是公司最核心的目标。创造和满足客户的需求，是营销的本质，也是公司存在的本质。产品的质量和公司的扩张都是经营战略实施的结果，可见如果公司的战略出现问题，那么公司想要成长就变得困难。切合时代的需求，造出满足客户的产品，这才是公司最好的商业目标。

公司的文化则是决定公司价值观、信仰和经营效率的关键因素。而文化的形成则是公司管理层与员工不断磨合的结果，管理层占据核心地位。

3. 品牌与客户黏性

公司想要高效率赚钱，品牌是赋予公司产品高价值的一种软实力资源。如果产品在客户的心中留下深刻的印象（客户黏性），能够获得重复购买的重要软实力。说到底就在于公司的这些资产代表客户的认可程度，只有客户被产品吸引了，才能成为公司最重要的资产。

客户黏性这种"资产"更多的是一种结果，更多的是公司的创新、人才和文化交织在一起形成的附属资产。如果公司的产品不够好，宣传不到位，那么很难有强的客户黏性。客户黏性我们可以简单理解为是一种对客户的"心智垄断"，想要持续占领必须有持续强化、商业模式创新和一个优秀的管理层等多种资源的投入。

赚钱不辛苦、能很好地扩大规模的生意才是好生意，但在资本市场很容易招致强大的竞争，任何有利润的行业资本都会牢牢盯住。想在竞争当中脱颖而出，又能轻松赚钱，公司必须有独特的竞争力。要么别人做不了，要么做得比别人优秀，成本比别人低。

竞争的本质是为了达到某种程度的垄断性，只有垄断性质的生意才是轻松赚钱的生意。而在垄断的类型中，客户黏性的垄断则是最强大的垄断。当用户想要购买某些产品时，第一个想到的就是公司产品和品牌，也就意味着公司的产品或品牌成为客户心中的首选。

做投资就是要投资那些正在形成客户黏性或者已经形成客户黏性的公司，而不是投资那些产品不够优秀的标的。德鲁克说过：公司的使命是创造并留住顾客。如果一款产品没有黏性的话，拉来再多的用户，都会像沙漏中的沙子一样，慢慢流失掉，这样就很难获得积累性增长或指数型增长。那么客户黏性是怎样形成的呢？

（1）客户黏性是在不断互动中形成的

客户黏性不是一瞬间就可以完成的，需要通过产品和服务不断进行互动，慢慢形成强大的吸引力。所以持续维持和升级产品性能和服务质量是公司长久要做的事情，很难用一个平庸的产品来获取客户的信赖。客户选择公司更多出于对公司的认可，留住更多的客户是公司的使命。客户黏性的关键之处在于抓住客户的心，避免竞争对手的模仿和破坏，从而建立起强大的护城河。

（2）让客户增长价值

想要有客户黏性必须让客户觉得使用公司的产品或服务能够有好的体验。有可能是更方便地解决存在的问题，有可能是让自己的价值直接得到提升，也有可能是花费物超所值。

也就是说公司的产品或服务必须满足客户的某一核心需求，目的是给客户留下深刻的印象。像茅台酒给人的就是极高的社交价值，商业谈判、聚会时能够提升自己的价值。可能随着社会的发展，未来的人工智能和物联网交织在一起的产品，会受到很多人的喜爱。那些比较传统、没有很强创新力的产品则很有可能被淘汰。

（3）差异化

客户黏性的可贵之处在于，让公司真正在客户心里扎下了根。有一些行业可能永远都难以建立起客户黏性，产品无法给客户带来强大的价值。比如普通的粮食蔬菜和桌椅板凳等，这些产品被客户替换的可能性非常大，只有差异化非常强的产品或服务才有形成客户黏性的机会。产品与别人有着很大的不同，又具有很强的价值提升效应,自然就会使得客户反复购买。产品差异化、服务差异化,才是用户买买买的关键。

9.1.2　负债结构分析

负债结构的分析,在整体上有两种思路:一种是有息负债与无息负债之间的比例,一种是短期负债与长期负债之间的配合。

公司经营高效的一个重要特征在于其无息负债(经营性负债)占总负债的比重非常高。经营性负债是指公司因经营活动而发生的负债,如应付票据、应付账款和预收账款等。经营性负债是在公司与上下游之间交易的过程中形成的。如果公司在这个产业链中占据很强势的地位,那么很可能在与上游和下游的交易中能够占据很大的主动权。在和下游交易时可以提前获得充分的预收款,与上游供应商交易中可以推迟付款,形成应付账款。那么经营性负债的比重就会增加很多。

在分析负债的时候,投资者一定要注意以下几点:

(1)财务数据的合理性一定要结合公司经营态势。有些财务数据看起来不是非常合理,甚至于有些奇怪,但结合公司的经营态势,很容易就能解释通。就如表9-1所示的格力电器的资产负债率,很多场合我们被教育,资产负债率越低越好。用这个理论去看待格力电器,那简直是异常危险,资产负债率有些年份居然达到了70%以上。但是格力电器根本就不存在什么经营风险,原因在于格力电器的预收账款实在太多,而预收账款是一个假的负债,越多证明公司越有优势。

表9-1　格力电器相关科目余额及资产负债率（单位：万元）

科　　目	时　　间						
	2011/12/31	2012/12/31	2013/12/31	2014/12/31	2015/12/31	2016/12/31	2017/12/31
货币资金	1 604 080.90	2 894 392.10	3 854 168.45	5 454 567.30	8 881 979.80	9 561 313.07	9 961 043.17
总资产	8 521 159.42	10 756 689.99	13 370 210.34	15 623 094.80	16 169 801.60	18 236 970.50	21 496 799.93
应付票据	1 064 412.12	798 358.10	823 020.80	688 196.31	742 763.50	912 733.60	976 692.95
应付账款	1 563 636.33	2 266 501.10	2 743 449.47	2 678 495.25	2 479 426.80	2 954 146.69	3 455 288.63
预收账款	1 975 269.37	1 663 011.30	1 198 643.30	642 772.20	761 959.80	1 002 188.50	1 414 303.82
总负债	6 683 443.90	7 998 669.70	9 823 542.57	11 109 949.75	11 313 140.70	12 744 610.20	14 813 320.16
资产负债率	78.43%	74.36%	73.47%	71.11%	69.96%	69.88%	68.91%
应付类账款占负债比重	68.88%	59.11%	48.51%	36.09%	35.22%	38.20%	39.47%

所以说看公司的数据，不能只看表面。要解释其存在的合理性，以及这种状态下，公司经营是不是有什么风险。也不能一味追求经营性负债高的公司，还是得通过数据看公司形成这些经营性负债的原因。

（2）经营性负债多比少好。这意味着在这条产业链的经营中，公司的产品在这条产业链中的价值很高，相对供应商、客户在某些方面处于一个强势的地位。能够免费占有其他人的资金，运用于自己的经营过程。

（3）经营性负债多的前提是上下游不吃亏。经营性负债多对于公司来说肯定是好事，但前提是有一个度，毕竟这是"压榨"上下游形成的局面。如果上下游在这个过程中太吃亏，不见得经营性负债越多越好。总之，公司在赚钱的同时也得让上下游的经营、赚钱能力都能得到提升。

乐视网的负债结构就有些迷惑性。我们可以看到应付账款/总负债在2012—2018年一直维持在25%左右。可这并不代表公司的产品有多好，可以提前拿到供应商的原材料。事实上更多的是乐视网资金链一步步出问题，只能拖欠供应商的材料款。这样对于供应商来说是非常受伤害的。公司的产品、资金链不行，导致产品卖不出去，没有充足的现金及时归还供应商的欠款。这个过程在报表里难以看出来，必须通过其他途径获取。如表9-2是乐视网相关负债科目余额及经营负债率。

表9-2　乐视网相关负债科目余额及经营负债率

科　　目	时　　间						
	2012/12/31	2013/12/31	2014/12/31	2015/12/31	2016/12/31	2017/12/31	2018/12/31
应付账款（亿元）	3.27	7.82	16.05	32.31	54.21	65.14	33.55
负债合计（亿元）	16.28	29.41	55.08	131.67	217.52	185.64	119.36
应付账款/总负债	20.09%	26.59%	29.14%	24.54%	24.92%	35.09%	28.11%

（4）预收账款是关键。预收账款对应的是顾客提前支付给公司的货款，代表下游对产品的需求是供不应求的状态。相比占据上游公司的货款，我们更应该喜欢能占据顾客货款的公司。这说明客户非常喜欢公司的产品，提前付款都想要获得，这得是有多大的竞争力才能获得的优惠呀。

（5）对有息负债来说，多了可就真的不好了。有息负债顾名思义是需要支付利息的负债，银行借款、应付债券占据着其中的大头。有息负债的灵活性可能没有无息负债那么强，主要来源于银行和债权人。这时候有息负债的用途、使用期限等一系列条件约束着公司。不像经营性负债是从供应商和客户那里获得的，具有很高的灵活性。

短期负债解决的是公司的经营活动资金需求，像流动资金补充、采购原材料、营销费用的补充等一系列的短期资金支撑。长期负债解决的是公司构建长期资产时出现的现金空缺，着眼于长期的发展。这两者千万不可混淆，切不可将短期负债用于长期资产的建设，不然公司后期将面临很大的资金压力。

在《投资第一课：零基础轻松读财报》第四章中，资产负债率具有很强的欺骗性。优秀的公司和垃圾的公司都有着很高的资产负债率，不同之处在于优秀的公司无息负债占比非常高，垃圾公司具有很高的有息负债。

试想一家公司的负债全是预收账款，即使资产负债率达到80%，公司的风险有多大呢？偿还的方式就是产品按时交货而已，不需要现金偿还。一家公司的负债全是短期银行借款，资产负债率低至30%，但公司的风险仍相当大。公司要有足够的现金去偿还银行的借款。公司的经营应付类科目余额与应收类科目余额，很容易扭曲现有资产负债率的概念，给大家造成很大的误解。

9.2　周转能力分析

公司要想真的赚钱，无非是能够获利的产品在一年内不断卖出，利润率和周转能力是最基本的保证。在一年里产品周转得越多公司赚到的钱也就越多，这就是公司营运能力——公司业务所占用资金的周转速度，反映公司资金利用的效率，也说明公司管理层在经营环节上的能力。

为什么周转能力这么重要？因为公司经营的目的不仅仅是生产产品，更多的是要把产品销售出去。生产能力再强，如果产品卖不出去，公司的产能是没有用处的。当产品能够很好地销售，才能出现很好的产能利用。另外周转速度的快慢直接影响着公司的流动性，周转越快的资产流动性越强，资产只有在不断周转中才能带来收益。

9.2.1　固定资产周转率

也称作固定资产使用率，是公司收入与固定资产平均净值之间的比值，代表1元的固定资产能够产生多少收入。固定资产最大的用途就是生产，如果能用很少的固定资产（生产线）产出更多的产品，证明公司的产出效率是非常高的。

固定资产周转率=销售收入/固定资产平均净值

固定资产平均净值=（期初净值+期末净值）/2

公司经营者希望的是用最少的固定资产去创造出最多的收入，这当然是无可厚非的，这样的经营才是有效率的。要说清楚的是，首先每家公司都有自己一个特殊的固定资产使用率，因为每家公司生产能力各有所长，并不是完全一样的。其次虽然这个财务指标值越高越好，但更希望的是越稳定越好，稳定中增长才好。

公司业务发展得好，天然有扩张产能的冲动，这很容易理解。产品在市场上销售旺盛，自然扩张产能正是时候。一旦扩张了产能，自然固定资产增加了，这个时候收入如果不增长，那么固定资产使用率就会降低。所以考察固定资产周转率是个长期的过程，固定资产增长的同时，收入也要增长。

表9-3　爱尔眼科2012—2018年固定资产周转率和收入规模

营运指标	时间						
	2012年	2013年	2014年	2015年	2016年	2017年	2018年
固定资产使用率	2.84	3.50	4.18	4.90	5.20	5.27	5.47
收入（亿元）	16.40	19.85	24.02	31.66	40.00	59.63	80.09

如表9-3所示，我们可以看到，爱尔眼科的固定资产使用率每一年都在提高，从2012年每一元的固定资产只能产生2.84元的收入，到2018年每一元的固定资产产生5.47元的收入，说明其周转效率在不断提升。同时公司的收入每年不断增长，这种持续稳定增长的固定资产使用率是我们所需要的。

9.2.2　应收账款周转天数

应收账款周转天数是公司在销售过程中从销售确认应收账款到账款实际回收这段时间的所需天数。应收账款周转天数的多少反映公司在销售端获取现金的能力。天数越少，说明公司流动资金使用效率越高。

应收账款周转天数=360/应收账款周转率

应收账款周转率=营业收入/应收账款平均余额

应收账款平均余额=（期初应收账款余额+期末应收账款余额）/2

试想如果公司的应收账款周转天数是180天，意味着公司的产品从卖到客户手里到收到客户的销售款，这中间需要等待180天。有赊销期限对于每个公司来说是很正常的。但是要达成好的生意模式，应收账款周转天数就需要做到行业领先，或者说越短越好。

相反等待180天公司才能拿到钱，现金在客户的手里。如果长此下去必然会导致公司资金的缺失，影响公司的产出经营环节，得不偿失。

大多数公司都存在信用销售，这会在财报中形成大量的应收账款。将应收账款（别人欠公司的钱）高效率地变为现金对公司的持续经营起着重要的作用。销售过程只确认了收入，没有确认现金，说明现金还在客户手中。

长久下去，公司账面上虽然有很多的收入和利润，但却越来越缺钱。公司将不得不通过借债或增发等方式来补充营运资金，这样会降低公司的运营和赚钱效率。在同一行业里，应收账款周转天数越少的公司越有竞争力。

表9-4　美的、海尔和格力各年应收账款周转天数　（单位：天）

公　司	时　间						
	2012 年	2013 年	2014 年	2015 年	2016 年	2017 年	2018 年
美的集团	74.42	65.96	61.67	64.65	49.96	36.84	41.82
海尔集团	59.11	73.34	84.69	81.32	67.82	58.24	49.23
格力电器	128.06	127.33	132.35	130.57	84.24	86.18	74.21

如表9-4所示，从美的集团、海尔集团和格力电器三大白色家电的应收账款周转天数的对比上看，每一年这三家公司的应收账款周转天数都在改善。美的集团2012年的应收账款周转天数是74.42天，一直减少到2018年的41.82天，客户的回款速度一年比一年快。

从应收账款周转天数的稳定性上看,海尔集团弱于美的集团和格力电器。海尔集团这些年的应收账款周转天数变化很大,从数据上找不到什么规律,可能需要更进一步分析。

在绝对数值上,格力电器的应收账款周转天数处于落后状态,每年比美的集团多大概40天。这样的差距也需要我们进一步去分析格力电器和美的集团的销售模式,不同的销售模式会出现不同的应收账款周转天数。不能马上下结论说美的集团应收账款周转天数就比格力电器好。

9.2.3 存货周转天数

存货周转天数衡量公司生产过程中原材料进库到商品出库的所需天数。公司在生产环节周转天数越少,说明存货变现的速度越快;存货的时间越短,则存货管理工作的效率越高。公司存货是会占用资金的,只有更早释放资金,才会取得更好的业绩。

存货周转天数=360/存货周转次数

存货周转次数=销售成本/存货平均金额

存货平均金额=(期初金额+期末金额)/2

存货周转天数越少越好,反映良好的销售和生产状况。存货周转天数通过和公司历史上数据的对比让投资者看出公司生产扩大或缩小,公司的产能控制能力。与同行业其他公司比较时要注意,每一个公司的生产效率及存货管理、记账模式都不尽相同,即使生产同一品质产品的两个公司都有不同的存货周转天数。

每个公司只要在整个经营环节中不拖累现金周转,并能有效提高,对于存货管理和公司运营来说都是一件好事。

表9-5　美的、海尔和格力各年存货周转天数　（单位: 天）

公　　司	时　间						
	2012 年	2013 年	2014 年	2015 年	2016 年	2017 年	2018 年
美的集团	67.27	55.36	51.47	44.66	40.60	44.96	56.53
海尔集团	39.40	38.91	40.34	44.87	52.16	60.18	60.69
格力电器	85.42	67.98	44.42	49.28	45.69	46.27	47.63

从表9-5中我们可以看到, 在存货周转天数上三家呈现的走势是不一样的。美的集团在一个比较稳定的区间徘徊, 海尔集团的存货周转天数在不断往上。表现最好的是格力电器, 它的存货周转天数在迅速减少, 体现出经营能力和产能控制上的优质性。

9.2.4　应付账款周转天数

应付账款主要记录的是公司在采购过程中对上游客户的欠款。应付账款周转天数衡量公司采购过程中需要多长时间付清供应商的欠款。

应付账款周转天数=360/应付账款周转率

应付账款周转率=主营业务成本/应付账款平均余额

应付账款平均余额＝（应付账款期初余额+应付账款期末余额）/2

如果公司的产品优势和竞争力处于产业链的核心位置, 应付账款周转天数会越来越多, 即占用供应商货款更长久。如果公司的产品销售和竞争力不行, 应付账款周转天数太多意味着长时间拖欠材料款, 对公司的信誉非常不好。衡量应付账款周转天数需要这样的前提——公司的赚钱能力。不赚钱很难让供应商"心甘情愿"地免费给你材料款占用一段时间。

在同行业比较中, 应付账款周转天数多的公司通常市场地位较强。如表9-6所示, 三大白色家电整体的应付账款周转天数很高, 能到100天以上, 而且很稳定。尤其是格力电器, 在应付账款周转天数比海尔集团多出很多。

表9-6 美的、海尔和格力各年应付账款周转天数 （单位：天）

公　司	时　间						
	2012 年	2013 年	2014 年	2015 年	2016 年	2017 年	2018 年
美的集团	120.89	94.70	96.42	118.02	122.01	103.93	115.35
海尔集团	114.56	130.80	149.58	150.12	129.99	122.90	123.66
格力电器	139.98	148.49	141.78	179.65	175.07	150.04	122.59

上游供应商为什么容忍公司占用自己的资金呢？一般有两点：一是其业务主要由公司带动，供应商的所有产能保证给公司，如公司的信用很好，则上游供应商无所谓回款时间长短，只要不影响正常运营就行；二是其在公司这里赚取的利润相对于给其他公司供货而言高出一等，而且销量有保障，供应商用损失收款的时间来换取高利润及稳定销量。

9.2.5　现金周转天数

现金周转天数是指公司从购买商品原材料到成品出售回款所需要的天数。现金周转天数＝应收账款周转天数+存货周转天数-应付账款周转天数（当然存货资金的来源如果是长期权益，则不需要加入），是公司在经营中从付出现金到收到现金所需的平均时间。

表9-7 美的、海尔和格力各年现金周转天数

公　司	时　间						
	2012 年	2013 年	2014 年	2015 年	2016 年	2017 年	2018 年
美的集团	20.80	26.62	16.72	−8.71	−31.45	−22.13	−17.00
海尔集团	−16.05	−18.55	−24.55	−23.93	−10.01	−4.48	−13.74
格力电器	73.50	46.82	34.99	0.20	−45.14	−17.59	−0.75

如表9-7所示，三大家电公司每年的现金周转天数都在好转，从数据上看格力电器是最好的，美的集团胜在稳定，海尔集团有些波动。但是在2018年，三大白色家电公司集体出现现金周转天数下滑，这反映出行业出现问题。但在整体上三大公司比其他公司的现金周转天数要好很多。

现金周转天数分为大于 0 和小于0两种情况。大于0说明公司的经营过程需要动用现金来支撑。存货周转天数和应收账款周转天数越多，应付账款周转天数越少，公司的现金周转天数越多，需要的营运资金数额就越大。

小于 0 说明公司在经营过程中依靠上下游的经营就可以自主产生现金流，不需要额外的营运资本补充。存货周转天数和应收账款周转天数越少，应付账款周转天数越多，公司所需要的营运资金数额就越小。一般而言对于不需要补充营运资本的公司，公司的货币资金很多，相对应的借款也逐年减少。

9.3　获利能力分析

公司的经营不单单只考虑周转能力的强弱，甚至于周转能力的强弱受到的是公司产品受欢迎程度的影响。在评估周转能力的同时，我们也需要在获利能力上进行考察。投资者在分析这些普遍规律时，更要注重这些特别之处。也许就是那一点点的优势，将成为公司未来胜出的关键。

盈利能力分析的内容在于毛利率与净利率的变化过程，产品卖得越多，毛利率和净利率稳步提升最好，绝非是毛利率与净利率越高越好。

9.3.1　动机决定结果

寻找到的毛利率与净利率越高越好，固然是投资公司的一个重要的选择指标，并不是说这样的思路一定就是正确的。也不一定是一年比一年好就行，真正分析的基础在于需要考虑管理层的经营动机。净利率的下降不能单纯地认为是公司的产品赚钱能力减弱，公司竞争力的下降；净利率的上升也不能沾沾自喜，搞不好

是一次性收益太多。投资者结合管理层经营公司的计划,可将具体的情况分为积极方面、消极方面两种情况,如表9-8所示:

表9-8 毛利率和净利率变动方向的解读

指标	变动方向	积极方面(举例)	消极方面(举例)	客观事实(举例)
毛利率	上升	公司布局了毛利率更高的业务,产品价格上涨,商业模式创新,竞争优势凸显	造假,业务结构遭遇突变,多元化发展过快	原材料成本下降
	下降	公司布局了毛利率比较低的业务,占领市场进行价格战	人工成本上升,技术变革慢,竞争力下滑	
净利率	上升	业务到了收获期,费用减少	非正常增加盈利	一次性收益过多,投资收益猛增
	下降	研发投入多,市场扩张	杠杆运用多,支出大	

所以说单纯地认为毛利率与净利率降低就是公司竞争力下降是完全不正确的。需要将财务与业务紧密结合,用财务现象解释业务发展的目的与过程。毛利率与净利率在财务上的反映更多是业务发展历程的缩影,需要透过现象看本质。

公司在面临商业竞争时,更多的在于要很好地去应对,靠以前那种"一招鲜吃遍天"的业务很难让公司发展壮大。现在的公司更多是在业务范围内尽可能广地辐射,在毛利率和净利率上就需要很好的印证。

对于以工程类项目为主要业务的公司,其毛利率的波动非常巨大,稍有不慎就会引起市场对公司毛利率的质疑。神雾节能股份有限公司(简称神雾节能)主营业务为钢铁、有色行业节能环保工程咨询、设计和总承包。在2016—2017年间业务发展导致毛利率上升,当时遭到了很多人的质疑。这里我们选择其中的一点进行说明。

一般环保行业的设备销售和工程咨询设计业务,毛利率大致在35%的水平。但神雾节能境外业务的毛利率都超过了70%,而且是难以审计清楚,在境内这项业务的毛利率是35%。这完全让人接受不了,难道境外的客户那么不把钱当钱?

加上境外业务并没有收到销售款,可见只是公司的一厢情愿,有故意做高收入的嫌疑。如表9-9所示。

表9-9　神雾节能业务收入按地区划分的经营情况分析　　（单位：元）

地　　区	指　　标		
	营收	营收比重	毛利率
境内	227 235 296.30	26.26%	32.63%
境外	638 115 447.52	73.74%	72.40%

加上投资者对神雾集团大量关联方交易的质疑,很容易怀疑神雾节能业务的真实性。这些自然就造成了对毛利率上的怀疑。环保型公司本身来说是项目类型的公司,这样就很难像消费品由于差异化就能够获得一个很高的毛利率。何况还需要跟市场上同样业务的公司进行竞争,竞争环境的恶劣不足以让公司的毛利率高得那样突出。

9.3.2　毛 利 率

我们先来看一组公式：

销售收入=销售量×单位售价

销售成本=销售量×单位成本

销售毛利率=（销售收入–销售成本）/销售收入×100%

从上面三个公式可以看出,提高毛利率可以在销售量、单位售价和单位成本上下功夫。这三者又紧密相连,单位成本会受到销售规模的影响,单位售价也会因为销售量和产品特性出现变化。所以在对公司的毛利率进行跟踪的时候,对销售量、单位售价和单位成本要及时清楚变化的方向。

接下来我们从产品（业务）方向去解读毛利率的变化,为什么有些行业的毛利率很高,有些却很低? 公司怎么做才能将产品的毛利率提升上去?

1. 毛利率分高低

毛利率是公司的毛利润与收入之间的比值,衡量的是公司的产品卖出时能够获取的溢价能力。简单地看只是一个普通的财务指标,背后却涉及公司的生意模式、产品质量和生产效率等一系列综合能力的考察。

每一个公司都有一个毛利率,受生意模式、规模、产品比重等一系列因素影响,即使是相同行业里的公司也会存在不同的毛利率。A股当中三家规模达亿元以上的药品零售公司:老百姓、益丰药房和一心堂,三者有着不同的毛利率。其中老百姓和益丰药房的毛利率很接近,一心堂的毛利率稍微高一些,如表9-10所示。

表9-10 老百姓、益丰药房和一心堂各年毛利率比较分析

公　司	时　间						
	2012 年	2013 年	2014 年	2015 年	2016 年	2017 年	2018 年
老百姓	35.15%	35.92%	37.00%	37.22%	36.06%	35.31%	35.21%
益丰药房	37.24%	38.66%	39.77%	39.23%	39.62%	40.04%	39.73%
一心堂	38.15%	39.59%	40.44%	41.92%	41.28%	41.52%	40.53%

这是因为三家公司采取两种不同的经营风格导致的。老百姓和益丰药房主要以便宜为主,快速周转。而一心堂以便利性为主,密集开店,覆盖更多的人群。加上各家公司经营的药品比重不同,导致同样是药店,毛利率是有一定差距的。

所以说同样的业务并不能因为毛利率高一点就觉得公司有造假的嫌疑,背后的逻辑在于可能公司采取了不同的销售模式(例如经销改直销),可能更关注后续服务,也能更关注营销的力度。更为惊喜的是随着公司规模、竞争环境不同,每个阶段公司的毛利率也会有不同地呈现。所以说,对毛利率的分析要在整体行业特征的前提下,考虑公司的特殊性,两者结合起来分析。

所以,分析毛利率,我们需要特别注意以下几点:

(1)单个产品处于不同细分行业,有着不同属性,毛利率比较没意义。就拿白酒行业来说,高端白酒与低端白酒的差距非常大。高端酒的五粮液和低端酒的牛栏山二锅头，可以说毛利率差得不是一星半点。就算是高端白酒领域，茅台和五粮液的毛利率也差了很多。

（2）毛利率是经营出来的。现在的经营环境是在过去公司的布局和商业模式下经营得出的，毛利率只是反映公司经营的一个阶段性证据。是公司经营意愿和市场需求共同导致的，是一个相互合作的过程。所以说，对毛利率稳定性的考察是第一步，稳定性不够说明公司在产业链中的经营不是很牢靠。

（3）毛利率不是公司竞争力的绝对标准。其实在A股里有些公司的毛利率跟贵州茅台差不多，但是我们能得出的是只有茅台真正给投资者带来超额收益。毛利率低并不是公司的竞争力不够，毛利率高说明不了公司的产品绝对好。要结合公司的净利率和周转率进行分析，如果毛利率高的同时，净利率和周转率也是可怕的高企，那么这样的公司才能被称作优秀。

表9-11　锦江酒店和贵州茅台在各年毛利率、净利率和收入上的比较分析

公　　司	时　间						
	2012 年	2013 年	2014 年	2015 年	2016 年	2017 年	2018 年
毛利率							
锦江酒店	88.23%	88.80%	89.41%	91.10%	90.55%	90.46%	89.60%
贵州茅台	92.27%	92.90%	92.60%	92.23%	91.23%	89.80%	91.14%
净利率							
锦江酒店	15.90%	14.24%	16.83%	11.53%	6.76%	7.29%	8.35%
贵州茅台	52.95%	51.63%	51.53%	50.38%	46.14%	49.82%	51.37%
收入（亿元）							
锦江酒店	23.36	26.84	29.13	55.63	106.36	135.83	146.97
贵州茅台	264.55	310.71	322.17	334.47	401.55	610.63	771.99

从表9-11可以看到，真正决定股价上涨的除了毛利率，更多的是净利率和公司规模扩张。虽然锦江酒店的毛利率跟贵州茅台的毛利率差不多，但是净利率差距非常大，还有利润留存的速度。锦江酒店（2016年存在并购）在规模扩张上比不上贵州茅台，在利润留存上更比不过。

2. 毛利率的相对稳定性

每个产品的毛利率受到的影响因素非常多，有些因素是损害产品获取高额收益的，有些因素有利于产品获取高额收益。如果有利因素占优，那么毛利率会逐步提升；最怕的就是不利因素占优，毛利率会出现连续下降。相对稳定的毛利率或持续毛利率提升，才是产品竞争力强的表现。

碰到上市公司的产品毛利率忽上忽下，或者出现大幅度下降，意味着产品的竞争力和经营很不稳定，处于波动当中。我们更希望的是公司的毛利率在稳定的前提下，会有一个持续上升的过程。可能是行业高景气导致的，也可能是公司的经营战略获得了成功。巴菲特一再强调护城河，即竞争壁垒。在财报中，一家公司单个产品毛利率的高低就是反映其是否具有护城河的指标：毛利率越高越稳定，护城河越深。

3. 行业毛利率

行业之间的毛利率差别很大，主要是产品属性和生意模式的不同造成的。有的行业产品的相似程度太高，只能赚一点辛苦钱，甚至亏本经营，同时竞争非常激烈。有些行业产品非常好卖，同行无法创造出相同的质量性能，赚钱效率非常高。这分别对应着低毛利率行业和高毛利率行业。

高毛利率的行业，主要存在于两种不同性质的行业：

（1）行业间不同公司提供的产品和服务有高度差异化。除了产品和服务的基本功能外，最主要的是给予客户额外的效用，即附加价值很高。产品差异化源于其很高的附加价值，这才是获取高毛利率的关键。这样的行业主要存在于高端产品和奢侈品行业，如一瓶高端茅台酒的成本只占其价格的10%。茅台酒除了酒类的基础功能外，更多的是能够带给消费者社会身份和地位的肯定，在社交场合获得更高的社交价值。这是高毛利率产生的一个重要原因。

（2）稀缺与供不应求，由于公司的垄断和供给能力问题，使得产品很稀缺，这让消费者不得不花更多的钱去购买。如医药行业，有些高端药品或者刚研制成功的药品本身对市场的供应就不足，需求量一步步增长的情况下公司的产能并没能跟上，或者是技术的原因无法制造出更多的药品，形成了高毛利率。同时，公司专利带来的垄断，形成了一个人无我有的状态，导致高毛利率的存在。

低毛利率的行业基本上跟高毛利率行业相反：

行业间不同公司提供的产品或服务同质化太严重，没有差异性，像煤炭、钢铁，在使用时不考虑能给消费者带来什么样的附加价值，只要满足基本的生产生活需要就行。这些行业产能扩张很快，产能的供给完全能够满足市场的需求；

处在产业链中不重要的位置，获得不了超额的毛利率。要知道附加价值和技术才是产品的核心价值。

4. 综合毛利率

综合毛利率是公司所有产品毛利率的加权平均值，是总销售收入减去总成本后除以总销售收入的比率。这也是投资者比较忽视的一个地方，综合毛利率的走向并不是说越高越好，与公司的产品比重有很大关系。综合毛利率受单项产品毛利率变动和所有单项产品收入结构变动的双重影响，关系如图9-1所示。

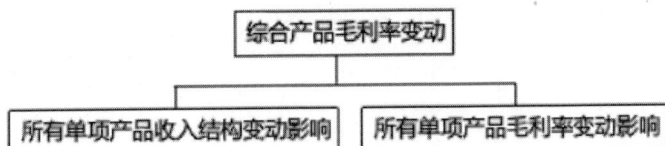

```
            ┌──────────────────────┐
            │    综合产品毛利率变动    │
            └──────────────────────┘
                  │             │
  ┌───────────────────────┐  ┌───────────────────────┐
  │  所有单项产品收入结构变动影响  │  │  所有单项产品毛利率变动影响  │
  └───────────────────────┘  └───────────────────────┘
```

图9-1　影响综合毛利率的因素

其综合原因如图9-2所示。

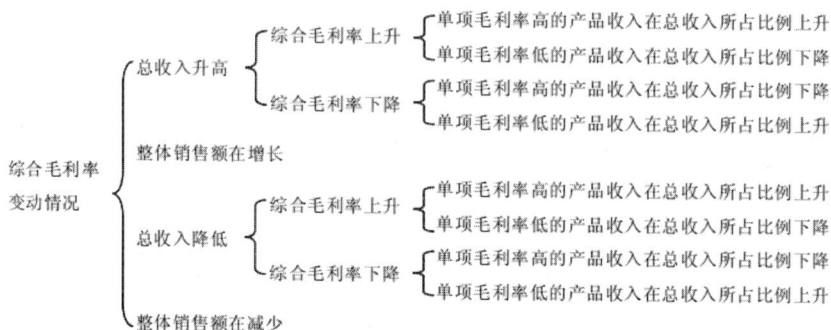

综合毛利率变动情况
- 总收入升高
  - 综合毛利率上升
    - 单项毛利率高的产品收入在总收入所占比例上升
    - 单项毛利率低的产品收入在总收入所占比例下降
  - 综合毛利率下降
    - 单项毛利率高的产品收入在总收入所占比例下降
    - 单项毛利率低的产品收入在总收入所占比例上升
  - 整体销售额在增长
- 总收入降低
  - 综合毛利率上升
    - 单项毛利率高的产品收入在总收入所占比例上升
    - 单项毛利率低的产品收入在总收入所占比例下降
  - 综合毛利率下降
    - 单项毛利率高的产品收入在总收入所占比例下降
    - 单项毛利率低的产品收入在总收入所占比例上升
  - 整体销售额在减少

图9-2　产品结构和单项毛利率综合作用下的毛利率

所以说，综合毛利率的降低并不是什么坏事，得看其降低的原因。如果是毛利率低的产品比重开始上升，整体的规模在扩大，那就没什么关系。如果销售的规模在下降，即使综合毛利率在提升，也是值得警惕的事情。

表9-12　美的集团2013—2018年综合毛利率

指　标	时　间					
	2013 年	2014 年	2015 年	2016 年	2017 年	2018 年
综合毛利率	23.28%	25.41%	25.84%	27.31%	25.03%	27.54%
收入（亿元）	1 213	1 423	1 393	1 598	2 419	2 618

从表9-12可以看出，美的集团的综合毛利率总体呈上升趋势，加上每年的收入规模在持续增长，这样的综合毛利率走势才是我们所需要的。在总收入增长的同时，毛利润的增长速度比收入增速高。

表9-13　美的集团2013—2018年各产品毛利率和收入比例

指　标	时　间											
	2013 年		2014 年		2015 年		2016 年		2017 年		2018 年	
	毛利率	收入比例	毛利率	收入比例	毛利率	收入比例	毛利率	收入比例	毛利率	收入比例	毛利率	收入比例
暖通空调	24.50%	56.36%	26.95%	55.81%	28.25%	46.58%	30.56%	42.00%	29.04%	39.61%	30.63%	42.13%
消费电器	24.15%	43.64%	24.74%	44.19%	25.03%	53.42%	29.01%	58.00%	27.37%	41.02%	29.16%	39.66%
机器人及自动化系统									14.48%	11.23%	22.85%	9.89%

如表9-13所示，通过进一步细分产品，我们知道公司的空调毛利率一直很稳定，也在一点点提升。消费电器也是一样的，在稳定中慢慢增长。但是我们看到2017年并购获得的机器人及自动化系统，毛利率并不是很稳定。主要是因为刚并购完成，美的集团的管理层和库卡公司需要一定的适应期。同时也要在新业务上进行重新布局，自然会影响其综合毛利率。随着一切慢慢开始进入正轨，毛利率就会恢复到原来的水平。

5. 产品毛利率的秘密

毛利率的本质是产品价格相对于成本，增值的那部分有多大，产品的竞争力越强，增值的部分越大，自然毛利率越高。产品毛利率的高低取决于三个方面的因素：一个是在市场上产品的售价，一个是产品生产的价格，一个就是市场的规模。所以要想有高毛利率，必须从这三个方面着手。

（1）产品的销售规模

一家公司的生产线是有产能的，假设一条生产线一年能生产的产品是100万个。需要的基本维护费用是100万元，单个产品的成本和流动费用是5元/个。如果这条生产线的产能利用率只有50%，花去的总成本是350万元（50×5+100），每件产品的成本是7元。如果产能利用率达到120%，花去的总成本是700万元（120×5+100），每件产品的成本是5.83元。

可以看到同样的生产线，就因为每年的销售规模不同，单位成本会出现波动。如果是软件类型的公司，那么单位成本随着销售规模的扩大，可能近乎为0。

（2）成本

除了规模化能够降低单位固定成本，引起毛利率上升，我们可以看到的是单位变动成本是很难变化的，随着业务量的增减是相对稳定的。变动成本主要包括直接材料、直接人工和直接制造费用等。

那么要想在成本上提升毛利率，就需要在单位变动成本上下功夫。就像我要卖出一瓶鲜奶，前提是我必须有一瓶鲜奶的材料。再加上加工和运输，这些成本是必须的。可是靠研发的软件，除了前期投入的资金外，产品到达客户只需要下载就可以了。根本就没有材料和人工的这些支出，所以互联网公司考察毛利率不是重点。

随着两者业务的扩大，鲜奶的单位变动成本是稳定的，单位固定成本会降低。而软件类产品卖得越多，毛利率越高。广联达的工程造价软件、恒生电子的金融IT软件、东方财富的咨询服务等毛利率高达80%以上。它们在这个市场里并没有处于绝对的垄断，但是因为没有成本的负担，自然毛利率高。

（3）产品售价

在产品售价上进行提升是毛利率上升的主要手段，尤其是那些生产非大宗商品的公司，更要在这方面注意。公司可利用的手段主要是产品的垄断、良好的生意模式和产品的竞争优势。

垄断：

在A股很多消费公司当中，产品的毛利率非常高。贵州茅台毛利率达到90%，片仔癀锭剂的毛利率在60%以上，还有没上市的烟草毛利率达到70%。医药类产品也是如此，很多公司的毛利率都非常高。

这些公司的产品有一个重要的特征，产品在市场上处于独一无二的低位。垄断的性质非常强，这就导致产品的毛利率非常高。所以一家产品能持续一定程度垄断的公司，毛利率会很稳定地在高位。如果未来的市场规模能够扩大，那么是一个不错的投资标的。

行业生意模式：

除了垄断外，有些产品的毛利率很高，有些则很低。像高端白酒行业的茅台、五粮液、洋河和老窖，它们的毛利率都在70%以上。百货零售业的毛利率，很少能超过30%。这就是生意模式的不同导致产品的毛利率存在巨大的鸿沟，是没办法跨越的。

决定这样巨大差异的是产品是否处于产业链的核心价值上，如果不是，那么毛利率低就很正常。像百货零售行业，主要的价值是在产品的生产过程，这个行业只能获得一个周转的利润。只能靠大量销售才能赚到钱，想在产品价格上提升，根本不行。

竞争优势：

能够真正垄断的产品是极少数的，最好就是抓住这样的公司不放手。行业生意模式这块也是，天生就是注定的，每个行业的命数生下来就是那样。想要改变除非行业出现革命性的改变，否则还是要聚焦到生意模式非常好的行业里，少在赚辛苦钱的行业里寻找牛股。

如果既没有产品垄断又没有一个很好的生意模式，那么就需要考察这个公司的竞争力强不强。竞争力强的公司，不管是在品牌上还是在渠道上，都会获得比其他产品高的溢价，毛利率通常都会得到提升。

毛利率高就代表产品赚的钱多吗？不然。当1块钱成本的产品想10元钱卖给客户，销售的途径消耗也成为一个问题。这个过程中涉及人员的工资、广告宣传费和经销商的分成等，都需要在毛利润上扣出来，剩余的利润就是净利润。卖出产品付出的代价越高，那么期间费用就会越大，自然净利润就越少。

所以说即使产品的毛利率很高，可是送达到客户手里所花费的成本不同，造就了产品的净利率的不同。可能出现高毛利率的产品，最后经营下来是低净利率。影响这些的还是品牌、渠道和管理层经营等一系列竞争优势。

9.3.3　净利率

上面说到，影响净利率的因素有很多，除了毛利率之外，最大的因素就是经营费用和一次性收益。这些在报表中的常见费用与偶然性收益的来源，是公司的产能配合市场需求的能力、公司自身的经营效率和一些外部因素共同作用的结果。没有市场供需的不平衡，产品价格没办法波动；即便有充足的市场需求，公司自身经营效率不行依然无法在净利率上获得很好的空间。进一步我们需要结合市场供需、自身营运能力和净利率三者之间的联系，真正去寻找优质的公司。

1. 供需关系

毛利率与净利率的高低只是公司经营成果的展示，说到底公司的销售额是公司供给与市场需求综合的产物。在第一部分详细说过，存在着市场需求很大但供给能力饱和的高速成长期，也存在需求饱和供给过剩的稳定成熟期，更有需求下降供给萎缩的衰退期。所以，不谈供需关系而单纯讨论净利率（毛利率），就变成了对公司过去经营的总结。要谈未来毛利率和净利率的变化方向，需要对这三者进行全面分析。

既然毛利率和净利率是市场需求和公司供给共同作用下的公司经营成果的反映。供需关系成了公司毛利率与净利率的最直接的影响因素。供需不平衡就会导致公司毛利率与净利率急速变化，面对市场需求的增长和同行业的快速扩张，毛利率和净利率不是那么稳定。

在行业刚开始快速发展阶段，公司的毛利率（净利率）会快速增长。主要是受益于市场需求的快速增长，加上公司供给能力不断增强，使得产品供不应求。

经过一段时间行业的发展,公司的产品也不再是刚开始的粗放经营阶段,而是有着更多的特性,也符合市场要求。公司间的竞争是越来越激烈,使得公司的毛利率开始下降。在行业的供给能力快速增长使得产能过剩时,公司的毛利率受到行业竞争开始有所下降,净利率也是如此。

毛利率也跟产品生命周期密切相关,产品刚投入市场的时候,竞争少,会有一个较高的毛利率;随着竞争性产品加入,毛利率会越来越低。公司毛利率低的时候,往往会采用一些营销手段薄利多销,比如会促销、做广告等,相应的费用也会增加。如果存货积压、毛利率降低,那么公司经营上会有问题。

2. 公司自身经营效率

供需关系决定公司对产品的定价,直接决定着毛利率的高低。一款产品的价格很多时候是市场决定的,尤其是大宗商品。但是公司的管理、销售环节,则看各自发挥了。

身处同样的行业,可能由于地理位置的不同,需要承担额外的客户沟通成本,这无疑给销售环节带来拖累。A公司的客户集中在国内,很容易联系。B公司的客户集中在国外,见一面要飞很长时间,还要花时间了解客户的文化习俗等,这都是隐形成本。

主要的差异就在于公司生产环节的技术和效率,这影响产品的单位成本。销售环节对营运资金的使用效率,销售人员争取客户和扩张市场所带来的新增资金,会造成销售费用率的上升。

管理环节特别重要,公司之间的竞争会导致对原有产品不断更新和新产品不断推出,这些是需要资金支持的,也就是研发的投入。同时日常的管理和人员的效率对应的薪酬,也对公司的管理费用率产生很大的影响。

公司自身的经营效率,在一两年内虽然对产品所处的波动周期不会有较大的影响,可是这决定公司长期的竞争力。只有经营效率非常合适的公司,才能在未来的竞争中获取较大的优势,成为行业的龙头。

9.4 成长性分析

成长才是投资的主题,只有成长股才能获得高额收益。相比于大盘股来说,小盘股的成长性是非常好的。不可能期待中国石油这些巨无霸能够跟小盘成长股那样,GDP的长期增速可能是这些大型公司的收入增速。净利润从1亿元成长到10亿元是公司快速发展的阶段,太小会出现很大的经营风险,太大反而难持续出现高增长,除非行业的空间非常大。所以在对公司的成长进行分析时,我们尽量挑选那些新兴行业和成长性公司,有意识地回避增速很慢的公司。

9.4.1 收入可持续性

在我的投资标准里,收入的增长是最为重要的。因为收入是公司扩大规模的基础,也是创造利润和现金流的源泉。从净利润=收入×净利率这个公式来看,提升净利润最长久的办法是收入可持续增长。净利率可以提升,但是总有尽头,可能最高也就60%。

分析公司的成长性我们首先要看公司历史收入的增长,评价一下公司过去的经营能力和产品在市场上的竞争力。至少我们可以得到一些重要的结论,为未来投资决策提供一点依据。

(1)参考公司的基本特征,公司产品周期的强弱。如果周期性过强,没有专业知识的帮助, 可以避免投资。

（2）结合年报的管理层叙述, 查看过去几年管理层的经营风格。成功或失败的原因到底是什么?

（3）分析收入的组成结构, 看在收入增长过程中, 各产品是如何发力的。

（4）比较同行业的发展, 公司有什么优势和短板。

（5）查看公司现在所处的状态, 是积极扩张、充分释放利润还是进入下滑通道。

......

对成长性分析是一个很好地与公司互动的过程, 能更好地认识公司的过去。同时把握公司当下的发展节奏, 结合公司的发展规划, 更好地对公司未来规模和业绩的释放做出预测。最终我们要得到的是公司的产品优势、公司的发展战略和管理层的经营能力。这些是未来公司收入增长的参考依据。

9.4.2 费用所带来的效益

费用是企业在日常活动中发生的会导致所有者权益减少的、与向所有者分配利润无关的经济利益的总流出, 主要有销售费用、管理费用和财务费用。例如销售费用的增长要结合公司的收入增长和管理层的目的, 单独看销售费用增长没有什么意义。管理层在当前竭力去扩大市场, 从收入的增长看有一定成效, 销售费用的增长却非常高。有可能公司为了增加市场份额, 加大了广告宣传或促销力度。

费用的增长本身不是坏事, 关键看是用在什么地方。如果是因为公司的扩张, 这是积极的, 这也是扩张带来的阵痛。挺过去了公司在未来的利润释放会超预期, 挺不过去那么前期所做的努力就会付诸东流。

如果其他因素变化不大, 特别是收入增长并不是太大, 销售费用逐年增加的速度很快,那公司经营效率肯定是不如以前了。如果公司在这个时候没有扩张计划的实施,那么极大的可能是公司的产品增长出现了一定的危机。竞争者越来越多,竞争压力越来越大。如果公司的产品不够优秀,那么只能被动地增加销售费用进行更多营销来稳住原有的市场。

对管理费用的考察主要针对的是供应商和经营效率,特别是客户非常集中。公司只需要保证生产出符合客户需求的优质商品,而不需要过分操心产品的销售。更多的对管理费用的分析集中在了研发投入这方面,这是公司规模扩张的灵魂。因为公司不可能靠着原来的业务长久经营下去,总会碰到行业的天花板。当公司的业务不再增长时,研发出新业务接力是公司做大做强的主要途径。虽然说研发支出是费用,但这是一项非常积极的支出。公司不能只图一时的利润,放弃对新业务的拓展。

作为一家技术领先的行业龙头,技术的创新是海康威视持续发展的主要经营方向和原动力。2019年度海康威视研发投入54.84亿元,同比增长22.33%,占营业收入的比例提升至9.51%。

高比例的研发投入是海康威视一直以来的主要特征,2010年至2018年,公司研发投入占各期的营收比例一直维持在7%~8%。截至2019年末,海康威视研发人员总数超过1.9万人,达到19 065人,同比增长19.08%,研发人员占总员工数的比例提升至47.19%。截至2019年末,公司累计拥有专利4 119件,拥有软件著作权1 042件。

在这样经年累月的研发投入下,海康威视的新业务不断出现。2019年海康消防、海康安检创新业务开始初步形成。2015年成立的萤石网络,以智能视频与视觉技术为核心,通过互联网云计算、人工智能、机器视觉及控制等技术,打造可信赖的安全智能家居产品和物联网平台，为家庭、个人及小微企业提供智能化产品和优质服务。经过5年的高速发展，已具备独立上市条件。

2019年公司创新业务板块中，智能家居业务、机器人业务分别实现营业收入25.92亿元、8.14亿元，同比增长58.38%、23.88%。包括海康汽车技术、海康微影、海康存储等在内的其他创新业务营业收入10.3亿元，同比增长101.96%。三大创新业务板块营收占比分别为4.5%、1.41%、1.79%，合计为7.7%。

财务费用指公司在生产经营过程中为筹集资金而发生的各项费用。包括公司生产经营期间发生的利息支出（减利息收入）、汇兑净损失（有的公司如商品流通公司、保险公司进行单独核算，不包括在财务费用）、金融机构手续费以及筹资发生的其他财务费用如债券印刷费、国外借款担保费等。

当然对费用的分析不是说占收入的比重越低越好，有些非常必要的费用支出是绝对不能省的。像是对销售人员的培训、新产品的研发等，这些关乎公司竞争力的费用需要在公司经营过程中不断增长。当公司的费用出现快速增长时，也不能一口就咬定公司的经营出现了问题。有时候是公司刻意为之，牺牲现在来换取未来。

9.4.3　资产的增值

资产分为经营性资产、生产性资产和投资性资产。这些资产是怎样让公司运转起来的呢？假设公司生产一批产品要开动生产线，生产线的开动必须要有日常经营资产的支撑。产品销售获得的现金能够壮大经营性资产和生产性资产，达到扩大资产增值的目标（这里不着重讨论投资性资产）。

这就像是日常经营性资产更多地扮演后勤角色，生产性资产是主力部队一样。打仗时经营性资产提供充足的后勤保障（充足的现金运转），主力部队获得充分的输出（产能利用率达到最大）。获得的战果两方都能受益，既补充了战斗力（产能扩大），也增加了后勤保障（经营性资产扩大）。

1. 经营性资产增值

经营性资产是公司在采购、生产和销售过程中产生的资产科目，主要的科目是货币资金，应收预收类和应付预付类。经营性资产的增值需要从两个方面做出努力：既要为公司的经营活动提供足够的支持，又要保持好的经营性资产科目的增长。

经营性资产的不足能直接影响公司的赚钱效率，假设一家公司的每日现金需求量是100万元，现在只能每天给予50万元的补充。这肯定会影响到生产线的开工率，不能按照原来的产能进行生产。所以，经营性资产的第一要务是提供足够的日常经营现金流，这就要求现金周转天数要变得越来越好。

（1）采购过程

公司采购过程对应的经营性资产科目为货币资金、应付类和预付类，这个过程总体上是现金流出的过程。如果要公司有足够的现金流，就必须在流出的时间上进行控制，晚一点流出总比早一点流出要好。

应付类科目主要包括应付账款和应付票据，主要记录的是公司在采购过程中拿到了原材料，可是并没有同步将货款结清，也就是所谓的赊账了。通过这样的操作，应付类科目的增长就能很好地应对现金流的过早支出。

相反，如果公司在采购过程中还没拿到原材料，就提前付款了，预付账款科目的增长对现金流是有伤害的，导致现金流过早流出。在财务上的体现如表9-14所示：

表9-14　采购过程对应的财务指标分析

采购过程经营性资产科目的变化趋势	延后付款	提前付款
应付账款 / 成本	高	低
预付账款 / 成本	低	高

要想采购过程拥有好的现金流，就需要更多采用延后付款的结算方式。应付账款占成本的比值越高，代表公司采购原材料时赊销信用期越长。随着公司采购规模的扩大，其应付账款的规模也随之扩大。预付账款占成本的比值越低，代表公司对供应商的采购信用越高，不需要提前支付货款。

（2）生产过程

公司生产过程对应的经营性资产科目为存货，这个过程总体上是现金流出的过程。生产过程其实是考验公司的现金流的，如果出现问题，会加剧现金流危机。要想公司的现金流运行通畅，就必须加速商品的周转，库存不能太多。库存的大规模增加以及商品周转效率低是拖累现金流的主要因素。

试想公司的生产过程要投入很大的现金流，比如工人工资、制造费用和机器的正常运营等。这些现金流最终体现在商品的成本上，如果此时产品卖不出去，出现积压，意味着现金流在这个环节出现停滞，无法流动起来。自然公司会面临现金流的缺失，这个问题如果不解决，后期现金流危机会越来越严重。表9-15为生产过程对应的财务指标分析。

表9-15　生产过程对应的财务指标分析

生产过程经营性资产科目的变化趋势	第 N 年	第 $N+1$ 年
存货 / 成本	低	低
存货周转天数	A	<A

（3）销售过程

公司采购过程对应的经营性资产科目为货币资金、应收类和预收类，这个过程总体上是现金流入的过程。销售过程是经营过程中唯一的现金流入，这个环节如果在回收现金上出现问题会导致现金流的崩溃。如果公司把产品销售出去没有收到相应的款项，那么整个经营活动就是一个现金流出的过程，不是现金从流出到流入的循环过程。

如果公司得不到相应的现金流入，销售换来的只是纸面上的利润，看到的是一堆的白条。销售过程回收现金如果越拖越久，等待公司的就是大幅度亏损，对公司的账面价值会造成毁灭性的打击。

在回收现金上出现重大问题的典型上市公司就是四川长虹，创下巨亏37亿元的纪录，就是因为销售过程现金的缺失导致的。我们来具体看看，四川长虹是怎么一步步毁灭自己的现金流的。

2002年四川长虹的扣非净利润1.2亿元，远超2001年的-0.58亿元。获得这么多利润的原因是国外购货商Apex Digital Inc.大量购买公司的产品，2003年也在延续这样的增长态势，如表9-16所示。

表9-16　四川长虹各年度扣非净利润

科目 / 年度	2004 年	2003 年	2002 年	2001 年	2000 年	1999 年
净利润（元）	-36.81 亿	2.06 亿	1.76 亿	8 402.80 万	1.16 亿	5.11 亿
净利润同比增长率	-1889.23%	16.76%	109.70%	-27.53%	-77.31%	-70.68%
扣非净利润（元）	-37.33 亿	1.22 亿	1.02 亿	-5 806.13 万	1.94 亿	5.25 亿
扣非净利润同比增长率	-3171.64%	18.72%	276.30%	-129.86%	-62.98%	
营业总收入（元）	115.39 亿	141.33 亿	125.85 亿	95.15 亿	107.07 亿	99.17 亿
营业总收入同比增长率	-18.36%	12.30%	32.27%	-11.14%	7.97%	-12.99%

只不过这利润增长的背后是公司的产品销售对象过于集中，没有及时确认回款。也就是说四川长虹将公司的产品大量销售给了购货商Apex Digital Inc.，却一直没有跟购货商进行现金上的财务结算，导致出现大量的应收账款。从公司的应收账款账龄（表9-17）和应收账款前五名（表9-18）上看，公司的风险越来越严重，现金流的缺失也达到了最高峰。

表9-17　四川长虹2003年度应收账款账龄分析

账龄	坏账计提比例	年初数			年末数		
		金额（元）	比例（%）	坏账准备（元）	金额（元）	比例（%）	坏账准备（元）
1 年以内	0.00%	4 213 401 203.80	99.76	—	4 141 148 850.09	81.46	—
1～2 年	10.00%	5 279 329.50	0.12	527 932.95	933 775 754.04	18.37	93 377 575.40
2～3 年	30.00%	—		—	3 985 032.62	0.08	1 195 509.79
3～4 年	50.00%	4 110 160.09	0.10	2 055 080.05			—
4～5 年	80.00%	6 473.20	0.00	5 178.56	3 984 569.09	0.08	3 187 655.27
5 年以上	100.00%	758 282.09	0.02	758 282.09	617 287.96	0.01	617 287.96
合计		4 223 555 448.68	100.00	3 346 473.65	5 083 511 493.80	100.00	98 378 028.42

表9-18　四川长虹2003年应收账款前五名状况

单位名称	欠款金额		所占比例	欠款时间	欠款原因
	原币	人民币（元）			
Apex Digital Inc.	USD537 243 828.56	4 446 605 995.84	94.06%	见备注	货款
陈氏辉煌家电公司	USD4 833 737.29	40 007 393.43	0.85%	1 年以内	货款
Thomson Multimedia	USD3 987 720.09	33 005 162.87	0.70%	1 年以内	货款
PETTERS CONSUMER	USD22 841 841.70	189 055 071.20	4.00%	1 年以内	货款
ETRON ELECTRONICS CPNY,LTD	USD2 259 895.00	18 704 472.95	0.40%	1 年以内	货款
合计	USD571 167 022.64	4 727 378 096.29	100.00%	占总金额的92.99%	

　　我们可以看到购货商Apex Digital Inc.的欠款累计达到了44亿元，这笔巨额货款一直没有流入公司里，导致这样的资产（应收账款）增值对公司的影响非常大。每个公司都可以有一定的应收账款余额，为的是更好地与购货商进行交易。可是一旦过多不仅影响公司的日常运营，更甚者会导致资产的减值，因为客户很可能不还货款。

　　如表9-19所示，到了2004年，企业对Apex Digial Inc.公司的货款确认为坏账损失。虽然前期公司的资产（应收账款）在增值，但是这样的增值越多对公司的伤害就越大。

表9-19　四川长虹2004年度应收账款账龄分析

账　　龄	坏账计提比例	年初数			年末数		
		金额（元）	比例（%）	坏账准备（元）	金额（元）	比例（%）	坏账准备（元）
1年以内	0.00%	4 141 148 850.09	98.05	—	1 223 130 416.10	81.46	—
1～2年	10.00%	933 775 754.04	22.11	93 377 575.40	3 520 302 940.52	18.37	352 030 294.05
2～3年	30.00%	3 985 032.62	0.09	1 195 509.79	34 141 623.30	0.08	10 242 486.99
3～4年	50.00%	—	—	—	3 174 436.70	0.08	1 587 218.35
4～5年	80.00%	3 984 569.09	0.09	3 187 655.27	—	—	—
5年以上	100.00%	617 287.96	0.01	617 287.96	4 601 857.05	0.01	4 601 857.05
合计	—	5 083 511 493.80	120.36	98 378 028.42	4 785 351 273.67	100.00	368 461 856.44

　　不管是经营性资产、生产性资产，还是流动负债、非流动负债，要增值的前提是公司的资产增值是有利于公司的，而不是给公司带来风险。像很多资产科目，例如应收账款、银行借款等，这些资产的大幅度增值，特别是短时间内大幅增长，会给公司带来巨大的风险。

　　要考虑资产的增值，不能简单地看数字的增长就可以了。资产的增值在公司扩大规模的时候是正常的，要避免的就是那些损害公司的资产短期内增值速度非常快的情况。

2. 生产性资产增值

　　如果生产线保值率很低，这也是损害公司内在价值的因素。一条生产线，能够持续生产A公司的产品很长时间，越用创造出的产品价值越高。生产B公司的产品持续时间短，越用生产出的产品质量越差。相对来说，A公司是能提升内在价值的，B公司在一步步损耗内在价值。

　　B公司这样的生产线属于消耗性生产线，公司的内在价值最大化阶段是产能利用率第一次达到顶峰的时候。那时候公司生产的产品最多，生产线的保值率也比较好。当生产线越用越久，保值率下降非常快。也可能由于产品升级和其他原因，导致产品竞争力的缺失。即使公司产品销量不错，可是质量和其他方面会出现问题，也会影响公司内在价值的提升。

　　要想固定资产增值，需要从两个方面考虑。一个是生产线的持续时间，一个是产品的持续性。生产线建设完后，最好其资产能够持续增长，比如窖池。"千年老窖万年槽，酒好还需窖池老"，窖池的年代越久远，越能出美酒佳酿，也越能体现一个白酒品牌的真正价值。也可以是产品的附加价值非常高，比如说靠品牌，技术获得非常高的溢价。在财务上，生产线和原材料的成本占收入的比例不高，但产品毛利率很高。

　　一个方面是生产线的折损非常低，甚至增值；一个方面是产品获得很高的溢价。这两点都能很好地提升内在价值，特别是产品这块绝对不能脱了内在价值而后退。

　　如果产品的更新换代非常频繁，必然会导致生产线频繁更新，这也非常损害内在价值。基础需求的产品，例如食品医药，这些产品的更新速度缓慢，不会导致生产线的频繁更新。而像高科技这些差异化需求的产品，由于技术的更新速度快，加上产能规模的影响，会极大地影响公司内在价值的提升，只能说短期内在价值增值是可以的，长期增值比较慢。

9.5　现金流分析

　　几乎所有基于账面价值的分析，主要的目的并不是寻找出一个优质的公司，而是证明其过去的经营是否优秀。现金流的分析更多在于给公司排雷，排除那些现金流差很难赚到现金的公司。为什么公司的现金流这么重要，综合起来有以下三种原因：

　　（1）现金流量表区别于资产负债表和利润表的记账基础，以收付实现制为主要依据,这是一个最本质的区别。依据的是老百姓通常的流水账方式,只不过按照性质分为经营过程、投资过程和筹资过程。

(2)公司的价值根源不在于利润的多少,而在于现金流积累下来的竞争力。一个公司即使有很强的利润暴增能力,如果无法转化为大量的现金流,那么公司赚到的只是账面财富。而公司的扩张更多的是以强大的现金流作为支撑的。

(3)公司持续性亏损是不可怕的,重要的是不能出现现金流的断链。为什么?只有现金能便利地在经营活动中流动,只有现金能高效率地在货物交换中进行交易,只有现金能简单地在经济活动中进行度量。

那么现金流量表具体有哪些内容呢?表9-20为现金流量表所表示的各个经济过程。

表9-20　现金流量表所表示的各个经济过程

	经营活动		投资活动		筹资活动	
	核心业务	其他业务	构建产能	股权投资	借款	股权
流入	收到销售货款	税收返还	处置长期资产	收回投资现金	借款收到的现金	再融资、IPO
		其他				
流出	购买原材料、接受劳务支付的现金	支付税费	构建长期资产支付的现金	投资支付的现金	偿还债务	分配股利
	支付职工的现金					

现金流按使用性质分为经营现金流、投资现金流和筹资现金流。三者不同的组合反映公司经营过程中针对市场进行的主动调整。根据三类现金流量得到的信息,可以组合成以下八种不同的情况:

表9-21　现金流八种组合

	经营性现金流	投资性现金流	筹资性现金流
类型1	+	+	+
类型2	+	+	−
类型3	+	−	+
类型4	+	−	−

	经营性现金流	投资性现金流	筹资性现金流
类型 5	−	+	+
类型 6	−	+	−
类型 7	−	−	+
类型 8	−	−	−

9.5.1　类型 1

经营现金流为净流入证明公司的主要业务是有现金流入公司的。投资现金流为净流入说明公司的投资获得分红或者收回。此时公司的内生性增长和外延性并购都做得非常不错,有一定的钱回流到公司。但筹资现金流为正就有点莫名其妙,公司既然能赚到钱,还需要筹资那么多钱干吗呢? 这里可能有以下几种原因:

(1)最直接的原因是公司所赚到的钱有水分。公司虽然能够获得现金流,但是跟本身的业务规模对应的净利润相比还是杯水车薪。不能说赚了一个亿利润的公司收回的现金流才一千万,这样就证明公司在获取现金流方面是好的。这依然能够形成经营现金流为净流入,投资现金流为净流入的局面。

但是这样的现金流结构下公司需要融资吗? 需要,这样的局面已经很严重地影响到了公司的正常运营。此时公司最可能的经营态势是刚刚才能在主业上开始盈利,但现金的回收很糟糕,投资上没有花大力气寻找新的方向,还是以消化以前的产能为主,做细做精,此时的公司需要从外部进行必要的筹资。

公司现在的发展遇到了问题,主业不赚钱,投资无方向。也许公司现在还处于现有业务不断扩张中,各个经营过程都很缺钱。这个时候投资业务的现金流和筹资得来的现金需要不断为以后的经营扩张做背后的支持。

如果公司的筹资是发展新业务,那就更危险。这样的经营在我看来并不是一个很好的经营模式,现有项目没有发展好而去发展新项目,无异于南辕北辙。本身来说这是一个在不确定环境当中的加码行为。现有经营情况不佳的时候，通过过大的投资拉动公司，寄希望未来能够在新业务上获得更好的发展。但是反问一句：如果未来业务发展不如想象的那么美好呢？最后等来的是公司挥泪斩掉曾经大抱希望的生产线。

（2）公司产生的经营现金流能够完全覆盖住利润，以前投资的项目正在回收，现在公司对外也没有太大的扩张计划。如果是小额进行筹资那还是情有可原的，毕竟公司的运营总归需要充足的现金才好。也可能公司现在正在着手投资一些项目，只是还处于"摸着石头过河"的阶段，在投资上没有花费大的气力。造成收回的投资大于支出的，但是公司已经想好了在未来实施这个计划，当前的经营现金流根本不足以支撑这样的扩张计划，只能提前一步进行筹资。

这种以现有经营为主，后期扩张谨慎的态度是一家公司增长比较好的开始。过去的业务扩张得很顺利，公司在当期的经营获得了该有的现金流。在投资方面过去对副业的眼光得到了丰厚的回报，可以说公司在内生性增长和外延式扩张两个方面做到了优秀的地步。更进一步在对未来的投资上也开始了循序渐进的步骤，在实的地方公司经营得很棒，向虚的地方公司在慢慢尝试，一步步进行产能扩张。

（3）最怕的就是公司出现大额的借款和筹资行为却不告诉投资者实情，遮遮掩掩不知道要干啥。这时候就需要投资者更加谨慎：很有可能公司管理层起了一些心思，借着上市公司进行融资，一边将弄来的钱转移到关联公司，一边可能卖出自己的股权进行套现。

这个时候投资者一定要尽可能多地对这笔大的融资进行分析，如果没有出现大规模投资的计划，那么这样离奇的信息就不得不让投资者对公司的经营产生怀疑。当然此时也是考验投资者能力的时候,毕竟融资本身都有一个说头,到底公司管理层做不做还得看其真诚度如何。

9.5.2　类型 2

经营活动现金流入,投资活动现金流入,筹资活动现金流出,这样类型的现金流最理想的是在公司的成熟期阶段。经营活动有现金流流入公司,说明公司的经营是很正常的。投资的业务现在慢慢得到了回报,公司也没有新的扩张计划,只要不是大型的资产处置导致的投资流入,可以说公司经营很正常。赚来的钱上市公司更多是分给投资者。

可以初步判定公司的经营还是很健康的,如果进一步分析公司的经营现金流和投资现金流是持续性流入,那就说明公司的业务走在正轨上。这里最需要关心的是公司的投资活动,如果出现持续的投资净流入,很大可能代表着公司已经不处于扩张状态。如果公司的产能利用率也很高,只能说明公司的成长期已经过去了(公司还是有成长的空间)。

当然这样的现金流组合还有一种状态是公司的经营业务总体上很赚钱,但是公司在处置一些不赚钱、占比很小的子业务。充足的经营现金流可以让公司不必进行过分的融资,让投资者得到回报。等待将亏损的业务剥离公司后,公司的增长也就开始了。

9.5.3　类型 3

这样组合的公司是投资者又爱又恨的,涉及未来跨越式增长,一旦成功会给投资者丰厚的回报,不成功也会让投资者的预期泡汤。这种组合是优质公司成长中需要经历的,也是公司高速成长阶段最普遍的发展模式。

成长是有烦恼的，这样的烦恼来自到底公司要利润还是要市场，更或者是要充沛的现金流。这样的现金流组合还是值得投资者一探究竟的，毕竟在经营环节公司的业务是能够赚钱的，这是可喜的一面。烦恼的一面在于公司面对市场的需求在未来肯定是要大幅度扩张的（投资现金流净流出），但这样的扩张没有足够的经营现金流支撑，所以公司只能从外部进行融资。

这样的公司可以说A股里面有一大把，真正能成长起来的却只有少数，主要在于未来投资业务的前景如何。投资新的项目或者对原业务的产能进行扩张，有可能成功有可能失败。成功的扩张带来的是高速的增长，失败的扩张则要承担投资时的资产贬值。更为担心的是如果投资的项目失败或者与投资者所期望的发生很大的偏差，很容易造成投资中的三杀：对项目刚开始失败的估值杀、对公司未来增长的业绩杀和对公司增长基础的逻辑杀。这些都会严重打压公司的股价，造成断崖式的下跌行情都有可能。

这样的现金流组合也是对投资者投资能力的一种考验，到底这项投入能否成功是个未知数。成功了在很长的未来会获得很大的收获，失败了可能在消息发布的短时间内投资者承担巨大的亏损。投资的结果很大程度上决定公司的生存，是一个低风险高不确定性的现金流组合。低风险在于原业务已经实现盈利，有足够的现金流支撑；高不确定性在于未来项目的发展到底会怎么样，投资者只能去博。

在创业板刚刚创设的时候两家公司在创业板上市，开启了截然不同的成长模式。同样是业绩和股价增长十倍的新兴公司，带给两家的投资者的却是不同的命运。一个注重于做大，最后资金链断裂；一个专注于做强，成为创业板数一数二的成长典范。

2011年8月乐视网登录创业板，紧接着11月份信维通信也在创业板上市。两家公司在创业板同时上市，随后都创造了十几倍的涨幅。随后两者走出了完全不同的风格，乐视网前半场走得众星捧月，成为创业板的宠儿，后期资金链断裂，处于垂死挣扎边缘；信维通信则专注主业，将十亿天线业务发展到百亿级无线充电，到千亿级的射频市场，前半场没落下，但后半场才是其精彩的表演场地。

接下来我们进一步详细地对乐视网和信维通信进行分析，从现金流上看出其中的问题。乐视网上市时的融资金额为7亿元，融资的主要目的是对互联网视频与手机流媒体电视应用平台的升级改造、建立研发中心。此时其经营理念是加强公司竞争力，毕竟这些需要资金的业务都是乐视网以前的业务，募集资金虽大，扩张起来问题也不是很大。但是乐视网的增长模式在上市后不久就完全显现出来了，告诉投资者什么叫疯狂融资下的应接不暇。

在2011年，乐视网正式开始大幅扩张。当年成立了乐视影业，开始电影电视剧的投资制作，10月成立网酒网进军电商市场。到2012年超级电视的横空出世让乐视网再一次群星闪耀，通过亏钱的方式打造乐视品牌的电视机。纵观这两年的扩张之路，从业务上看电影、电视和电商，从渠道上看线上线下都要兼顾。更重要的是这两年建立的业务烧钱很严重，此时的乐视网在这些领域并没有很好的竞争优势，而且这些行业对竞争力的要求差异很大。每一个领域都有成熟的对手，想进去并不是烧钱那么简单，何况这两年烧钱实在太多。

2013年没有对前一年的业务进行整合，乐视影业的融资又大举开启，通过拉影视名人的方式进行两轮融资，总计达到5.4亿元。2014年乐视体育成立，同样是拉名人做股东的方式，两轮融资达到了80亿元。但是乐视体育的经营方式很粗放，通过购买一大堆独家版权的方式进行会员收费，而代价是业界最高的价格购买。

最高潮是2014年下半年，乐视网开始推出乐视手机，以低于成本的价格销售。同时花了21.8亿元买下了酷派，以求尽快地获得渠道和供应链。2015年入股TCL、购入易到、收购法拉第汽车，并购美国VIZIO电视、入股国安俱乐部等，这些业务进行的同时伴随的是乐视的买地行为。

经过这些投资举动，到了2016年底乐视网进入电视、手机、汽车、电商、体育甚至房地产等行业。这些业务是2014—2016年特别热门的行业。此时我们看看乐视网的现金流组合到底是怎样反映这些业务扩张的？如表9-22所示。

表9-22　乐视网各年的现金流组合

现金流（亿元）	2011年	2012年	2013年	2014年	2015年	2016年	2017年
经营现金流	1.47	1.06	1.76	2.34	8.76	-10.68	-6.56
投资现金流	-8.64	-7.64	-8.98	-15.26	-29.85	-96.75	-0.88
筹资现金流	3.07	7.18	11.15	11.53	43.65	94.77	5.64

首先最震撼的一笔是2016年筹资和投资行为，当年21亿元入股国安，20亿美元收购美国VIZIO电视。使得乐视网当年的融资金额达到了95亿元，这也说明了乐视网的融资能力很强。可惜的是2016年这一年也是反转的一年，乐视网投资这么多的业务没有一件干好。在需要继续投入的前提下突然资金链断裂，使得公司面临破产退市的危险。乐视网的问题在于业务发展得太广，多元化太严重，而且这些业务基本上乐视网没有掌握其核心的竞争力。

与乐视网的发展路径不同的是，信维通信一直在专注于做强自己的主业。不过信维通信的扩张之路也是很艰辛的，投资者需要有充足的时间和过人的胆量。2012年信维通信用募集到的2亿元资金收购行业老大莱尔德全部股权，收购之后信维通信的业绩并没有做得很好，整合期的两年信维通信处于亏损当中。

到了2014年，天线业务逐渐切换到了LDS技术上，信维通信的好日子终于来临，进入了苹果的供应商名单中，营业收入和利润快速上涨。信维通信的豪赌在2014年获得了回报。

尝到成功滋味的信维通信继续在自己的主要业务领域扩张。2014年，收购亚力盛，拓展连接器领域。2015年，控股上海信维蓝沛新材料科技有限公司，介入无线支付和无线充电领域。2015年，数次增资艾利门特，布局MIM金属结构件领域。可以看到的是信维通信从当初的单纯天线业务发展到LDS天线技术、射频跳线等领域，不断介入关联的新市场，让自己掌握的技术与新市场发生关系，提升自己的竞争力。表9-23为信维通信2011—2017年的现金流组合。

表9-23　信维通信各年的现金流组合

现金流（亿元）	时间						
	2011 年	2012 年	2013 年	2014 年	2015 年	2016 年	2017 年
经营现金流	0.37	−0.68	−0.31	0.12	2.12	1.51	7.37
投资现金流	−0.33	−2.47	−0.58	−1.53	−2.53	−1.26	−6.8
筹资现金流	0.04	0.37	0.01	1.16	1.07	2.74	6.32

两家公司的现金流组合都是相同的，只不过在业务发展上的差距导致走了两条路。信维通信不断壮大，成为创业板的权重。乐视网大幅度亏损，业绩一再下滑，股价跌入深渊。所以看现金流组合并不能绝对判断公司未来的发展，更多是要理解公司当前所作所为。将公司的业务和财务考虑清楚，进行综合判断。

9.5.4　类型4

经营现金流入显示公司的生产经营活动非常正常，投资在持续流出表明公司在不断地进行产能或产品扩张。最有意思的是筹资现金的流出，一般来说公司的经营过程是缺钱的，更何况公司的投资过程是要钱不断地投入，所以一般情况下需要在外部进行融资才可以做到。但是这种现金流组合模式很奇怪，持续经营不缺现金流很正常，持续投入也不需要外部现金流的支持，还每年对外分红偿债。

这只能说明公司在经营阶段能够产生大量的现金流支撑投资支出和回报股东。这样的公司如果能长久下去，是投资非常好的标的。自身造血能力超强，既能赢得未来，也能回报当下。

最担心的就是公司的业务和未来的扩张遭遇到市场的竞争，使得这样的现金流组合难以持续下去。如果真是这样很可能变成组合3那样需要外部资金的支持，所以说要时刻关注公司现有业务经营的可持续性和未来公司投资项目的前景。当然这样的公司真的很少，纵观A股上市公司，贵州茅台属于其中的佼佼者。

表9-24　贵州茅台各年的现金流组合

现金流(亿元)	时 间						
	2017 年	2016 年	2015 年	2014 年	2013 年	2012 年	2011 年
经营现金流	221.53	374.51	174.36	126.33	126.55	119.21	101.49
投资现金流	−11.21	−11.03	−20.49	−45.80	−53.39	−41.99	−21.20
筹资现金流	−88.99	−83.35	−55.88	−50.41	−73.86	−39.15	−26.62

如表9-24所示，这样的公司如果竞争力非常强，实在是一个"现金奶牛"。所在行业的需求空间可能已经增长缓慢，投资的逻辑在于行业集中度。正如贵州茅台在高端酒领域无可替代的优势，可以想到在不久的将来贵州茅台在高端酒市场的市场占有率会逐步提升。

9.5.5　类 型 5

本质上公司经营活动现金流出是一个极其不好的现象，尤其是持续流出。这证明公司的业务并不能在市场中形成竞争力，可能是公司管理层的经营能力不行。也可能是公司处于行业最低端，产品没人要。

公司的运营需要现金流的支持，不然在业务交易和商业沟通上根本就没办法有效率地进行。既然业务赚不到钱，从其他渠道能够有现金流入公司也是不错的。类型5的特点在于投资和筹资的过程最起码能够保障公司的运营，虽然可能公司在变卖家当（处置资产、卖掉子公司），但总体上还能过得下去。如果持续在主业上不赚钱，靠筹资和变卖资产过日子迟早有消耗完的那一天。

当然这样的现金流组合也不能一棒子打死，还得看公司的经营到底在干什么。有些纯粹是经营亏损的业务，没办法获得现金流。此时把亏损的业务卖掉也是一件好事，就看公司是不是这样做的。等真的到了亏损业务卖完时，公司的经营现金流也开始转正了，如果公司的股价完全或者部分反映公司卖业务行为，也不失为一种困境反转的表现。

还有一种情况是，公司刻意为之，不断地在经营、投资和筹资上支撑公司规模的扩张。为的就是在未来能够获得更强的竞争力，更多垄断。

如图9-3所示，2018年上半年，分众传媒营业收入为71.10亿元，同比增长约26.05%。归属于上市公司股东的扣除非经常性损益的净利润28.18亿元，同比增长约33.69%。上半年经营活动产生的现金流量净额12.47亿元，较去年同期减少约31.83%。

	本报告期	上年同期	本报告期比上年同期增减
营业收入（元）	7 109 975 615.18	5 640 666 497.84	26.05%
归属于上市公司股东的净利润（元）	3 346 960 032.42	2 532 954 868.98	32.14%
归属于上市公司股东的扣除非经常性损益的净利润（元）	2 818 459 105.16	2 108 136 237.75	33.69%
经营活动产生的现金流量净额（元）	1 247 012 994.56	1 829 333 316.61	-31.83%
基本每股收益（元/股）	0.23	0.17	35.29%
稀释每股收益（元/股）	0.23	0.17	35.29%
加权平均净资产收益率	28.24%	27.42%	0.82%
	本报告期末	上年度末	本报告期末比上年度末增减
总资产（元）	17 455 255 010.00	15 554 602 846.85	12.22%
归属于上市公司股东的净资产（元）	12 502 956 081.78	10 372 574 413.65	20.54%

图9-3　分众传媒2018年半年报经营指标

公司在半年报里，详细说了经营活动产生的现金流量净额变动原因：受宏观经济的影响，2018年上半年的销售回款与去年同期相比放慢，经营活动现金流入比去年同期增加2.24亿元，滞后于营业收入的增长；2018年公司全力推进楼宇媒体点位的开发，故相应经营活动现金流出较去年同期增加近5.84亿元。此外，2018年上半年缴纳税费与2017年同期相比增加2.23亿元。

在这个阶段，分众传媒跟新潮传媒在不断竞争。自然公司的经营活动现金一直在流出，这个时候也处于一定的压力之下。只能在不断投入，占据更多的市场份额。收款放慢了，投入在不断加大。

9.5.6 类型6

公司经营活动现金流出，投资活动现金流入，筹资活动现金流出。这类公司在悲惨当中透露着一丝生机，惨的是主营业务在不断亏钱，还得偿还债主的借款，幸运的是还有一些投资的流入。

这类公司很容易走向崩溃边缘，因为实在没什么可以赚钱的点。主营业务是不赚钱的。投资产生的现金流如果来自变卖投资性资产，那么这样的做法无法持续下去，必然有枯竭的一天。

如果公司的投资活动是靠分红，可以说公司有点不务正业。真正重要的主营业务不去认真对待，副业却做得风生水起，有点"坐吃山空"的样子。投资这样的公司逻辑上就是很模糊的，至于想在这样的公司赚钱，我持悲观的态度。

既要变卖资产又要还债，是一家经营衰退阶段做垂死挣扎的公司最显著的特征。海航集团从2018年1月起，出现了公开卖出自己旗下的部分资产，包括大量的酒店、住宅、股权以及商业等。

大量卖出公司的资产，是一家公司出现极度经营危机的断臂之策。在2018年末的时候，海航投资有非常多的转债和借款需要偿还，很容易就到期失信。只能变卖旗下的资产, 减轻债务, 给公司短期一个喘息的机会。

根据2018年的半年报, 海航投资所拥有的总资产近101亿元。这些资产包括股票金融资产、货币资金和一些可出售的金融资产。可是同期的债务达到了60亿元左右, 资产负债率达到60%。而且负债里面全都是银行长、短期借款, 32亿元需要及时归还。

9.5.7　类型 7

公司经营活动现金流出, 投资活动现金流出, 筹资活动现金流入。长期这样的态势说明公司的主要业务很难赚到钱, 公司只好投入大量的资金来维护原业务或者发展新的业务。这样的公司投资的风险是非常大的, 因为真的不知道业务能不能转型好。这个时候投资者看公司的价值主要是对投资项目的前景进行分析, 而非对公司现有的经营进行奢望, 投资之前一定要确定的一点是: 公司的业务在不久的将来会盈利, 不然就不要去投资。

所以说这样的现金流组合对投资者的考验可谓是非常痛苦的, 靠的是对管理层的人品和对产品未来的想象。更像是初创期的公司, 也像是衰退期的公司。现有业务没办法赚钱, 竞争很激烈。公司想办法去创造新的业务, 不断投入转型, 不过当前的效果欠佳。未来何时才能成功, 只有运气相助。

还有一种类型就是疯狂并购后带来的后果——主业亏损连连, 副业投资疯狂。瑞康医药2016年营业收入同比增长60.19%, 净利润同比增长150.39%。不过经营现金流达到-17.59亿元, 也就是说公司虽然有利润赚钱, 但是这些钱没有流入公司中, 更有甚者2017年第一季度经营现金流流出-9.78亿元。可以说瑞康医药的业绩虽然好看, 但终究是纸上富贵, 没有把利润转化为现金。这是由于应收类款项新增了18.6亿元, 公司的赊销力度加大。公司的主业是销售医疗器材, 应该是周转非常快的,但是一味扩大信用期,这很糟糕。这是在主业上瑞康医药的竞争力不够强劲,公司的销售额被下游客户连连拖欠。

在投资上瑞康医药可谓是拿并购练手,2016年就发生了非常多的小规模并购。并表的子公司多达91家,比2015年多40家。对于一个并购很频繁的公司,很容易产生大量的商誉,而且每次的并购商誉的数额总是最高的,日积月累公司的总资产里商誉的占比会非常高。这些并购只能带给公司一点点实在的资产,更多的是带来不可靠的商誉,很容易造成商誉的减值,加大公司的经营危机。面对如此多的子公司,瑞康医药的整合能力值得怀疑,子公司整体上的周转能力相对于母公司来说很差。这样的结构就导致集团需要不断补贴上市公司才能维持住基本的经营周转。

面对现有业务持续亏钱的状态,不管是公司进行自身扩张还是到市场里找公司并购,都属于风险比较大的冒险行为。更为妥善之道在于好好思考现有业务的经营态势,如果真的觉得放在公司手里并不能赚钱,甚至会拖累公司整体业务,导致公司的价值受到损害,这时候要做的是尽量去卖掉这项业务,努力将现金流组合暂时形成类型5。

9.5.8 类型 8

公司最怕的并不是经营现金流为负,怕就怕赚不到钱的同时胡乱折腾,又没有新的血液弥补当前的贫血状态。如果公司现有业务赚不到现金流,此时公司更多的抉择是去融资支撑现有业务或者是转型做新业务。这两个选择都需要公司有强大的融资能力,如果出现筹资现金流为负,公司在赚不到钱的同时还要去"还钱",自身的业务和未来发展还能持续下去吗?这本身是一个巨大的矛盾。

但另一个矛盾在于公司现有业务不能经营下去，这种结局一定是行业环境或者管理层素质导致的。那么怎么能期望未来能靠着这些业务和新业务打一次翻身仗呢？在这个行业里经营公司不行，换个业务换个行业就能解决公司问题吗？这根本就是一场赌博，长久如此公司已经身陷绝境。公司经营必须来一次刮骨式的改革才行。这样的现金流组合普遍存在于垃圾股当中，是绝对不适合投资的。期待现金流变好，那也只能想想。

分析公司最怕的是经营过程现金的含量不够，赚到的利润是不真实的（并非造假），长此以往进入造假的深渊。公司出现了这样那样的经营态势，要很好地理解和选择。该坚持坚持，该放弃就放弃，不需要绝对的证据，不能一味盯着股价的变化。现金流在公司的交易当中起到绝对的作用，源源不断的现金流才是公司长久发展的根本动力。

这八种类型的现金流组合更多的是公司处在不同生命周期的结果，认识公司的现金流就必须懂得公司的生命周期。公司出现任何类型的现金流组合都不要奇怪，这是公司面对市场竞争做出的选择，也许无奈，也许刻意。

公司出现连年的亏损很正常，持续不断的现金流支出也很正常。但是这样的现金流很危险，一旦缺钱无法续命，就会跌入深渊。公司处在成长扩张期时自然需要大量的现金，这个阶段公司会竭尽所能扩张。2013—2014年滴滴打车和快的打车的竞争尤为典型，当时两家背后是互联网的两大巨头：阿里和腾讯。在刚开始推行打车软件时，两家不停地给客户和出租车司机补贴。这样的情况下公司根本就赚不到钱，甚至一直在亏钱。可是依靠背后两大巨头持续不断的资金支持，两家打车软件有着不断的现金流使用。这样的情况正常吗？正常，虽然从经营过程中看到的是公司一直在花钱，但是公司有着稳定强大的资金来源。

现金流好比公司身体中的血液，公司的经营周转主要靠的是现金的流动。是公司持续经营的前提，利润只不过是现金流动后形成的产物。公司的一切的经济活动始终围绕现金流。报表可以进行调节，票据可以晚一点支付，合同可以是假的，但现金流的轨迹一定真实。

第 10 章

内在价值

本部分的内容着重于公司的内在价值，内在价值的判断就是运用基本面分析，不是去观察市场层面相关的消息、技术图形等一些其他因素。投资者需要对内在价值的概念进行拆分，让投资者可以很好地知道选择什么样的公司，使得投资这样的公司能够获取超额收益。

基本面分析是一个来自美国市场的舶来品，可是翻译成基本面分析我觉得有一定的缺陷，会让人误以为对公司的各个方面进行分析。其真正的意思是基础分析，将那些影响公司发展和盈利的因素找出来，研究那些决定性的因素。短中期看供需关系，分析导致供需失衡的因素是什么。长期则看公司的运营，例如公司的战略、经营环境、竞争优势和市场扩张等，这是核心内容。

对内在价值的分析也是如此，抓住的永远是影响内在价值的核心因素。这一章就让我们进一步去认识基本面分析当中最重要的内容——内在价值。

10.1 内在价值

基本面分析的重中之重是对内在价值的把握，内在价值又跟公司的未来密不可分。读懂了公司的未来，也就了解了内在价值。那么公司的未来跟什么有关呢？跟现在所采取的战略息息相关，可以说公司能够发展成什么样，完全是一个个经营战略筛选出来的。

公司内在价值的增长核心是战略实施的正确，财务分析仅仅是验证战略成功与否的工具。我们可以从财务上看到公司过去经营战略的实现，但是看不到未来战略的成与败，需要的是对公司战略进行分析与判断。说到底是公司经营者能不能实施一个计划，应对未来行业的竞争，从而更好地把公司的竞争力提升。这是基本面分析的决定性因素，而不是一些细枝末节的关注。

10.1.1 内在价值是变动的

公司的战略能不能够实施好，才是内在价值的决定性因素。那反过来说如果公司管理层面对竞争、未来行业的变化，没有一个行之有效的计划，就必然会导致内在价值出现减少。所以内在价值其实是变动的，我们根本就不知道公司未来到底会如何发展。

现今衡量内在价值的方法是未来自由现金流折现模型，投资人通过对公司未来产生的自由现金流量进行预测，来计算公司内在价值的大致估值区间，公式如图10-1所示。

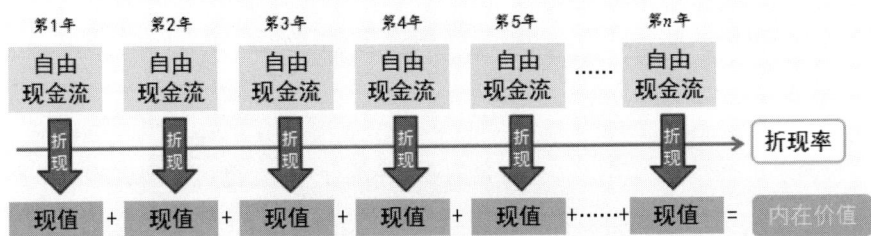

图10-1　自由现金流折现模型

从上面的公式我们可以知道，公司未来每年的自由现金流和折现率是不能确定的，这些数值都是预测的。预测自由现金流一个通常的做法是假定每年增长10%，十年之后稳定增长5%，折现率可能用8%。但是要记住这个只是估计值，并不是真实值，因为真实值公司还没有经营出来。如果这个公司出现严重的业务衰退，这个增长率就完全错误。或者出现通货膨胀，那么折现率会非常大，会直接导致内在价值的计算偏离程度非常大。

所以试图用公式算出内在价值，那只是天方夜谭，也进一步说明公司的内在价值从来都是变动的。如果一家好公司以后都不干事情，那么内在价值跟积极做业务这种状态完全不一样。既然内在价值是个变动值，那么我们怎么去认识它呢？

10.1.2　自由现金流

从公式中我们可以看到，折现率是公司和投资者无法掌握的，这些都是行业性的，对每个投资者都一样。投资者能把握的是每年的自由现金流，那么我们要对自由现金流这个概念思考清楚。

自由现金流首先我们注重的字眼是"自由"两个字，如果现金不能自主支配，那称不上自由。其次我们要寻找能自由支配的现金流源头——经营活动产生的现金净额，就像流淌的河流一样，总会有源头。最终流向大河的才算是自由的，每年都要蒸发或灌溉的部分是必须要用的，处于不自由的状态。那我们把"不自由"状态的现金流找到，自然可得出最终的自由现金流。

公司永远在做三件事情：一是经营好现在的业务，二是巩固现有的竞争力，三是为未来的竞争做好准备。也就意味着公司有短期的生存压力、维护性支出压力和长期的竞争压力。当这三种压力被管理层解决之后，剩余留在公司里面的钱就是自由现金流。

短期的生存压力、维护性支出压力和长期的竞争压力是管理层必须考虑的，只有这三者解决了，公司才有盈余，才能有自由现金流。用一个简单的公式来表示自由现金流：

自由现金流=经营活动产生的现金净额—购建固定资产、无形资产和其他长期资产支付的现金（投资支出）

经营活动产生的现金流净额是解决短期生存压力和维护性支出压力后产生的自由现金流。短期的生存压力就是解决公司在日常的经营活动中出现的现金周转，短期维护性支出压力则是保持公司正常运营必需的支出。可能是机器的维修支出、渠道的优化，这些支出只是为了保持现有的公司状态。

公司不可能永远盯着眼前，更要着眼于未来。所以对未来的发展上必须现在就开始有一定的布局，这部分现金支出是不自由的。如果这部分不支出，就会导致公司未来的发展潜力不行，在竞争当中成为输家。这部分的支出主要体现为购建固定资产、无形资产和其他长期资产支付的现金（投资支出）。

现在我们终于在自由现金流的理解上突破了，接下来就需要对公司未来每一年的自由现金流进行预测了。公司未来每年产生的自由现金流越多，那么内在价值就越多。

10.2 经营活动现金流

经营活动产生的现金流净额是解决短期生存压力和维护性支出压力后产生的现金流, 现金流产生得越多, 压力就解决得越好, 剩余的现金流才高。公司的主营业务产生大量的现金流, 才能负担起这样的压力。

经营活动产生的现金流净额是公司供产销环节在当期发生的结果, 在供产销环节降低那些非必要的支出, 同时加快销售环节货款的回收速度, 这样才可以使得经营活动产生的现金净额提升起来。我们的分析重点在经营的三个环节, 具体在科目和方法上的提升如表10-1所示:

表10-1 提升经营活动产生的现金流净额的方法

利润表科目	提升方法	资产负债表对应科目	提升方法
收入	尽可能多地销售	应收类	尽可能多收回货款
		预收类	尽可能多地提前收款
成本	尽可能地缩减不必要成本, 创新	应付类	余额尽可能多
		预付类	余额尽可能少
		存货	存货余额尽量缩减到一个低水平
销售费用	不必要的费用要严格把控		
管理费用	不必要的费用要严格把控		
财务费用	不必要的费用要严格把控	借款	尽可能少地借款

1. 提升收入

收入的提升是提高自由现金流最根本的办法, 只有收入的提升才能从根本上保证自由现金流的持续增长。如果一家公司的收入规模只有1亿元(无其他收入), 刨掉成本和费用的支出, 最后成功回收的现金流肯定小于1亿元。这样的公司是不能产生10亿元自由现金流的, 只有收入规模超过10亿元才能达到。

收入的提升方式有两种：一是提升单产品的销售收入，市场占有率一旦提升，收入规模自然就变大了。只有抢占更多竞争对手的市场份额，公司的竞争力提升，自由现金流才有提升的基础。二是多产品的创收，多多开源自然会有更多的收入，世界500强公司最大的特点在于业务多、规模大。原业务可能因为公司的发展，规模终会有一天无法增长。这个时候公司适当增加新业务，是给未来的公司规模（收入）打基础。不然只靠原业务根本无法获得长期的收入增长，自由现金流自然就不会大幅增长。

美的集团是空调行业的龙头之一，根据美的2019年报数据，暖通空调占到其年度总营收的47%，销售额跟格力电器不相上下。美的集团的其他业务也是非常强劲的，消费电器（主要就是小家电）占比高达43%，机器人及自动化系统(产品)占比达10%。

如果单纯发展美的集团的空调业务，收入可能不会这么多。

2. 提升毛利率和净利率

销售环节的提升是公司自由现金流增长的主要动力，但是也不能否认在成本端和费用端的努力。原材料技术上的创新和生产过程的效率提升，亏损业务的谨慎对待，也可以提升自由现金流。这是在毛利率/净利率方面做到的，这方面在第8章的毛利率环节有涉及。

3. 多收钱，少花钱

公司有收入，有净利润，只能证明公司是能够赚钱的。这些收入和利润形成的现金，能够收回来，才能证明公司真的赚钱了。如果一家公司把产品卖出去了，就是拿不回钱，这一年就白干了，只能在账面上留下利润。

在这块的分析是尤为重要的，很多投资者只注重利润表上收入和利润增长多少，却忽略了这些收入和利润真正实现了没有。所以看报表一定要三张报表结合起来去看，不能只注重一张利润表的解读。

公司不仅要多卖产品，还得把钱全收回来，甚至提前收回来，这样在现金流入端就增加了很多。该花出去的钱，推迟一些时间花出去，在现金流出端有一定的滞后。这样公司账上的现金才能最大化，掌握的现金流才是最多的。具体在科目上的表现如下：

在采购端：如果公司可以延后给供应商结算采购款，延迟现金的流出，公司的应付账款余额增多，预付账款的余额减少。

在生产端：库存符合公司产品的特点，该周转快的产品，存货余额刚好够未来一段时间的需求。该周转慢的产品，公司的存货能够在产品完成时马上卖出。

在销售端：更快更早地收回货款，应收账款余额很少，预收账款余额很多。

其实说到底还是一句话：建立在供产销过程的现金流，周转速度一定要快，越快越好。公司去年现金周转天数是10天，今年是小于10天，这样才能有更多的现金流。应收账款周转天数、应付账款周转天数、存货周转天数朝着好的方向发展。

10.3　资本支出

用于购建固定资产、无形资产和其他长期资产支付的现金（资本支出），目的在于以牺牲眼前的现金流出作为代价，来期待未来有更多的现金流入。

我们以最熟悉的开一个小商品店为例，所谓的短期生存压力指的就是在日常运营过程中，这家小商品店所需要的流转资金。对应的科目主要有：

存货——备一些货供客户挑选；

应收账款——熟客的信用赊销；

应付账款——供应商的免费赊销额度；

预收账款——顾客提前预付的商品款；

现金——日常交易。

除此之外，门店的维修和装饰也非常必要，只不过这样的行为不需要每天进行。可能两年进行一次，或者出现缺损的时候缝缝补补。这些支出主要的目的在于把门面装饰得好看一点，或者对当前产品的设计、装饰等做出一定的修改，使得产品更加让人喜欢，吸引更多的客户进来，这就是所谓的维持性支出压力。如果不花这笔钱，客户很可能不愿意进来，损失了潜在消费者。这就是守住当前的市场，不让竞争者抢占。

然后就是公司长期生存压力的解决。一家公司不可能只顾及现有业务的现金流情况，现有业务发展得再好，如果不扩张或者增加研发投入，那么也不可能出现长久的繁荣。不说公司无法做大做强，就是在未来的竞争中，公司也一定会处于下风。所以说长期的生存压力是公司必须要考虑的，毕竟公司要发展要壮大，参与市场化竞争的。

只要这两点做得好，公司自然会有增长的业绩。如果只是单纯地追求利润，直接就砍掉维持性支出和长期竞争支出，显然是竭泽而渔。长期竞争支出的科目反映在现金流量表当中，就是"购建固定资产、无形资产和其他长期资产支付的现金"，也就是公司对未来的投入。

虽然资本支出会损害当前的现金流，可沿着一条比较确定的路径发展，可以增加未来的自由现金流。具体的逻辑有以下几点：

（1）资本支出扩大公司产能，公司处于扩张期，未来自然会产生更多收入；

（2）扩张路径如果正确，可以确定未来业绩的增长。

有些财报分析者看到公司现金流因为扩张出现大幅度流出的时候，就认为这是一个非常差的公司。资本支出在一定程度上会导致自由现金流的减少，这个现象就很容易让分析报表的人得出内在价值下降的结论。另一方面既然资本支出是用于扩张，那么就有很高的风险，毕竟投资的项目不是每个都能成功的。

从短期看，这样的分析是没错的，可是长期看完全是有问题的。我们要清楚公司赚钱的方式：投资者把钱给公司，就是要公司把钱花在该花的地方。只有把钱花出去了才有创造更高价值的可能性，钱在保险柜里是产生不了收益的。在一定程度上，公司花出去越多，才有机会赚得越多。如果只看现金的流出，不去考虑未来获得的利润，那只能得出当前内在价值减少的结论。

资本支出的目的就是为了扩大公司的产能，以后能赚更多的利润。资本支出并不是一件坏事，不能认为这是对公司内在价值的一种毁灭。想要公司在未来赚钱，又不前期投钱进去，这是典型地让马儿跑又不给马儿吃草的想法。既然公司已经把钱花出去了，这时候我们要关注的是，这些新增的产能到底可不可靠，能不能为公司赚钱？赚钱的效率有多高？

既然是一种投资行为，乱投资可不行。不然既损失了公司珍贵的现金流，后期公司的产能还可能被淘汰。所以资本支出的产能是可靠的才可以，瞎投资就会导致公司的内在价值降低。如何评价公司资本支出的可靠性呢？

公司的新增产能有两种类型：一种是对公司主业的复制，另一种是主业外的创造。哪一种类型可靠呢？自然是对主业的复制。公司的主业是其生存最大的资本，主业做成功了，自然有复制扩张的冲动。这样的资本支出后期的成功率就会很高，公司已经找到了一条可持续发展之路、经营之道，剩下的就是把这个经营模式复制下去，可是说是花最小的代价获得最大的利益。投资者没有理由拒绝这样的资本支出。

但是主业外的新产品创造，就让人很难捉摸。由于跟主业的渠道、技术和品牌都有着或多或少的不同。这些新产品要想成功，就必须从零开始，需要很好的渠道，找到新的客户。相当于又成立了一家公司，需要专业的管理人员，这样的花费就非常多了。远不如复制主业来得容易，在成功率上也比不过主业的扩张。

假设一个会种玫瑰花的养殖高手，有着很好的客户和销售渠道，突然之间想起了种大蒜，跟原来的主业完全不同。不仅要学习种植大蒜的技术，建立种植基地，还需要寻找新的渠道和客户。这一切就是由跟原来的主业完全不一样导致的，这样的资本支出很难预测，后期赚钱的效率难以保证，具有不确定性。资本市场碰到这样的公司，也不要给好的脸色。

资本支出能够影响公司未来的内在价值，只要当前经营的业务能够赚到充足的现金流，投入的项目未来有很好的前景，这样的经营结构是有利于公司内在价值提升的，也是公司做大做强的唯一途径。

在资本支出上，亚马逊的做法是很不错的。研究亚马逊财报，最大的"问题"就是很多年公司的净利润根本没有，甚至还是负的。这让财务分析者很头疼，亚马逊的净利润经常是负的，可是股价却是长期上涨。其实是那些能够在报表上体现出的"净利润"被用作了资本支出，相比于这些"净利润"的释放，亚马逊更在乎的是持续扩大公司的规模。

获得充足的现金流和充分释放净利润，这是两个概念。亚马逊的业务是能够轻松地获取现金流，可是亚马逊把这充沛现金流的一部分用于研发，从而在利润表上始终找不到"净利润"。就像现实当中经营一家商店，本来每天都有充足的现金流，商家为了能够在未来获得更多的现金流，就把当前赚到的现金投入到商店的扩张上了。

这些年谷歌的爆发式发展，也是这样一步步地通过主业充沛的现金流和不断资本支出获得的。谷歌的业务分为两种：一种是搜索引擎、广告、地图等原业务；一种是公司的投资业务。谷歌首先从原业务里赚取大量的现金流，然后将一部分现金流投资那些尖端的科技项目。

此时这些高科技项目并没有盈利，甚至投资后一直不盈利。一旦这些科技项目技术成熟，成功商业化，那么会产生非常大的收入规模。这样就形成了一个非常好的经营态势，原业务提供了谷歌最基础的现金流状态，新业务不断投入，最后商业化，为公司未来的发展提供动力。如图10-2所示，谷歌投资的高科技项目如人工智能、VR、智能家居等，都是能改变人类生活方式的。

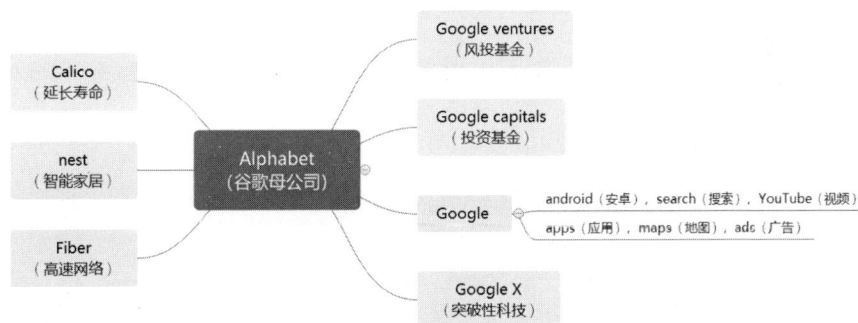

图10-2　谷歌业务发展图

10.4　业绩增长与内在价值提升

在当前的投资观念里，我们假定股价的上涨是内在价值的提升，评价的习惯是业绩的增长。那么业绩的增长跟内在价值的提升是一回事吗？如果不是一回事，那么什么样的业绩增长才能代表内在价值的提升呢？现实当中有些公司业绩增长了30%，股价却下跌了30%，这让人难以理解。其实这就要看此时的业绩增长到底是不是提高了公司的内在价值。

公司要提升内在价值，需要在原业务和新业务上下功夫。我们所希望的是公司的产品能及时生产和销售出去，同时公司为此消耗的资源少。产品销售不出去，产能利用率不充分，内在价值提升效率低。如果公司经营这些产品消耗的资源很多，比如生产线时不时要换来换去，就需要内在价值去"贴补"。

在第2章解决了收入增长的因素，在第9章解决了现金流的问题。剩下的就是找到那些资产端（日常运营和资源生产端）增值，同时生产出来的产品越来越有价值，这就解决了损耗内在价值的绝大部分因素。

从第9章资产的成长性上我们知道，资产端分为经营性资产、生产性资产和投资性资产（投资性资产不是分析的重点）。什么样的资产才是好资产呢？哪些资产的增长意味着资产端的增值呢？

公司的资产主要分为经营性资产和生产性资产，资产的增值就必须在这两方面考虑：怎么样通过资产将公司的产品卖得更好？生产的产品怎么样才能有竞争力？

10.4.1 生产性资产增值

在选择公司的时候,我们尽量不要选择那些生产线越来越不值钱的公司。典型的就是生产同质化产品的生产线,不仅仅产品竞争烈度非常强,公司的生产线也是越用生产效率越低。

如果建造了一条寿命是10年的生产线,生产的产品又是普通的工业品。那么公司的产能会呈现一个非常不均衡的状态,前两年达到最高点,后期会越来越差。刚买的生产线初期的生产能力是最好的,生产出来的产品质量最高。当产能第一次达到最高时,产生的价值最高。后期随着生产线的老化,生产产品的效率和质量都会下降,直至最后报废清理。

也就意味着公司的固定资产有些是存在很大的折旧率的,甚至会加速折旧。到了后期越使用生产线,贡献给公司的内在价值却是降低的,甚至还有可能内在价值是倒贴。这样的公司投资者要抓住的就是前期产能扩大的过程,此时内在价值提升最快。后期产能再扩大时,内在价值虽有提升,但没有前期提升得那么高,如图10-3所示。

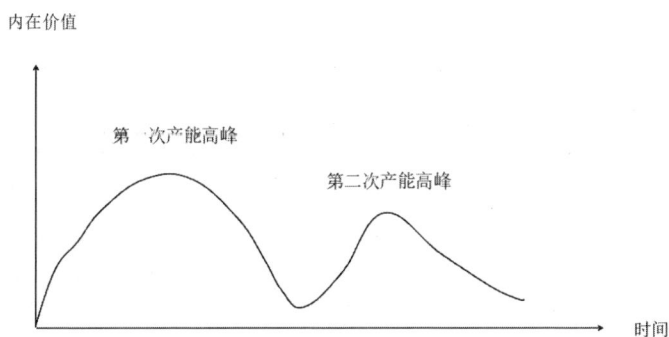

图10-3 折旧加速型生产线内在价值的变化

对于投资者而言,最好的投资机会是第一次产能最大化阶段,其次是第二次产能最大化阶段。随着后期生产线的老化,自然公司内在价值提升的效率越来越低。

相反有些公司的生产线越用越值钱，生产的产品质量越来越好。还真有这样的公司，生产线用得越久，产品越有价值，高端白酒就是典型的例子。A股的股价之王贵州茅台这些年一直被人推崇备至，可以说贵州茅台是最优质的资产。茅台酒每年都处于供不应求的状态，同时公司的生产线——酿酒厂根本不会减值，能够一直生产下去。五粮液的酿酒厂随着时间的推移，还能生产更有价值的白酒，其生产线还能增值（酒窖随着年份增长会越来越值钱）。所以高端白酒是非常典型地从两方面都能提升内在价值的行业，其他行业或多或少只能从一个方面提升公司的内在价值。

生产线能够保值增值的公司并不多，更多的是以品牌和口碑配合形成生产性资产的保值增值。那么我们就要找到两样东西：一是生产性资产折旧率低，甚至保值增值，二是产品越来越值钱。真正生产性资产能够增值的无非有两种：一是核心的资源不能复制，二是产品需求是增长的。

如果公司的核心资源能够被复制，本身来说在市场里就能被钱买得到。真正好的资源是买不到的，例如公司的品牌，如果不想卖，任何人出价都买不到。而品牌这种无形资产如果经营得好，是可以增值的。就像云南白药这个品牌一样，前期在中药上取得很大的成功。公众对这个品牌的认知越来越强，不但促使"云南白药"这个品牌产品能够扩张到全国，还可以利用这个品牌去扩张新的产品，增加公司的内在价值。

我们希望公司的固定资产和无形资产做到增值，至少在无形资产这块是增值的。大部分公司的生产线没有增值的可能，即使云南白药的产品再畅销，也抵不住生产线生产带来的损耗。无形资产例如品牌、口碑和信任这些软实力，随着时间的推移，会把公司的内在价值不断扩大。

以前是中端白酒公司的古井贡酒，这些年不断努力，使得公司的产品从中端变成次高端白酒。此时公司的品牌有了一个质的提升，无形资产出现了极大的增值。同时，这些年的经营给公司的业绩带来了巨大的飞跃，使得其现金流增值，又给未来现金流的增长打下了坚实的基础。一旦公司的业绩开始加速，自然市场认为公司的现金流又开始增长了。

所以说有些公司的业绩确实是增值了，对公司的内在价值有一定的提升。但是一个炼油的公司业绩增长50%和白酒公司业绩增长20%的效果可能是一样的，因为带来的内在价值增长是相同的。

10.4.2　经营性资产增值

公司的生产性资产增值是一个长久的事情，对于经营性资产的增值是一样的。而且经营性资产的增值和生产性资产的增值是互补的，好的资产结构肯定会带来生产性资产的大幅度上升。

一家能稳定发展的公司，其各部分的资产结构也是稳定的。不能今年经营性资产/生产性资产的比例是3∶1，过了几年之后这个比例是1∶3，这说明公司的经营出现了极大的问题。

同时经营性资产对内在价值的提升是立竿见影的，拥有更多现金类资产，自然公司的自由现金流就充裕，内在价值就高。